# 人種差別に終止符を。

2018年国連の日本審査とNGOの取り組み

編集・発行　反差別国際運動（IMADR）

# 発刊にあたって

　2018年8月、国連人種差別撤廃委員会による日本審査がジュネーブで行われました。1995年に日本が人種差別撤廃条約に加入してから4回目の審査でした。日本政府が提出した第10・11回合同定期報告書を基に、委員会は日本政府代表団との対話形式による審査を行いました。それを踏まえて委員会が採択した総括所見は、条約実施の肯定的側面と法制度の不備や人種差別の諸課題に対する懸念と勧告から構成されていました。

　日本における人種差別は、近年大きな関心を集めてきたヘイトスピーチの問題を含み、アイヌ民族や琉球・沖縄の人びとといった先住民族、部落民、在日コリアン、移住者、難民、外国人などの被差別コミュニティが直面するさまざまな人権問題です。条約の監視機関である国連人種差別撤廃委員会は、政府の報告書と並行して、市民社会組織、すなわちNGOからの報告も重要な情報として参考にします。日本における人種差別の問題に取り組んでいるNGOの集まりである人種差別撤廃NGOネットワーク（ERDネット）は、報告書の提出および審査の傍聴を通して、今回の審査にも積極的に関わりました。

　ERDネット発足当初（2007年）から事務局を担ってきたIMADRにとって、本書は3冊目の人種差別撤廃委員会日本審査の記録本となります。正確に言えば、ERDネット発足以前の2001年に実施された第1回目の日本審査の記録本もIMADRが作成しており、4冊目の出版となります。4巻を通して見えてくるのは、日本における人種差別の問題は歴史的であり構造的であるにもかかわらず、国は正面から向き合ってこなかったという重い事実です。時代が変化を遂げる一方で、放置してきたこれら人種差別の問題はさらに深刻になり、差別の被害をより複雑にし、社会全体に大きな負の影響をもたらしています。国は今すぐ勇気ある行動をとり、人種差別に終止符を打たなくてはなりません。

　本書には人種差別撤廃委員会と日本政府との2日間にわたる対話の一部始終が記録されています。その後に続く委員会の総括所見とともに、「国際社会からの真摯な声」として読者の皆様に届くことを願っています。

　2019年5月

反差別国際運動（IMADR）

# 目次

発刊にあたって　3
用語の説明および凡例　7

## ■審査に向けて　日本政府報告書／NGO 報告書

1. 人種差別撤廃条約第 10 回・第 11 回日本政府報告 ........................................11

2. 人種差別撤廃 NGO ネットワーク提出の NGO レポート ........................62

3. 第10 回・第11 回合同日本政府報告に関する
   リスト・オブ・テーマ ........................................136

## ■審査会場にて

4. 第 96 会期人種差別撤廃委員会
   審査日程と日本からの NGO 現地プログラム ........................................141

5. 人種差別撤廃委員会日本政府報告審査審議録 ........................................142
   人種差別撤廃委員会委員プロフィール　211
   日本政府代表団リスト　215
   人種差別撤廃委員会日本審査 NGO・非政府系組織関係参加者リスト　216
   日本審査に関する新聞報道（ヘッドラインのみ、一部）　217

## ■審査の結果　総括所見が示すこと

6. 第10 回・第11 回日本政府報告に関する総括所見 ........................................221

## 7. 総括所見を読む

2018 年審査はどのように行われたのか　　　小森 恵　234

ヘイトスピーチ・ヘイトクライムに関する
　2018 年勧告　　　師岡 康子　238

日弁連の提出課題に関する
　日本審査とその評価　　　須田 洋平　242

CERD 勧告を無視した日本政府の立法　　　佐藤 信行　245

朝鮮学校差別・再入国許可問題に関する
　審査と勧告の意義　　　朴金 優綺　249

人種差別撤廃委員会の日本政府報告書
　審査と部落問題　　　李 嘉永　253

CERD から見た沖縄　在沖米軍基地の存在　　　親川 裕子　257

世界では通用しない「当然の法理」　　　大石 文雄　261

在日コリアンの無年金　　　李 幸宏　263

世界から遅れをとる日本の人身取引対策　　　藤本 伸樹　265

## 8. 特別寄稿　ヨーロッパにおけるレイシズムと
移民・難民の人権保護　アナスタシア・クリックリー　267

## ■資料編

あらゆる形態の人種差別の撤廃に関する国際条約　　　273

本邦外出身者に対する不当な差別的言動の解消に向けた取組の
　推進に関する法律（ヘイトスピーチ解消法）　　　284

部落差別の解消の推進に関する法律（部落差別解消推進法）　　　288

# 用語の説明および凡例

**「あらゆる形態の人種差別撤廃に関する国際条約」（人種差別撤廃条約　ICERD）**

　国連により採択された 6 つの主要人権条約の 1 つで、監視機関を設置した最初の条約。ICERD は人種差別を取り上げる最も包括的な国際法律文書で、「人種差別」(racial discrimination) を次のように定義している。「人種、皮膚の色、世系又は民族的若しくは種族的出身に基づくあらゆる区別、排除、制限又は優先であって、政治的、経済的、社会的、文化的その他のあらゆる公的生活の分野における平等の立場での人権及び基本的自由を認識し、享有し又は行使することを妨げ又は害する目的又は効果を有するものをいう」（第 1 条第 1 項）。ICERD は 2018 年 12 月現在、179 の締約国をもつ。条約本文は本書資料編 273 頁参照。

**人種差別撤廃委員会（CERD）**

　締約国による条約の条項の実施を監視する責任を担う専門家機関。条約第 8 条により設置。条約第 9 条は、条約発効後 1 年以内に第 1 報告、以後 2 年毎に定期報告を、そして委員会が要請する時はいつでも（特別）報告を提出することとしているが、1990 年第 38 会期委員会は、包括的報告書を 4 年ごと、その中間年には簡単な追加報告書を提示するよう求めることを決定した。1992 年以降、審議の対象となった締約国毎に総括所見を採択している。定期報告書審査以外にも、委員会は報告書の提出が著しく遅滞している締約国の状況を報告書なしで検討する手続きを 1991 年第 39 会期より、そして予防措置としての早期警報・緊急手続きを 1994 年第 45 会期より、それぞれ始めている。報告制度の運用にあたって、委員会は審査の審議をリードする役割を担う国別報告者を任命している。2015 年より、委員会は毎年 4 月、8 月、11 月に各々 3 ～ 4 週間の会期を開くことになった。また、2004 年、委員会は総括所見に対するフォローアップ制度を設けた。これは総括所見に含まれる問題の中で早期の対応が求められるものに関して、次回の報告書を待たずに 1 年以内に追加情報を求める制度である。

**一般的勧告（general recommendation）**

　人種差別撤廃条約第 9 条第 2 項では人種差別撤廃委員会が政府報告書の審査に基づ

いて「提案（suggestion）」および「一般的な性格を有する勧告（general recommendation）」を出すことができると定めている。そこで、委員会は「一般的勧告」として、当事国による条約上の義務の履行の程度や条約解釈の問題点、報告制度の効果的な運用にとって望ましいと思われる事項などについて、評価や意見を表明する。最近の勧告は一般的勧告 35「人種主義的ヘイト・スピーチと闘う」（2013 年）である。

## 総括所見（concluding observations）

委員会が締約国の定期報告書の審査を受けて、条約に照らして当該締約国の条約履行の有無や程度などに関して出す所見。「はじめに」、「肯定的な側面」、「懸念事項および勧告」から成る。「最終所見」あるいは「最終見解」とも称されているが、すべて同義である。

## 世系（門地）(descent)

「祖先から代々続いている血統」などによる差別を意味し、出生や家柄などの身分差別があてはまる。

## 留保（reservation）

一般的には、多数国間条約への参加に際し、条約の目的や内容に全体としては同意する国家が行なう一方的宣言で、特定の規定の自国への適用上その法的効果を排除しまたは変更することを意図するものをいう。その他には条約の適用地域を限定したり、条約規定の解釈を自国について特定する留保などもある。（以下略。『国際関係法辞典』より、国際法学会編、1995 年）

# 審査に向けて

## 日本政府報告書
## NGO 報告書

審査が行なわれた国連人権高等弁務官事務所の建物　パレ・ウィルソン

# 人種差別撤廃条約第10回・第11回 日本政府報告（仮訳）

仮訳／平成 29 年（2017 年）7 月

## 目　次（数字はパラグラフ番号）

Ⅰ　序　論 ……………………………………………………………………………13

Ⅱ　総　論 …………………………………………………………………13-28

　1　我が国に関する基本的情報　13-14

　2　人権を擁護している一般的法的枠組　14

　3　女性の状況に関する情報　14-15

　4　アイヌの人々　15-17

　5　沖縄の人々　17-18

　6　在日外国人の現状及び人権擁護のための取組　18-23

　7　在日韓国・朝鮮人　23-24

　8　難民　24-28

Ⅲ　逐条報告 …………………………………………………………28-46

　**第2条**　28-31

　1　差別の禁止に関する憲法上及び法律上の規定　28-29

　2　法務省の人権擁護機関の取組　29-30

　3　公務員に対する人権教育・研修　30-31

　**第3条**　32

　**第4条**　32-34

　1　留保　32-33

　2　流布、扇動、暴力の処罰化　33-34

　3　情報分野における規制等　34

　4　扇動団体の活動の禁止　34

　5　人種差別的動機の刑法上の取扱い　34

　6　国内裁判所の関連判決　34

　**第5条**　35-40

　1　裁判所の前で平等な取扱いを受ける権利　35

　2　暴力又は傷害に対する身体の安全及び国家による保護についての権利　35

　3　政治的権利　35-36

4　市民的権利　36

5　経済的、社会的及び文化的権利　37-39

6　公衆の使用を目的とする場所又はサービスを利用する権利　39

7　社会的指標に関する情報　39-40

**第6条**　40-42

1　司法機関による救済　40

2　行政機関による救済　40-41

3　司法アクセスの確保　41

4　犯罪被害者支援　41-42

5　民事訴訟における立証責任　42

6　個人通報制度　42

**第7条**　42-46

1　教育及び教授　42-45

2　文化　45-46

3　情報　46

別添1　世帯主が外国人である生活保護世帯に属する人員数

別添2　地域別在留外国人数の推移

別添3　国籍（出身地）別在留外国人数の推移

別添4　年齢別、男女別及び配偶関係別外国人数の推移

別添5　在留資格（在留目的）別在留外国人数の推移

別添6　産業別、雇用事業所規模別外国人労働者数の推移

別添7　国籍（出身地）別不法在留者取締り数の推移

別添8　国籍（出身地）別被送還者数の推移

別添9　国籍別難民認定・その他の庇護数

別添10　我が国における難民庇護の状況等

別添11　外国人に関する人権侵犯及び相談件数の推移に関する統計資料

# Ⅰ．序論

1. 日本政府は、「あらゆる形態の人種差別の撤廃に関する国際条約」（以下「人種差別撤廃条約」という。）第9条の規定に基づき、第10回・第11回人種差別撤廃条約政府報告を提出する。この報告書は、日本政府が2013年1月に提出した第7回・第8回・第9回政府報告（CERD/C/JPN/7-9）を更新したものであり、加えて基本的に第7回・第8回・第9回政府報告提出以降2016年12月までに我が国が人種差別の撤廃のためにとった措置等について記載している。

2. 最終見解パラグラフ29及び34に関し、今回の報告作成にあたっては、外務省のホームページを通じて広く一般から意見を聴取するとともに、一般市民・NGOの意見を聴くための意見交換会を開催した。政府は、人権尊重の促進に向けた民間レベルでの活動の重要性を認識し、今後とも引き続き市民社会との対話を重視し、継続していく考えである。なお、今次報告についても、これまでの報告と同様、NGO等市民社会が利用することが可能であるように周知・配布していく。

3. 我が国は、人種差別と戦うためあらゆる方策を講じている。国内最高法規である憲法に「すべて国民は、法の下に平等であって、人種、信条、性別、社会的身分又は門地により、政治的、経済的又は社会的関係において、差別されない」と規定し、直接的又は間接的といった形態如何を問わず、いかなる差別もない法の下の平等を保障している。我が国は、かかる憲法の理念に基づき、人種、民族等も含めいかなる差別もない社会を実現すべく努力してきており、我が国は、今後もいかなる差別もなく、一人一人が個人として尊重され、その人格を発展させることのできる社会をめざし、たゆまぬ努力を行っていきたいと考える。

# Ⅱ．総論

## 1．我が国に関する基本的情報

4. 最終見解パラグラフ6に関し、以下のとおり報告する。

5. 国土や人口等我が国に関する基本的情報については、国際人権諸条約に基づく政府報告「コア文書」（HRI/CORE/JPN/2012）参照。また、社会的指標に関する情報に関しては、Ⅲ．第5条7．参照。

6. なお、我が国に入国・在留する外国人に関する最新の統計については、下記の

URL にて公開している（日本語）。

出入国管理統計

http://www.moj.go.jp/housei/toukei/toukei_ichiran_nyukan.html

在留外国人統計

http://www.moj.go.jp/housei/toukei/toukei_ichiran_touroku.html

## 2. 人権を擁護している一般的法的枠組

7.　第1回・第2回政府報告パラグラフ3から5参照。

8.　法務省の人権擁護機関の仕組みについては、Ⅲ．第6条2（1）参照。

## 3. 女性の状況に関する情報

### (1) 配偶者からの暴力の防止及び被害者の保護に関する法律

9.　人権擁護と男女平等の実現に向けて、配偶者及びパートナーからの暴力を防止し、被害者の保護等を図るため、「配偶者からの暴力の防止及び被害者の保護等に関する法律」（以下、配偶者暴力防止法」という。）が 2001 年 4 月に公布された。同法は、2004 年 6 月に第 1 次改正が、2007 年 7 月に第 2 次改正が行われ、さらに 2013 年 7 月には生活の本拠を共にする交際相手からの暴力及びその被害者に対する準用を内容とした改正法が成立し、2014 年 1 月に施行された。

10.　同法は、配偶者からの暴力に係る通報、相談、保護、自立支援等の体制を整備し、配偶者からの暴力の防止及び被害者の保護を図ることを目的としている。

11.　第 3 次改正の主な内容は、生活の本拠を共にする交際（婚姻関係における共同生活に類する共同生活を営んでいないものを除く。）をする関係にある相手からの暴力及びその被害者についても、配偶者からの暴力及び被害者に準じてこの法律の適用対象とすることである。

### (2) 政府の取組

12.　政府においては、2013 年の第 3 次改正を踏まえ、既存の基本方針を見直し、「配偶者からの暴力の防止及び被害者の保護等のための施策に関する基本的な方針」を 2013 年 12 月 26 日に策定した。

13.　男女間における暴力の実態を把握するため、2014 年度に、全国 20 歳以上の男女 5000 人を対象とした「男女間における暴力に関する調査」を実施し、2015 年 3 月に調査結果を公表した。

14.　また、内閣府に置かれている男女共同参画会議の女性に対する暴力に関する専門調査会において、配偶者暴力防止法の円滑な施行に向けた検討を行い、当検討結果は、2015 年 12 月 25 日に政府において策定された「第 4 次男女共同参画

基本計画」に盛り込まれている。現在は、当計画に基づき、配偶者・パートナーからの暴力を含む女性に対する暴力に関し、幅広い取組を推進している。

15. 警察においては、ストーカー、配偶者暴力事案等であって、人身の安全を早急に確保する必要の認められる事案については、被害者等の安全の確保を最優先に、加害者の検挙、被害者等の保護措置等、迅速・的確な対応を推進している。

16. 我が国では、刑法において、傷害罪（同法 204 条）、暴行罪（同法 208 条）、殺人罪（同法 199 条）、傷害致死罪（同法 205 条）、強姦罪（同法 177 条）、強制わいせつ罪（同法 176 条）等の規定をしているほか、暴力行為等処罰に関する法律をはじめとする特別法においても、常習傷害罪（同法 1 条の 3）等を規定している。女性に対する暴力がこれらの刑罰法規に該当する場合には、被害者の人種、民族等の差別なく、事案に応じ、適切な捜査処理及び科刑の実現が図られていると認識している。

## 4. アイヌの人々

17. 最終見解パラグラフ 20 及び 24 に関し、以下のとおり報告する。

### (1) 北海道アイヌ生活実態調査

18. アイヌの人々の生活の実態に関しては、これまで北海道庁により、1972 年、1979 年、1986 年、1993 年、1999 年、2006 年、2013 年の 7 度にわたり、北海道アイヌ（1999 年までウタリ）生活実態調査が実施された。2013 年に実施された「北海道アイヌ生活実態調査」によれば、アイヌの人々の生活水準は以下のとおり着実に向上しつつあるが、アイヌの人々が居住する地域における他の人々との格差は、なお是正されたとはいえない状況にある。

19. アイヌの人々の進学状況については、高校への進学率は 92.6%、大学（短大）への進学率は 25.8% となっており、進学率の推移を見ると、高校への進学率は、1972 年の調査開始以降着実に向上してきていたが、前回調査から減少に転じ、差が広がる結果となっている。大学への進学率については、過去 3 回の調査において着実に向上してきている。

20. 産業別就業者比率についてみると、第三次産業が最も多く 40.4%、次いで第一次産業 36.0%、第二次産業 19.0% となっており、業種別にみると、漁業が 26.3% で最も高く、次いで建設業 11.2%、農業・林業 9.7% の順となっている。

21. アイヌの人々の生活保護の適用状況についてみると、保護率（対人口千人比、保護を受けている人の割合）は 44.8‰（パーミル）と、2006 年の調査より 6.5 ポイント増加している。1972 年調査では、アイヌの人々の住む市町村の保護率の 6.6 倍であったが、1979 年の調査では、3.5 倍、1986 年の調査は 2.8 倍、1993 年の

調査は 2.4 倍、1999 年の調査は 2.0 倍、2006 年の調査は 1.6 倍、さらに今回は 1.4 倍と徐々にその格差が縮小している。この点については、地区道路や生活館等の生活環境改善のための施設整備事業、生産基盤の整備等の農林漁業対策、アイヌ民芸品の販路拡大を図るための中小企業振興対策、雇用促進及び技術習得等の対策を北海道アイヌ生活向上関連施策として実施しており、これら施策の総合的な効果が生活保護適用状況についての格差の縮小につながっていると思われる。

22. 同調査によれば、差別に関し、「物心ついてから今までの差別の状況」について、学校や就職、結婚等において差別を受けたことがある、又は、他の人が受けたのを知っていると答えた人が 33.0％いる。

## (2) 北海道アイヌ生活向上関連施策等

23. 北海道庁は、1974 年から 2001 年まで、4 次にわたり「北海道ウタリ福祉対策」、2002 年から 2015 年まで、2 次にわたり「アイヌの人たちの生活向上に関する推進方策」を策定し、上記の生活実態調査の結果等を踏まえつつ、教育、文化の振興、生活環境の整備、産業の振興等の施策を総合的に推進し、アイヌの人々の生活水準の向上と一般道民との格差の是正を図っている。例えば、進学状況等の格差を克服するため、高等学校及び大学に修学する者に対する入学支度金及び修学資金の助成（大学は貸付け）等を行い、進学を奨励している。

24. 政府は、北海道庁が進めている右施策に協力し、これを円滑に推進するため、1974 年政府部内に「北海道ウタリ対策関係省庁連絡会議」（2002 年に名称を「北海道アイヌ生活向上関連施策関係省庁連絡会議」に変更）を設置し、関係行政機関の緊密な連携の下に北海道アイヌ生活向上関連施策事業関係予算の充実に努めている。

25. アイヌ語については、2010 年度には、危機の実態の調査研究を、2012 年度には、現在行われているアイヌ語に関する取組とその課題についての調査研究を実施した。この結果、消滅の危機に瀕していることが確認されたことから、現存する伝統的なアイヌ語の音声資料を広く学習等に利用して継承に寄与できる環境を整えるために、アーカイブ化を計画し、2013 年度〜 2014 年度に「アイヌ語の保存・継承に必要なアーカイブ化に関する調査研究」を実施し、それを踏まえて、2015 年度からは、伝統的なアイヌ語の音声資料のデジタル化事業とアーカイブ作成支援事業を行っており、現在も継続中である。同時に、アイヌ語をはじめとした消滅の危機にある言語・方言の国民への周知等を行うための「危機的な状況にある言語・方言サミット」を開催するとともに、行政担当者や研究者から成る「危機的な状況にある言語・方言に関する研究協議会」を開催し、

地域ごとの取組の情報共有を図っている。

26. 2008 年 6 月 6 日、我が国国会においてアイヌ民族に関する決議が全会一致で採択された。これを受けて、政府は官房長官談話を発出した。政府は官房長官談話に則って、政策を立案していく。また、政府は官房長官談話を踏まえて開催した「アイヌ政策のあり方に関する有識者懇談会」における今後のアイヌ政策の在り方の提言の実現に向けて「アイヌ政策推進会議」で各種検討を進めている。

(3) アイヌ政策のあり方に関する有識者懇談会

27. 第 7 回・第 8 回・第 9 回政府報告パラグラフ 15 及び 16 参照。

(4) アイヌ政策推進会議

28. 第 7 回・第 8 回・第 9 回政府報告パラグラフ 17 から 22 参照。

(5) アイヌの人々の人権擁護

29. 第 3 回・第 4 回・第 5 回・第 6 回政府報告パラグラフ 13 参照。

(6)「アイヌ文化の振興並びにアイヌの伝統等に関する知識の普及及び啓発に関する法律」に基づく施策

30. 同法に基づく施策については、第 1 回・第 2 回政府報告パラグラフ 19 でも報告しているが、以下のとおり報告する。

31 政府は、アイヌの人々の誇りの源泉であるアイヌの伝統及びアイヌ文化（以下「アイヌの伝統等」という。）が置かれている状況にかんがみ、アイヌの人々の民族としての誇りが尊重される社会の実現等を図ることを目的とする「アイヌ文化の振興並びにアイヌの伝統等に関する知識の普及及び啓発に関する法律」案を国会に提出した。同法は、1997 年 5 月に成立し、同年 7 月に施行されたところであり、国、地方公共団体及び指定法人は、同法に基づき、アイヌに関する総合的かつ実践的な研究、アイヌ語を含むアイヌ文化の振興及びアイヌの伝統等に関する知識の普及啓発を図るための施策を推進しているところである。

32. 例えば小・中学校の社会科の多くの教科書においては、アイヌ民族の伝統や文化に関する記述がなされている。なお、教科書の中にはアイヌ文化の振興並びにアイヌの伝統等に関する知識の普及及び啓発に関する法律を取り上げているものもある。

33. その他の言語政策については、Ⅲ．第 7 条 2.（4）(b) 参照。


## 5. 沖縄の人々

34. 最終見解パラ 21 に関し、沖縄に住んでいる方々は長い歴史の中で特色豊かな文化、伝統を受け継がれていると認識しているが、日本政府として「先住民族」

と認識している人々はアイヌの人々以外には存在しない。

35. 沖縄の方々が「先住民族」であるとの認識が日本国内に広く存在するとは言えず、例えば、2015 年 12 月には、沖縄県豊見城市議会で、「沖縄県民の殆どが自分自身が先住民族であるとの自己認識を持っておらず」、沖縄の方々を「先住民族」とした国連の各種委員会の勧告を遺憾であるとして、その撤回を求める意見書が可決されており、昨年 6 月には、沖縄県石垣市議会で、「沖縄の方言には、古い大和言葉が数多く残っており、生活様式も本土となんら変わるものではない」ことから、「（沖縄の人々は）先住民族との指摘は当たらない」として、勧告の撤回を求める意見書が可決されている。

36. 沖縄の方々も等しく日本国民であり、日本国民としての同様の権利を享受し、日本国民として同様の救済措置が利用可能である。決議の詳細は、別添 1 及び 2 参照。

### 6. 在日外国人の現状及び人権擁護のための取組

**（1）基本的枠組み**

37. 第 3 回・第 4 回・第 5 回・第 6 回政府報告パラグラフ 19 及び 20 参照。

38. 本邦外出身者に対する不当な差別的言動の解消に向けた取組の推進に関する法律（以下「ヘイトスピーチ解消法」という。）については、Ⅲ．第 2 条 1．参照。

**（2）在日外国人の内訳**

39. 2015 年末現在、在留の資格別にみると、在留外国人数全体の 47.0％は「特別永住者」及び「永住者」、7.2％が「定住者」、6.3％が「日本人の配偶者等」となっている。

40. 就労が認められている在留資格の外国人は、10.7％となっている。就労が認められている外国人の数は、2015 年末は 23 万 8042 人で、前年に比し 2 万 3、798 人（11.1％）増加している。

41. 出身地域別にみると、「技術・人文知識・国際業務」の 83.7％、「経営・管理」の 87.7％はアジア地域出身者が占めている。また、「教育」の 64.5％は北米地域出身者が、「宗教」の 42.4％はアジア地域出身者、42.0％は北米地域出身者が占めている。

**（3）在留資格制度**

42. 我が国が、外国人が日本に入国し在留するための基本的な枠組みとして、在留資格制度をとっていることについては、第 1 回・第 2 回政府報告パラグラフ 20 参照。また、在留管理制度については、第 7 回・第 8 回・第 9 回政府報告パラグラフ 28 参照。

## (4) 外国人労働者

43. 我が国の外国人受入れの方針については、第3回・4回・第5回・第6回政府報告パラグラフ17参照。また、高度外国人材の受入れの促進については、第7回・8回・9回政府報告書パラグラフ30参照。

44. 最終見解パラグラフ12に関し、以下のとおり報告する。

45. 日本国内で就労可能な在留資格をもって本邦で就労する外国人労働者に関しては、「外国人労働者の雇用管理の改善等に関して事業主が適切に対処するための指針」を定め、これら外国人労働者を雇用する事業主に対して、適切な雇用管理に関する周知・啓発や訪問指導を行っている。

46. 我が国において、技能実習制度は人種差別に該当するとは考えていない。

47. 我が国は、2014年6月に閣議決定された「日本再興戦略改訂2014」を踏まえ、外国人の技能実習における技能等の適正な修得等の確保及び技能実習生の保護を図るため、技能実習を実施する者及び実施を監理する者並びに技能実習計画についての許可等の制度を設け、これらに関する事務を行う外国人技能実習機構を設ける等の所要の措置を講ずるため、「外国人の技能実習の適正な実施及び技能実習生の保護に関する法律案」を2015年3月6日、第189回国会に提出し、同法案は2016年11月18日に成立し、同月28日に公布されている。同法においては、技能実習生に対する人権侵害行為等について、禁止規定を設け違反に対する所要の罰則を規定するとともに、新たに認可法人として外国人技能実習機構を新設し、実習実施者等への実地検査のほか、技能実習生からの相談や申告への対応、技能実習生の転籍の連絡調整等を行わせることにより、技能実習生の保護等に関する措置を講じることとしている。

    また、2017年4月7日には関係政省令を公布し、同法の施行日を2017年11月1日とする旨並びに技能実習計画の認定、監理団体の許可等に関する詳細を定め、技能実習制度の適正化を図っている。

48. なお、これまでにも制度の適正化の観点から、法務省入国管理局では、労働基準監督機関と合同での調査を積極的に行うとともに、労働関係法令違反が疑われる場合には労働基準監督機関に通報する等関係機関と連携しているほか、実地調査により、不正行為の事実が認められた場合には、それらの監理団体や実習実施機関に対して、最長5年間、技能実習生の受入れを停止する等厳格に対応している。2015年には、不適正な受入れを行ったとして、273の実習実施機関等に対し、不正行為を通知し、技能実習生の受入れを停止する措置を講じているが、これは2015年末時点における実習実施機関等の総数である3万7259機関と比較すると、約0.7％にあたる。

49. 日本の調理師養成施設を卒業した外国人については、日本国内で日本料理の調理業務に従事することを可能とする事業を実施しているが、その認定にあたっては、受入機関が健全な経営状況であること、労働関係法令等を遵守していること、外国人料理人に日本人と同等以上の報酬を支給すること、調理師養成施設が受入機関に対し定期的に監査を実施すること等を要件とすることで、外国人料理人の権利保護を図っている。

50. 経済産業省所掌の製造分野では、海外子会社等従業員の受入事業を行っており、その受入れにあたっては、同一企業グループ内からの受入れに限定し、受入企業に対し状況把握や定期報告等を義務づけ、不正行為や人権侵害の排除を図っている。また、不正行為等が認められた場合、経済産業大臣は認定の取消し等を行うことが可能である。

51. 建設及び造船分野では、当該分野の技能実習修了者を対象とした受入事業を行っており、その受入れにあたっては優良な監理団体・受入企業に限って認めるとともに、監督機関による巡回指導等の実施により不正行為や人権侵害の排除を図っている。

52. 外国人の住居に関する権利については、Ⅲ．第5条5．（2）参照。

## （5）不法残留者

53. 2016年1月1日現在の不法残留者数は、6万2818人で、過去最高であった1993年5月1日時点の29万8646人から比べると23万5828人の減少となっているものの、2014年1月1日時点において5万9061人にまで減少した後、22年ぶりに増加に転じ、2年続けて増加傾向にある。1993年5月1日時点の不法残留者が2012年1月1日時点まで一貫して減少したのは、個人識別情報を活用した厳格な入国審査の実施、関係機関との密接な連携による出入国管理及び難民認定法（以下「入管法」という。）違反外国人の摘発の実施、出国命令制度の活用、不法就労防止に関する積極的な広報の実施など、総合的な対策の効果によるものである。また、2015年に退去強制手続を執った者は1万2272人であり、そのうち不法就労事実が認められた者は7973人である。これらの不法就労者のうち、就労期間が「1年以下」の者が4286人で、不法就労者全体の約54％を占め、このうち「6月以下」の者は不法就労者全体の約32％を占めている。依然として入管法違反者の多数が不法就労に従事しているものの、不法就労期間は短くなる傾向にある。

54. 不法就労者問題は、出入国管理行政の適正な運営を阻害するにとどまらず、それらの者の弱みにつけ込んだ中間搾取、強制労働、人身取引等が行われるなど犯罪の温床ともなり、不法就労先をあっせんするブローカーが不当に多額の利

益を得る一方で、不法就労者が賃金を搾取されたり、労働災害に遭っても十分な保障が受けられないなどの人権侵害のケースも指摘されていることから、関係省庁が連携の上、不法就労者の入国・就労に関与しているブローカー、暴力団関係者、悪質な事業主等の取締りを行っている。なお、2015 年中に不法就労助長で退去強制手続を執った件数は 130 件である。

## (6) 人身取引対策

55. 最終見解パラ 16 に関し、以下のとおり報告する。

56. 我が国では、人身取引は重大な人権侵害であると認識し、2004 年 12 月に策定された「人身取引対策行動計画」（2009 年 12 月改定、2014 年 12 月再改定）に基づき、2014 年 12 月に新たに閣僚級の「人身取引対策推進会議」を設置するなどして、取組を強力に推進している。その結果、2015 年中に日本政府で保護した被害者は 54 人である。入国管理局が人身取引被害者として保護（帰国支援を含む。）の手続を執った外国人は 26 人であり、このうち不法残留等の入管法違反状態にあった被害者 11 人について在留特別許可とした。被害者数は入国管理局が統計を取り始めた 2005 年に 115 人を保護した後大幅に減少し、ここ数年は 20 人前後で推移している。

57. また、入国管理局では、人身取引被害者に接する可能性が高い中堅職員を対象に、関係府省庁や国際移住機関（IOM）、NGO 等から外部講師を招へいし、被害者の保護等に関する専門的な研修を実施している。

58. また、海上保安庁では、毎年実施している実務者研修において、人身取引の実態や人身取引被害者の保護の重要性等についての講義を実施している。

59. 人身取引事犯の加害者については、2015 年に検挙された加害者 42 名のうち 26 名が起訴され、そのうち、2016 年 2 月現在、公判継続中等である者を除く 20 名について有罪判決が確定している。

60. 我が国では、2005 年の刑法改正により、人身取引議定書が要請する全ての人身取引の犯罪化が実現されたものと認識している。

61. 警察では、人身取引事犯に関連する情報の収集、組織的な背景の解明を念頭に置いた捜査、各種法令を多角的に適用したブローカー・雇用主等の検挙等を進めている。また、初任教養や昇任時教養の中で、人身取引事犯対策についての教養を実施しているほか、専門的技能等の向上に資するため、指導官を指定し、各種研修等あらゆる機会を通じて、当該指導官による講義等を実施している。

62. 被害者に対しては、保護施策の周知及び在留特別許可等の法的手続に関する十分な説明を行うとともに、可能な範囲で今後の捜査について説明を行い、その立場に十分配意した措置に努めている。

63. なお、2005 年から毎年、人身取引被害者の発見を目的として、警察等に被害申告するように多言語で呼び掛けるリーフレットを作成し、関係省庁や在京大使館、NGO 等に配布するとともに、被害者の目に触れやすい場所に備え付けている。2015 年 11 月には、9 か国語対応のリーフレット 286,450 部を作成・配布した。

64. 他機関等との連携を図るため、2004 年から毎年 1 回、人身取引事犯に係るコンタクトポイント会議を開催し、在京大使館、関係省庁、都道府県、NGO、IOM 等との意見交換・情報交換を行っている。2015 年は、7 月 17 日に開催し、警察における人身取引事犯の検挙事例について協議等した。

65. このほか、警察では国際刑事警察機構（ICPO）を通じて、人身取引被害者の送出国の捜査機関との間で情報交換を行っているほか、外国からの要請に応じ、人身取引事案について積極的に捜査共助を実施している。

66. 労働基準監督機関においては、技能実習生を含む外国人労働者に関して、労働基準法等の違反の疑いがある事業場に対し監督指導を実施し、重大・悪質な法違反については、司法処分を含め厳正に対処する。また、2014 年 10 月に、人身取引事犯への適用法令、具体的適用例等をまとめた「人身取引取締マニュアル」を労働基準監督機関へ送付し、過去の犯罪事例等の共有を行うとともに、捜査等を行うに当たって活用している。

67. 婦人相談所では、各関係機関と連携し、国籍・年齢を問わず、人身取引被害女性の保護を行い、その宗教的生活や食生活を尊重して衣食住の提供、居室や入浴・食事への配慮、夜間警備体制の整備のための警備員の配置を実施するなど、その充実を図っている。さらに、被害者が児童（18 歳未満）である場合には、必要に応じて、児童相談所と連携して必要な保護措置を行っている。

68. 我が国で保護された外国人人身取引被害者については、母国への安全な帰国及び帰国後の社会復帰支援事業を、IOM への拠出を通じ実施している。事業を開始した 2005 年 5 月以降 2016 年末までに、290 人の外国人被害者に対し同支援を提供している。

69. また、我が国では、人身取引対策が必ずしも十分でない東南アジア諸国を中心に、国連薬物・犯罪事務所（UNODC）を通じ、人身取引事案に携わる法執行機関職員に対する研修や、JICA を通じた技術協力など、様々な能力構築支援を実施している。

70. また、海上保安庁では、人身取引被害者を含む犯罪被害者に対し、刑事手続の概要及び捜査状況、被疑者の逮捕・送致状況等、被害者の救済や不安の解消に資すると認められる事項の通知を行うこととしている。

71. 2015年10月から、法務省の人権擁護機関が実施する調査救済手続において、人身取引被害者に対し、緊急避難措置として一時的な宿泊施設を提供する制度を開始した。

### (7) 教育

72. 在日外国人の子どもへの教育については、Ⅲ. 第5条5.（4）参照。

## 7. 在日韓国・朝鮮人

### (1) 歴史的背景及び在留人数

73. 在日韓国・朝鮮人の歴史的背景については第3回・第4回・第5回・第6回政府報告パラグラフ21参照。ただし、在日韓国・朝鮮人が日本に在留する外国人全体に占める割合は、2015年末時点で15.4％まで減少してきている。

74. 在日韓国・朝鮮人は、「特別永住者」として日本に在留しており、その数は、2015年末現在、韓国が31万1463人であり、朝鮮が3万3281人である（なお、「特別永住者」の総数は、34万8626人で、韓国・朝鮮の他、中国が1277人いる。また、これら以外の国籍（出身地）の者もいる。韓国を住居地別にみると大阪府が27.3％、次いで東京都が12.3％である。

### (2) 法的地位

75. 第1回・第2回政府報告パラグラフ39参照。

76. 日本国との平和条約に基づき日本の国籍を離脱した者等の出入国管理に関する特例法の優遇措置に関しては、第1・2回政府報告パラグラフ41から43、第3回・第4回・第5回・第6回政府報告パラグラフ23並びに第7回・第8回・第9回政府報告パラグラフ39及び40参照。

### (3) 教育

77. 第7回・第8回・第9回政府報告パラグラフ41から45参照。

78. 1960年のユネスコの教育における差別待遇の防止に関する条約については、現時点で締結する具体的な予定はない。なお、教育における差別防止について、我が国においては、既に教育基本法において、すべて国民はひとしく、その能力に応じた教育を受ける機会を与えられなければならず、教育上差別されないとして教育の機会均等を定めており、これを基本理念として、我が国は教育施策を進めているところである。我が国に居住する外国人についても、希望する者については義務教育の機会の保障等日本人と同様の取扱いを行っている。

### (4) 児童・生徒等に対する嫌がらせ等の行為への対応

79. 第3回・第4回・第5回・第6回政府報告パラグラフ26及び第7回・第8回・第9回政府報告パラグラフ47参照。なお、同報告パラグラフ26に関し、「2002

年 9 月 17 日の日朝首脳会談において、北朝鮮側が拉致事件の事実を正式に認めたこと等から」を「2002 年 9 月 17 日の日朝首脳会談において、北朝鮮側が拉致事件の事実を正式に認めた後」に改める。

(5) 就労

80. 第 1 回・第 2 回政府報告パラグラフ 49 及び 50 参照。

81. なお、我が国における外国人の公務員への採用については、公権力の行使又は公の意思の形成への参画に携わる公務員となるためには日本国籍を必要とするが、それ以外の公務員となるためには必ずしも日本国籍を必要としないものと解されており、在日韓国・朝鮮人の公務員への採用についてもこの範囲で行われている。

## 8 難民

82. 最終見解パラグラフ 23 に関し、以下のとおり報告する。

(1) 難民の取扱い

83. 我が国は、1981 年の難民の地位に関する条約（以下「難民条約」という。）及び 1982 年の難民の地位に関する議定書（以下「難民議定書」という。）の締結に伴い、従来の出入国管理令を改正して入管法とし、難民認定制度を新設して 1982 年 1 月から実施している。また、2005 年 5 月には、不法滞在者である難民認定申請中の者の法的地位の安定化を図るため仮滞在を許可する制度を創設したほか、難民認定手続の公平性、中立性を高める観点から第三者を異議申立ての審査手続に関与させる難民審査参与員制度を創設する等新しい難民認定制度を含む改正入管法が施行された。さらに、2016 年 4 月の改正入管法の施行により、異議申立てが審査請求に一元化され、難民審査参与員による審理手続が実施されるようになったほか、難民不認定処分等に加え、難民認定申請の不作為についても審査請求できるようになった。このように、難民認定申請が行われたときは、難民条約第 1 条及び難民議定書第 1 条の難民の定義に該当するか否かにつき適正な判断を行い、これら条約に規定された義務を誠実かつ厳正に履行している。

84. 難民として受け入れた後の待遇については、難民条約に従い、職業、教育、社会保障、住宅等において各種の保護及び人道的援助が与えられている。なお、真の難民の迅速かつ確実な庇護を推進するため、法務大臣の私的懇談会からの提言を踏まえ、①保護対象、認定判断及び手続の明確化、②難民認定行政に係る体制・基盤の強化、並びに③難民認定制度の濫用・誤用的な申請に対する適切な対応を内容とする難民認定制度の運用の見直しを行った。具体的な取組としては、難民と認定した事例等の公表及び判断ポイントの明示、管理者クラス

を対象とする難民認定事務従事者研修を新たに実施するなどした。

85. なお、我が国においては、本邦にある外国人から難民認定の申請があった場合、難民については条約に基づき確実に難民として認定しており、条約上の難民には該当しなかった者についても、本国の事情や本邦における在留状況等を個々に考慮し、庇護を与えるのが適当と認められる場合は、在留を特別に認め、保護している。また、難民認定申請者の法的地位を早期に安定させるため、標準処理（審査）期間を6か月と設定して迅速処理に当たっているほか、不服申立てについても、難民審査参与員を増員（56人から84人）し、手続の迅速化を図っている。

86. 難民認定手続に関しても、申請希望者を対象とした案内パンフレットを14ヶ国語で作成し、全国の地方入国管理局及びインターネット上で入手可能としているほか、難民申請に係るインタビューにおいては、原則として申請者が希望する言語の通訳人を介して行うなど、申請者に配慮した手続に努めている。適切な難民該当性判断のため、国連難民高等弁務官事務所の協力も得つつ、高度な知識及び調査能力を備えた難民調査官の育成を目的とした研修を実施し、その内容の充実を図っているほか、管理者クラスを対象とした難民認定事務従事者研修を実施している。また、異議申立て及び審査請求に関わる新任難民審査参与員に対する研修も実施している。

87. 空港において難民該当性を主張する者のうち住居の確保が困難な者について、法務省から難民を支援する民間団体・NGOに住居の確保を依頼し、受入れ可とされた者に対して、一時庇護のための上陸許可又は仮滞在許可をする措置を実施している。

88 2015年12月末までの難民認定事務の処理状況は以下のとおり。

| 申請 | | 30145 人 | 異議申立て<br>（異議申出） | 16526 人 |
|---|---|---|---|---|
| 審査結果 | 認　定 | 531 人 | 決定結果 | 129 人 |
| | 不認定 | 20339 人 | 理由なし | 7870 人 |
| | 取下げ等 | 1972 人 | 取下げ等 | 2062 人 |

89. 我が国に難民認定制度が発足した1982年1月から2015年12月末までに、難民として認定した者は、660人（うち129人は異議申立手続における認定者）である。また、難民とは認定しなかったものの、庇護のための在留を認めた者が2446人いる。

90. なお、この難民認定制度は本邦にある外国人からの申請を可能としているが我が国では、この難民認定制度とは別の制度によりインドシナ三国（ベトナム、ラオス、カンボジア）及びミャンマーから定住難民を受け入れており、その数は2015年12月末で1万1424人となっている。この定住難民として受け入れた者が難民の認定を受けることも可能であり、実際に難民の認定を受けた者もいる。

91. 1954年の無国籍者の地位に関する条約、及び1961年の無国籍者の削減に関する条約への加入については、我が国は無国籍者の発生を防ぐ一定の配慮をしているほか、国籍を有する他の在留外国人と同様に無国籍者に対しても、中長期在留者には「在留カード」を発行していることに加え、無国籍のため旅券を取得できない在留外国人に対しては「在留資格証明書」や「再入国許可書」を発行し、在留許可の事実と内容の明示及び渡航の便宜を図っており、無国籍者の存在やその地位・権利の保護が大きな問題となったことはなく、条約締結の国内的ニーズが明らかでないこと等から、これまで同条約締結について積極的な検討は進められてきていない。

## (2) インドシナ難民の定住受入れ

92. 我が国におけるインドシナ難民の定住受入れは、1978年より我が国に一時滞在しているベトナム難民について定住を許可することから始まった。次いで、1979年よりアジア諸国に滞在中のインドシナ難民についても定住許可の対象とし、その後、2度に亘り定住許可条件が緩和され、インドシナ三国における政変前に留学生等として日本に滞在していた者や合法出国計画（ODP：Orderly Departure Program）に基づくベトナムからの家族呼び寄せによって入国する者についても、定住が許可されることとなった。我が国が定住を受け入れたインドシナ難民は、1万1319人となっている。

93. なお、インドシナ三国の政情が安定した等の理由から、インドシナ難民の受入れは、2005年12月末日をもって完了した。

## (3) インドシナ難民及び条約難民の定住促進策並びに第三国定住による難民の受入れ

94. 政府は、1979年の閣議了解によって、インドシナ難民の日本への定住促進のため、日本語教育、職業訓練、就職あっせんなどを行うことを決定し、これらの業務を旧財団法人（現公益財団法人）アジア福祉教育財団に委託することとした。それを受け、同財団では、難民事業本部を同財団内に設置、引き続き姫路（兵庫県）定住促進センター（1996年3月閉鎖）、翌1980年には大和（神奈川県）定住促進センター（1998年3月閉鎖）、1982年には大村（長崎県）難民一時レセプション・センター（1995年3月閉鎖）を設置した。また、1983年には、東京都に国際救援センター（2006年3月閉鎖）を開設した。開設以来の実績としては、合計で

入所者 1 万 1523 人となっている。

95. 同様に入管法に基づき難民と認定された条約難民についても、2002 年 8 月 7 日の閣議了解に基づき、関係各省庁が各種定住支援措置を講じている。2006 年 4 月からは、定住支援施設「RHQ 支援センター」において、日本語教育、生活ガイダンス、職業相談等の定住支援を行っている。

96. 政府は、国際貢献及び人道支援の観点から、2008 年 12 月 16 日の閣議了解等に基づき、2010 年度から、タイの難民キャンプに滞在するミャンマー難民約 30 人（家族単位）を、年に 1 回のペースで 3 年連続してパイロットケースとして受け入れる第三国定住事業を開始することとし、2012 年 3 月には、このパイロットケースを 2013 年度以降も 2 年間継続すること、キャンプ地の拡大、定住支援の充実等が決定された。また、2014 年 1 月 24 日の閣議了解等に基づき、第三国定住事業を継続的に実施することや、マレーシアに滞在するミャンマー難民を対象とすること、タイからは、パイロットケースで受け入れた難民の家族呼び寄せを可能にすることなどが決定された。2016 年末現在で、パイロットケースと合わせ、31 家族、123 人のミャンマー難民を受け入れている。

（4）生活状況

97. 2000 年のインドシナ難民の定住状況調査のアンケート（アジア福祉教育財団難民事業本部実施）によると、比較的順調に定住が進んでいるといえるが、日本語が困難な者の割合は 35％に達する結果も出ているところである。また、難民事業本部が行ってきた定住支援・生活相談等を通じてインドシナ難民の定住状況を見ると、来日して以降の年月の経過に伴い、難民 1 世の高齢化による問題等が出てきているが、日本社会への定住状況は安定している。

98. 我が国に定住するインドシナ難民を始め、条約難民及び第三国定住難民の多くは、雇用主、地域社会の理解と支援に支えられて比較的順調に職場や地域社会に適応していると考えられる一方、定住難民の数が次第に増加していく中で、中には言語、習慣等の違いから日常生活において様々な問題に直面しているケースもみられる。このような状況を踏まえ、現在、政府から本事業を受託しているアジア福祉教育財団（難民事業本部）では、複雑化・専門化する相談内容と本人、その家族及び事業主等に対する綿密かつ長期間にわたる相談・指導に対応するため、相談員を本部事務所、関西支部及び RHQ 支援センターに配置し、定住支援施設退所後も引き続き生活相談を実施している。また、2012 年度からは第三国定住難民の定住先地域に地域定住支援員を配置し、第三国定住難民が、定住先の地域社会において生活を立ち上げ、定住に至る過程で必要となる生活支援を行っている。

99. この他、インドシナ難民、条約難民及び第三国定住難民の円滑な定住にとって地域住民の理解と協力は不可欠であることから、同財団では、毎年「日本定住難民とのつどい」を開催し、地域住民との交流による相互理解の増進に努めている。

100. さらに難民認定申請者に対しても難民認定申請の結果が判明するまで、生活費、住居費（一時的な居住施設の提供を含む。）及び医療費の支援を必要に応じて行っている。


# Ⅲ. 逐条報告

## 第2条

### 1. 差別の禁止に関する憲法上及び法律上の規定

101. 最終見解パラグラフ7及び8に関し、第1回・第2回政府報告パラグラフ59、60及び62でも報告しているが、我が国では以下のとおり人種差別を規制しており、御指摘の包括差別禁止法が必要であるとの認識には至っていない。

102. 国の公の当局による差別の禁止については、憲法が人種等による差別のない法の下の平等原則を規定し（憲法第14条第1項）、憲法が国の最高法規であり、その条規に反する法律、命令、詔勅及び国務に関するその他の行為の全部又は一部は、その効力を有しない旨規定するとともに（第98条第1項）、公務員の憲法尊重擁護義務を規定することにより（第99条）、国民が国家により人種等を理由に差別されないことを保障している。

103. 憲法は第94条において、地方公共団体は、その財産を管理し、事務を処理し、及び行政を執行する権能を有し、法律の範囲内で条例を制定することができるとしているが、第99条に定める公務員の憲法尊重擁護義務をはじめとする憲法の諸規定は、地方公共団体をも拘束するものである。これを受けて、地方自治法は、普通地方公共団体は、法令に違反しない限りにおいて条例を制定できる旨規定するほか（第14条第1項）、法令に違反してその事務を処理してはならない旨規定するとともに（第2条第15項）、右規定に違反して行った地方公共団体の行為は、これを無効とする旨規定（同第16項）するとされており、これらの規定により、地方公共団体においても、人種等に基づく差別的行為が行われないよう法的に保障されている。

104. 憲法第14条第1項は、人種等の差別なく法の下の平等原則を定めたものである

が、このような考え方等を踏まえ、我が国は、教育、医療、交通等国民生活に密接な関わり合いを持ち公共性の高い分野については、各分野における関係法令により広く差別待遇の禁止が規定されているほか、その他各種の分野につき関係省庁の指導、啓発等の措置を通じて差別の撤廃を図っている。

105. いわゆるヘイトスピーチについては、2016年6月、ヘイトスピーチ解消法が施行された。同法律は、本邦外出身者に対する不当な差別的言動は許されないことを宣言するとともに、更なる人権教育と人権啓発などを通じて、国民に周知を図り、その理解と協力を得つつ、不当な差別的言動の解消に向けた取組を推進すべく、制定されたもので（前文）、本邦外出身者に対する不当な差別的言動の解消に向けた取組について、基本理念を定め、及び国等の責務を明らかにするとともに、基本的施策を定め、これを推進することを目的としている（第1条）。

106. 同法律は、「本邦外出身者に対する不当な差別的言動」を「専ら本邦の域外にある国若しくは地域の出身である者又はその子孫であって適法に居住するものに対する差別的意識を助長し又は誘発する目的で公然とその生命、身体、自由、名誉若しくは財産に危害を加える旨を告知し又は本邦外出身者を著しく侮辱するなど、本邦の域外にある国又は地域の出身であることを理由として、本邦外出身者を地域社会から排除することを煽動する不当な差別的言動」と定義し（第2条）、国民は、本邦外出身者に対する不当な差別的言動の解消の必要性に対する理解を深めるとともに、本邦外出身者に対する不当な差別的言動のない社会の実現に寄与するよう努めなければならないものとし（第3条）、国及び地方公共団体に対し、本邦外出身者に対する不当な差別的言動の解消に向けた取組に関する責務を定めている（第4条）。

107. 国及び地方公共団体の基本的施策として、本邦外出身者に対する不当な差別的言動に関する相談体制の整備（第5条）、不当な差別的言動を解消するための教育活動、啓発活動の実施（第6条、第7条）が定められている。

## 2. 法務省の人権擁護機関の取組

108. 法務省の人権擁護機関では、人権侵犯事件調査処理規程、及び人権擁護委員法等に基づき、人種差別を含む人権侵害につき所要の調査を行い、事案に応じて適切な措置がとられている。

109. 最終見解パラグラフ9に関し、政府は、新たな人権救済機関を設置するための人権委員会設置法案を、2012年11月、第181回国会に提出したが、同月の衆議院解散により廃案となった。人権救済制度の在り方については、これまでなされてきた議論の状況をも踏まえ、適切に検討しているところである。

なお、従前から、人権擁護に携わる行政機関として法務省に人権擁護局が設けられており、その下部機関として、法務局人権擁護部（全国 8 か所）、地方法務局人権擁護課（全国 42 か所）及びこれらの支局（全国 261 か所（2016 年 10 月 1 日現在））が設けられている。

　また、我が国においては、全国で約 1 万 4000 人の人権擁護委員（法務大臣が委嘱した民間のボランティア）が、法務省人権擁護局、法務局・地方法務局と協力して、人権擁護活動を行っている。

### 3．公務員に対する人権教育・研修

**（1）公務員全般**

110. 第 7 回・第 8 回・第 9 回政府報告パラグラフ 69 参照。なお、「第 2 フェーズ」を「第 3 フェーズ」に改める。

111. 行政官については、人事院が、国家公務員を対象として自ら実施する各種研修において人権に関するカリキュラムを設けている。また、内閣人事局においては、「国家公務員の研修に関する基本方針」等を通じ、関係各庁において人権の尊重等の意識啓発を図る研修を実施することについて示している。

**（2）警察職員**

112. 警察は、犯罪捜査等の人権に関わりの深い職務を行っていることから、警察職員の職務倫理及び服務に関する規則（2000 年国家公安委員会規則第 1 号）において、人権の尊重を大きな柱とする「職務倫理の基本」を定めるとともに、職務倫理に関する教育を警察における教育の重点項目に掲げ、人権教育を実施している。

113. 新たに採用された警察職員や昇任する警察職員に対しては、警察学校における憲法、刑事訴訟法等の法学や職務倫理の授業等で人権尊重に関する教育を実施している。

114. 犯罪捜査、留置管理、被害者対策等に従事する警察職員に対しては、各級警察学校における専門教育や警察本部、警察署等の職場における研修等のあらゆる機会を捉え、被疑者、被留置者、被害者等の人権に配意した適正な職務執行を期する上で必要な知識・技能等を修得させるための教育を行っている。

**（3）検察職員**

115. 法務省では、検事に対し、その経験年数等に応じて受講する各種研修において、人種差別撤廃条約を含む国際人権関係条約に関する講義を実施している。例えば、新しく採用された検事に対する研修の中で国際人権関係条約に関する講義を実施している。

**（4）矯正施設職員**

116. 矯正施設の職員に対して矯正研修所及び同支所で実施している採用年数や職務に応じた各種研修プログラムにおいては、被収容者の人権の尊重を図る観点から、憲法及び人権に関する諸条約を踏まえた被収容者の人権に関する講義や民間プログラムによる実務に即した行動科学的な視点を取り入れた研修等を実施しているところ、2015 年度は、506 科目で延べ 15667 人が受講した。

## (5) 更生保護官署関係職員

117. 更生保護官署関係職員に対しては、新任保護観察官から管理職員等まで、実務経験や職員の階層に応じた研修を毎年実施しており、同研修において、保護観察対象者等の人権に関する講義を実施している。

## (6) 入管職員

118. 入管職員に対しては、各種職員研修において、人権関係諸条約等について講義を実施し、人権に対する意識の一層の向上を図っている。2015 年度は 18 回の研修において合計 642 人が人権関係の講義を受講した。

## (7) 裁判官

119. 日本政府は、裁判官の研修及び司法修習生の修習をつかさどる司法研修所においては、裁判官の研修カリキュラムに人権問題に関する講義が設けられており、例えば、刑事手続と人権の問題、女性や児童の権利の問題、DV 問題、同和問題、外国人の人権の問題、国際人権条約等の国際人権法にかかわる問題等をテーマとした講義が実施されているものと承知している。また、司法修習生の修習カリキュラムについても、人権に関する講義等が設けられているものと承知している。なお、2015 年度は、裁判官の研修について、6 回の研修において合計 375 人が人権関係の講義を受講し、司法修習生については、2 回の講義において合計 1762 人が国際人権法についての講義を受講したものと承知している。

## (8) 裁判官以外の裁判所職員

120. 日本政府は、裁判官以外の裁判所職員の研修をつかさどる裁判所職員総合研修所においては、同職員の研修カリキュラムに基本的人権の保障、ＤＶ問題等をテーマとした講義が設けられているものと承知している。なお、2015 年度は、18 回の研修において合計 2774 人が人権関係の講義等を受講したものと承知している。

## (9) 地方公務員

121. 第 7 回・第 8 回・第 9 回政府報告パラグラフ 79 参照。

## (10) 教師

122 第 7 回・第 8 回・第 9 回政府報告パラグラフ 80 参照。

## 第3条

123. 第3回・第4回・第5回・第6回政府報告パラグラフ36及び第7回・第8回・第9回政府報告パラグラフ82参照。

## 第4条

### 1. 留保

124. 最終見解パラグラフ10に関し、第1回・第2回政府報告パラグラフ72から74でも報告しているが、次の理由により我が国は人種差別撤廃条約第4条（a）及び（b）について留保を付している。

125. 我が国は、本条約を締結するに当たって、第4条（a）及び（b）に関して、次のような留保を付している。

「日本国は、あらゆる形態の人種差別の撤廃に関する国際条約第4条の（a）及び（b）の規定の適用に当たり、同条に「世界人権宣言に具現された原則及び次条に明示的に定める権利に十分な考慮を払って」と規定してあることに留意し、日本国憲法の下における集会、結社及び表現の自由その他の権利の保障と抵触しない限度において、これらの規定に基づく義務を履行する。」

126. これは、次の理由によるものである。

我が国憲法は第21条第1項において、集会、結社及び言論、出版その他一切の表現の自由（以下、これらを併せて「表現の自由」という。）を保障している。表現の自由は、個人の人格的尊厳そのものにかかわる人権であるとともに、国民の政治参加の不可欠の前提をなす権利であり、基本的人権の中でも重要な人権である。かかる表現の自由の重要性から、我が国憲法上、表現行為等の制約に当たっては過度に広範な制約は認められず、他人の基本的人権との相互調整を図る場合であっても、その制約の必要性、合理性が厳しく要求される。特に最も峻厳な制裁である罰則によって表現行為等を制約する場合には、この原則はより一層厳格に適用される。また、我が国憲法第31条は、罪刑法定主義の一内容として、刑罰法規の規定は、処罰される行為及び刑罰について、できるだけ具体的であり、かつ、その意味するところが明瞭でなければならないことを要請している。

本条約第4条（a）及び（b）は、人種的優越又は憎悪に基づく思想の流布や人種差別の扇動等を処罰することを締約国に求めているが、我が国では、これらのうち、憲法と両立する範囲において、一定の行為を処罰することが可能であり、その限度において、同条の求める義務を履行している。しかし、同条の定める概

念は、様々な場面における様々な態様の行為を含む非常に広いものが含まれる可能性があり、それらすべてにつき現行法制を越える刑罰法規をもって規制することは、上記のとおり、表現の自由その他憲法の規定する保障と抵触するおそれがある。そこで、我が国としては、世界人権宣言等の認める権利に留意し、憲法の保障と抵触しない限度において、本条約第4条に規定する義務を履行することとしたものである。

## 2. 流布、扇動、暴力の処罰化

127. 第3回・第4回・第5回・第6回政府報告パラグラフ39及び40参照。

128. 最終見解パラグラフ11に関し、以下のとおり報告する。

129. 警察は、いわゆるヘイトスピーチに係るデモ等が行われるに際しては、これまでも違法行為の防止、関係者や周囲の安全の確保を図る観点から、必要な体制を確保し、厳正・公平な立場に立って、所要の警備を行ってきたほか、憎悪及び人種差別の表明、デモ・集会における人種差別的暴力及び憎悪の扇動について、刑罰法令に触れる場合には、法と証拠に基づき厳正に対処してきたところである。また、ヘイトスピーチ解消法の施行を受け、警察庁では、全国都道府県警察に対し、法の目的等を踏まえた警察活動の推進について指示したところであり、警察は、引き続き、適切に対応することとしている。

130. 起訴の一例として、2009年12月、被告人4名が、京都市の京都朝鮮第一初級学校付近及びその近くの公園において、同校校長らに向かって、拡声器を用いるなどして、朝鮮学校の排除を扇動する言動を行って喧噪を生じさせた事件がある。この事件においては、被告人ら4名が、威力業務妨害罪、侮辱罪等で逮捕・起訴され、いずれも有罪判決を受けている。

131. 放送においては、放送法の規定により、放送事業者は、国内放送の放送番組の編集に当たっては、公安及び善良な風俗を害しないこと、政治的に公平であること、報道は事実を曲げないですること、意見が対立している問題については、できるだけ多くの角度から論点を明らかにすることとされているほか、放送番組の編集の基準（番組基準）を定め、これに従って放送番組の編集をし、また、放送番組の適正を図るため、放送番組審議機関を設置することとされている。これらの規定を通じて、各放送事業者は、放送番組が、人種差別の流布、扇動及び暴力を正当化し、もしくは助長することによって、公安及び善良な風俗を害することのないよう適切に放送を行うこととなっている。

132. ヘイトスピーチ解消法については、III. 第2条1. 参照。

133. 法務省の人権擁護機関では、ヘイトスピーチ解消法の施行後、全国規模の反ヘイ

トスピーチキャンペーンを実施した。例えば、法務省ホームページ等を活用した同法施行に関する周知広報、同法の外国語訳の情報発信のほか、全国にポスターを 6 万枚配布した。いわゆるヘイトスピーチの実施が予想される街宣やデモの現場周辺等での啓発活動を行った。また、法務省人権擁護局内にヘイトスピーチに対応するためのプロジェクトチームを設置し、政府関係機関及び地方公共団体との協力体制を強化した。さらに、市民社会との連携もこれまで以上に積極的に推進した。

### 3. 情報分野における規制等

134. 第 7 回・第 8 回・第 9 回政府報告パラグラフ 87 から 91 参照。

### 4. 扇動団体の活動の禁止

135. 第 1 回・第 2 回政府報告パラグラフ 88 から 90 参照。

### 5. 人種差別的動機の刑法上の取扱い

136. 第 7 回・第 8 回・第 9 回政府報告パラグラフ 93 参照。

### 6. 国内裁判所の関連判決

137. 人種差別撤廃条約第 4 条に関連する人種差別の事例を扱う裁判所の判決（2012 年 1 月から 2016 年 12 月）の例については、以下のとおり。

138. 2014 年 7 月 8 日大阪高等裁判所判決（同年 12 月 9 日最高裁判所決定により上告棄却・上告不受理）

　いわゆる「在日特権」をなくすことを目的とする団体の行った示威活動等が、人種差別撤廃条約等の趣旨に照らし、民法 709 条の「他人の権利又は法律上保護される利益を侵害した」との要件を満たすとして、損害賠償請求等が認められた事例。

139. 2016 年 4 月 25 日高松高等裁判所判決（同年 11 月 1 日最高裁判所決定により上告棄却・上告不受理）

　いわゆる「在日特権」をなくすことを目的とする団体が行った示威活動等が人種差別撤廃条約第 1 条に定義する、少数者の「平等の立場での人権及び基本的自由を認識し、享有し又は行使することを妨げ又は害する目的又は効果を有するもの」に該当し、違法性の強いものであるとして、民法上の不法行為に基づく損害賠償請求が認められた事例。

## 第5条

### 1. 裁判所の前で平等な取扱いを受ける権利

140. 第1回・第2回政府報告パラグラフ91、92参照。

### 2. 暴力又は傷害に対する身体の安全及び国家による保護についての権利

141. 第1回・第2回政府報告パラグラフ96、97、第3回・第4回・第5回・第6回政府報告パラグラフ49及び第7回・第8回・第9回政府報告パラグラフ98参照。なお、同政府報告パラグラフ98に関し、「厳格な出入国審査」を「厳格な入国審査」に改める。

142. 最終見解パラ25に関し、警察は、法律の規定に基づき、公平中立に職務を執行しており、民族宗教的プロファイリングに該当し得る、外国出身のイスラム教徒への監視活動を行っているという事実はない。

### 3. 政治的権利

143. 第1回・第2回政府報告パラグラフ105参照。

144. 国民主権主義を基本原理の一つとしている我が国憲法は、第15条第1項において公務員の選定・罷免は、国民固有の権利であるとし、同条第3項は成年者による普通選挙を保障すると定めている。また、同法第14条は人種等による差別を禁止するとともに、特に国会議員の選挙資格については第44条において人種等による差別の禁止を定めており、平等選挙が保障されている。

145. 公職選挙法は、憲法の精神に則り、満18歳以上の日本国民は衆議院議員及び参議院議員の選挙権を有すると規定しており（第9条第1項）、国政への選挙権は、人種、民族の差異なくすべての国民に対して与えられている。また、同法は、衆議院議員及び参議院議員については、それぞれ満25歳、満30歳以上の日本国民は被選挙権を有すると規定しており（第10条第1項）、被選挙権についても、人種、民族の差異なくすべての国民に対して与えられている。

146. 地方参政権については、公職選挙法及び地方自治法により、引き続き3箇月以上市町村の区域内に住所を有する満18歳以上の日本国民は、その属する地方公共団体の議会の議員及び長の選挙権を有するとされている。また、各都道府県の知事、市町村長については、それぞれ満30歳、満25歳以上の日本国民は被選挙権を有するとされているほか、各地方議会の議員についても、当該議会議員の選挙権を有する満25歳以上の日本国民は被選挙権を有するとされており、右要件の下で人種、民族の差異なく平等に権利が与えられている。

147. 最終見解パラ13に関し、以下のとおり報告する。

148. 第7回・第8回・第9回政府報告パラグラフ100でも報告しているが、外国人が家事調停委員に就任できないことについては、公権力の行使又は国家意思の形成への参画に携わる公務員となるためには日本国籍が必要であるところ、裁判所の非常勤職員である調停委員は、公権力の行使又は国家意思の形成への参画に携わる公務員に該当し、その就任には日本国籍が必要であると考えられることから、国籍を理由とした差別的な取扱いには当たらない。

149. 我が国では、公権力の行使又は公の意思の形成への参画に携わる公務員となるには日本国籍を必要とするが、それ以外の公務員となるには必ずしも日本国籍を必要としないものと解されており、外国人の公務員への採用はこの範囲で行っている。また、国家公務員法第27条、及び地方公務員法第13条には、すべて国民は、この法律の適用について、平等に取り扱われ、人種等によって差別されてはならない旨規定されており、その採用にあたっては、人種、民族等による差別が禁止されている。


## 4. 市民的権利

**(1) 移動及び居住の自由の権利**

150. 第1回・第2回政府報告パラグラフ107参照。

**(2) 出入国の自由の権利**

151. 第1回・第2回政府報告パラグラフ108から111及び第7回・第8回・第9回政府報告パラグラフ103参照。

**(3) 国籍の権利**

152. 第7回・第8回・第9回政府報告パラグラフ104から109参照。

**(4) 婚姻及び配偶者選択の権利**

153. 第1回・第2回政府報告パラグラフ116参照。

**(5) 単独（及び共有）所有権**

154. 第1回・第2回政府報告パラグラフ117参照。

**(6) 相続権**

155. 第1回・第2回政府報告パラグラフ116参照。

**(7) 思想、良心及び宗教の自由の権利**

156. 第1回・第2回政府報告パラグラフ118及び119並びに第7回・第8回・第9回政府報告パラグラフ114参照。

**(8) 意見及び表現の自由並びに平和的な集会及び結社の自由の権利**

157. 第1回・第2回政府報告パラグラフ120参照。

## 5. 経済的、社会的及び文化的権利

### (1) 労働に関する権利

158. 第3回・第4回・第5回・第6回報告パラグラフ52参照。なお、同パラグラフで引用されている第1回・第2回政府報告パラグラフ127の「人種、民族等」の「等」には、ガイドラインにおける国籍、社会的地位、条約の下に保護されるグループに所属しているか否か等が含まれる。

### (2) 住居に関する権利

159. 第7回・第8回・第9回政府報告パラグラフ118から120でも報告しているが、以下のとおり報告する。

160. 賃貸住宅における入居者選択の際の平等取扱いに関しては、公的な住宅等の入居者資格等については、公営住宅法、住宅地区改良法、地方住宅供給公社法、等において入居者の募集方法、資格、選考につき公正な手続及び要件を定めている。

161. また、民間賃貸住宅に関しては、地方公共団体や関係業者、居住支援団体等が組織する居住支援協議会が行う外国人を含む住宅確保要配慮者の民間賃貸住宅への円滑な入居の促進のための取組を支援している。

162. 入居者選択の際における不当な取扱いに対しては、法務省の人権擁護機関は関係者に対する啓発等を通じて平等の確保に努めている。

### (3) 公衆の健康、医療、社会保障、社会的サービスに関する権利

163. 第1回・第2回パラグラフ132から135及び第7回・第8回・第9回政府報告パラグラフ122参照。

164. また、2014年度における、世帯主が外国人である生活保護世帯に属する人員数は、74386人となっている。詳細は別添3を参照。

165. 最終見解パラ14に関し、第1回・第2回政府報告パラグラフ134でも報告しているが、国民年金法及び国民健康保険法については、日本国内に住所を有する者であれば日本人であるか外国人であるかを問わず被保険者とされ、厚生年金保険法及び健康保険法についても適用事業所に使用される者であれば日本人・外国人を問わず被保険者とされるので人種、民族等による差別はない。

### (4) 教育及び訓練に関する権利

166. 第7回・第8回・第9回政府報告パラグラフ124から132参照。なお、パラグラフ125に関し、「市」の後に「区」を挿入する。また、パラグラフ129に関し、「連絡協議会において」の後に「先進的な事例や取組を普及させるなど」を挿入する。

167. 後期中等教育段階においても、家庭の教育費負担の軽減のため、2010年4月から公立高校の授業料を無償にするとともに、国立・私立高校等の生徒に支援金を

支給する制度（公立高校授業料無償制・高等学校等就学支援金制度（Free tuition fee at public high schools/High school enrollment support fund system））を開始している。2014年には、公立高校についても生徒に支援金を支給する方式へと変更した。併せて、高所得世帯については支援の対象外とし、一方で低所得世帯に対する支援を拡充した。

168. この制度の対象校に在学し、所得要件を満たしていれば国籍を問わず制度の対象としている。また、各種学校となっている外国人学校であり、日本の高等学校の課程に類する課程を置くものとして、a）大使館を通じて確認できるもの、または、b）国際的に実績のある学校評価団体の認証を受けていることが確認できるもの、を制度の対象と認めている。

169. 最終見解パラグラフ19に関し、以下のとおり報告する。

170. 朝鮮学校を高等学校等就学支援金制度の対象校として不指定処分にしたことは差別ではないことについて説明する。

171. 高等学校等就学支援金は、学校が生徒に代わって受領して生徒の授業料に充てる仕組みとなっていることから、確実に授業料に充てられるために、学校において就学支援金の管理が適正に行われる体制が整っていることが求められる。このため、日本国内にある外国人学校が本制度の対象に適合するかを審査するための指定基準の規程第13条において、学校の運営が法令に基づき適正に行われていることを要件とすることが明確に定められている。具体的には、教育基本法、学校教育法、私立学校法等の関係法令の遵守が求められる。

172. 朝鮮学校への高等学校等就学支援金制度の適用については、朝鮮学校が制度の対象となるための基準を満たすかどうかを審査した結果、朝鮮学校は朝鮮総連と密接な関係にあり、教育内容、人事、財政にその影響が及んでいることなどから、教育基本法第16条第1項で禁じる「不当な支配」に当たらないこと等について十分な確証を得ることができず、「法令に基づく学校の適正な運営」という上述の本件規程第13条の指定基準に適合すると認めるに至らなかったため、不指定処分とした。

173. 就学支援金の対象とならなくても、何ら外国人学校の自主性を侵害するものではない。今後、朝鮮学校が都道府県知事の認可を受けて、学校教育法第1条に定める高校になるなどすれば現行制度の対象と当然なり得る。なお、学校教育法第1条に定める高校や既に指定を受けている外国人学校には、現に多くの在日朝鮮人が学び、本制度による支援を受けており、生徒が在日朝鮮人であることを理由に対象外としているわけではない。よって、差別や教育を受ける権利の侵害には当たらない。

174. 朝鮮籍を含め外国人の子供については、公立の義務教育諸学校について日本人児童生徒と同様に無償で教育を受けることができ、就学の機会の確保を図っている。したがって、朝鮮学校に対して地方自治体から補助金が出ていない場合にも、子供が在日朝鮮人であることを理由に、教育を受ける権利が妨げられているものではないと考える。

175. なお、朝鮮学校に対する地方自治体の補助金については、都道府県や市町村が、自らの財政状況や、公益上や教育の振興上の必要性を勘案し、各々の責任と判断に基づき実施しているものと認識しており、国から、地方自治体それぞれの事情を踏まえずに、直接に地方自治体に対して補助金の再開又は維持を要請することは、適切でないと考えている。

(5) 文化的な活動への平等な参加に関する権利

176. 第1回・第2回政府報告パラグラフ142参照。

## 6. 公衆の使用を目的とする場所又はサービスを利用する権利

177. 最終見解パラグラフ15に関し、第3回・第4回・第5回・第6回政府報告パラグラフ56及び57でも報告しているが、以下のとおり報告する。

178. ホテル、飲食店、喫茶店及び映画館の利用における平等な取扱いについては、利用者又は消費者の利益を擁護するため、生活衛生関係営業の運営の適正化及び振興に関する法律に基づき、生活衛生営業指導センターにおける苦情処理体制の整備等の措置が講じられている。

特に、ホテルについては、旅館業法上、宿泊しようとする者が特定の人種・民族であることのみを理由として宿泊を拒否することは認められていない上、国際観光ホテル整備法施行規則において、宿泊料金、飲食料金その他の登録ホテル・旅館において提供するサービスについて、外客間又は外客とその他の客との間で不当な差別的取扱いが禁止されている。

179. また、運送機関の利用における平等な取扱いについては、鉄道営業法、鉄道事業法、道路運送法、貨物自動車運送事業法、貨物利用運送事業法、海上運送法、港湾運送事業法、及び航空法において、それぞれ特定の利用者に対する不当な差別的取扱いが禁止され、また、法律ごとに制度は異なるが、例えば特定の利用客に対して不当な差別的取扱いをする業者による運賃又は料金の届出を変更すべきことを命ずる、あるいは運送が公序良俗に反する等以外の場合には運送を拒絶してはならない等の規定がおかれている。

## 7. 社会的指標に関する情報

180. 別添 4 から 12 まで参照。

# 第6条

## 1．司法機関による救済
181. 第1回・第2回政府報告パラグラフ 145 から 149 参照。

## 2．行政機関による救済
### (1) 法務省の人権擁護機関の組織
182. 人権擁護に携わる行政機関として法務省に人権擁護局が設けられており、その下部機関として、法務局人権擁護部（全国8か所）、地方法務局人権擁護課（全国42か所）及びこれらの支局（全国261か所（2016年10月1日現在））が設けられている。

　　また、我が国においては、全国で約1万4000人の人権擁護委員（法務大臣が委嘱した民間のボランティア）が、法務省人権擁護局、法務局・地方法務局と協力して、人権擁護活動を行っている。

　　法務省人権擁護局、法務局人権擁護部・地方法務局人権擁護課及びこれらの支局並びに人権擁護委員を総称して、「法務省の人権擁護機関」と呼ばれている。

### (2) 法務省の人権擁護機関による人権相談及び人権侵犯事件の調査救済活動
183. 法務省の人権擁護機関は、人種差別行為を含むあらゆる人権侵害行為を対象として、全国311か所（2016年10月1日現在）にある法務局・地方法務局及びその支局などにおいて、広く人権相談に応じており、その件数は、2015年は236403件となっている。人権相談に加えて、法務省の人権擁護機関では、公正中立な立場から、人権侵犯事件の調査救済活動を行っている。人権侵犯事件の調査救済活動の概要は次のとおり。

### (a) 救済手続の開始
184. 第7回・第8回・第9回政府報告パラグラフ 143 参照。
185. また、外国人に関する人権問題について、6か国語（英語・中国語・韓国語・フィリピノ語・ポルトガル語・ベトナム語）に対応した「外国人のための人権相談所」を全国50か所の法務局・地方法務局に拡大して設置（2017年4月）するとともに、外国語に対応した専用電話「外国語人権相談ダイヤル」（2015年に英語及び中国語を設置。2017年4月から前記6か国語に拡大）及び「インターネット人権相談」を新たに開設（2016年3月）し、全国からの人権相談に応じている。

### (b) 調査の実施

186. 第7回・第8回・第9回政府報告パラグラフ145及び146参照。

(c) 救済措置等

187. 第7回・第8回・第9回政府報告パラグラフ147から148参照。

188. 人権侵犯事件の受理件数は、2015年は20999件となっている。なお、人権擁護機関がこれまでに処理した事案として、以下のような事例がある。

　(a) 不動産仲介業者に、外国人を保証人予定者として不動産賃貸借の仲介を申し込んだところ、日本人の保証人を追加するよう求められた事例において、法務省の人権擁護機関が調査を行ったところ、そのような取扱いは資力等保証人としての適格性を審査することなく、外国人であることのみを理由としたものであったと認められたことから、合理的理由を欠く差別的取扱いであるとして、不動産仲介業者に対し、反省し、今後同様の行為を行うことのないよう説示した。（措置：説示）

　(b) ビジネスホテルに宿泊の予約をしようとしたところ、外国人であることを理由に宿泊を拒否された事例において、法務省の人権擁護機関が調査を行ったところ、ホテル側は、不適切な対応があったため被害者に謝罪したいとの意向を有していることを確認した。そこで、ホテル側と被害者との話し合いの場を設け、ホテル側が被害者に事情の説明と謝罪を行った上で、今後は、外国人宿泊客の受け入れ体制を改善したい旨を伝えたところ、被害者もこれに理解を示した。（措置：調整）

　(c) 当時、右派系グループの代表者であったものが、在日朝鮮人らに対し、その排除を煽動し、あるいは殺害をほのめかして怒号し、その生命、身体に危害を加えかねない気勢を示して畏怖させるとともに、それらの言動の一部を撮影した動画を複数の動画共有サイトに掲載した事例において、法務省の人権擁護機関は、前記在日朝鮮人らの人間としての尊厳を傷つけるものであって、人権擁護上看過することができないとして、前記右派系グループの代表者であったものに対し、反省し、今後決して同様の行為を行うことのないよう勧告するとともに、複数の動画共有サイトの管理者に対し、その動画の削除を要請した。（処理結果：勧告、要請）

189. 外国人に関する人権侵犯及び相談件数の推移に関する統計資料は別添13参照。

## 3. 司法アクセスの確保

190. 第7回・第8回・第9回政府報告パラグラフ151から155参照。

## 4. 犯罪被害者支援

191. 第 7 回・第 8 回・第 9 回政府報告パラグラフ 156 から 159 及び 161 参照。なお、同政府報告パラグラフ 156 に関し、「再発防止」を「再被害防止」に改める。
192. 日本司法支援センター（法テラス）は、上記「3. 司法アクセスの確保」に加え、被害者参加制度により刑事裁判への参加を認められた犯罪被害者等が経済的に余裕がない場合に、国がその費用を負担して弁護士による援助を受けられるようにするに際し、その弁護士の候補を指名して裁判所に通知している。また、刑事裁判（公判期日または公判準備）に出席した被害者参加人に対し、国が被害者参加旅費等を支給するに際し、その送金業務等を行っており、これらの施策は、犯罪被害者の人種、民族等の差別なく実施されている。

### 5. 民事訴訟における立証責任

193. 第 7 回・第 8 回・第 9 回政府報告第パラグラフ 162 参照。

### 6. 個人通報制度

194. 最終見解パラグラフ 31 に関し、第 7 回・第 8 回・第 9 回政府報告パラグラフ 163 及び 164 でも報告しているが、以下のとおり報告する。
195. 人種差別撤廃条約第 14 条の定める個人通報制度については、条約の実施の効果的な担保を図るとの趣旨から注目すべき制度と認識。
196. 同制度の受入れに当たって、我が国の司法制度や立法政策との関連での問題の有無、及び個人通報制度を受け入れる場合の実施体制等の検討課題につき、政府部内で検討を行っている。2010 年 4 月には、外務省内に人権条約履行室を立ち上げた。引き続き、各方面から寄せられる意見も踏まえつつ、同制度の受入れの是非につき真剣に検討を進めていく。

## 第 7 条

### 1. 教育及び教授

197. 最終見解パラグラフ 26 に関し、以下のとおり報告する。
(1) 人権教育及び人権啓発の推進に関する法律
198. 第 3 回・第 4 回・第 5 回・第 6 回政府報告パラグラフ 77 から 79 でも報告しているが、以下のとおり報告する。
199. 我が国では、2000 年 11 月、人権尊重の緊要性に関する認識の高まり、社会的身分、門地、人種、信条又は性別による不当な差別の発生等の人権侵害の現状その他人権の擁護に関する内外の情勢にかんがみ、人権教育及び人権啓発に関する施

策の推進について、国、地方公共団体及び国民の責任を明らかにするとともに、必要な措置を定め、もって人権の擁護に資することを目的とする「人権教育及び人権啓発の推進に関する法律」（以下「人権教育・啓発推進法」という。）が制定された。

200. 人権教育・啓発推進法は、国に対し、人権教育及び啓発の推進に関する施策の総合的かつ計画的な推進を図るため、基本的な計画を策定することを義務付けており、政府は、これに基づき、2002 年 3 月、「人権教育・啓発に関する基本計画」を閣議決定して策定した。同基本計画は、人権一般の普遍的な視点からの取組のほか、各人権課題に対する取組及び人権に関わりの深い特定の職業に従事する者に対する研修等の問題について検討を加えるとともに、人権教育・啓発の総合的かつ計画的な推進のための体制等についてその進むべき方向性等を示している。

201. また、同基本計画は、アイヌの人々及び外国人などをめぐる人権課題につき、偏見や差別の解消に向けた取組を積極的に推進することとしており、これに基づいた取組が実施され、その取組状況は、「人権教育・啓発推進法」第 8 条に基づき、毎年、国会に報告されている。

**(2) 教育制度に関する一般的情報**

202. 第 1 回・第 2 回政府報告パラグラフ 169 及び 170 並びに第 7 回・第 8 回・第 9 回政府報告パラグラフ 167 でも報告しているが、以下のとおり報告する。

203. 学校において児童生徒に基本的人権尊重の精神を正しく身につけさせるとともに、異なる人種、民族について理解を深め人種・民族に対する差別や偏見をなくすことは重要であるとの認識にたち、小学校、中学校、高等学校においては、学校の教育活動の全体を通じて人権尊重に関する内容を指導するとともに、諸外国の人々の生活や文化を尊重し、理解を深めるための国際理解教育の推進を図っている。特に、社会科や道徳などにおいて、児童生徒の発達段階に即しながら、人権に関する国際法の意義と役割、基本的人権の尊重について指導している。

　更に、大学又は短期大学においては、その自主的な判断により、様々な人権に関する講座・科目等が全国で設けられており、人権に関する学生の知識と理解が深められている。社会教育においては、地域住民の最も身近な学習施設である公民館をはじめとする社会教育施設などにおいて、地域の実情や学習者のニーズに応じ、多様で高度な学習機会を提供する事業を実施する市町村に対し財政的支援を行っており、現代社会の重要な学習課題である人権や国際理解に関する学級、講座などにおいて多様な学習活動が行われている。

**(3) 相互理解に向けた取組**

204. 第 7 回・第 8 回・第 9 回政府報告パラグラフ 168 から 173 でも報告しているが、

以下のとおり報告する。

205. 学校において児童生徒に基本的人権尊重の精神を正しく身につけさせるとともに、異なる人種、民族について理解を深め人種・民族に対する差別や偏見をなくすことは重要であるとの認識に立ち、学校の教育活動全体を通じた人権に配慮した教育を行うことを推進することとしている。

206. 文部科学省においては、学校における人権教育の推進のため、学校・家庭・地域社会が一体となった総合的な取組や学校における指導方法の改善充実について実践的な研究を行う「人権教育研究推進事業」を実施しているところである。

207. また、2003 年から「人権教育の指導方法等に関する調査研究会議」を開催しており、2008 年 3 月には「第三次とりまとめ」をとりまとめ、2008 年及び 2009 年においては、三次にわたる「とりまとめ」が教育委員会・学校の人権教育の充実に向けた取組においてどのように活用されているかを検証することを目的とした調査を実施し、その分析を行った。

208. さらに、2010 年からは都道府県教育委員会等における人権教育の担当者を集めた「人権教育担当指導主事連絡協議会」を開催するとともに、2010 年〜 2015 年にかけて、人権教育の全国的な推進を図るため、人権教育の実践事例を収集・公表する取組を行った。

**(4) 教科書に関する情報**

209. 我が国の教科書については、教科書検定制度が採用されており、学習指導要領等に基づき、民間が著作・編集した図書について、教科用図書検定調査審議会の学術的・専門的な審議を経て公正・中立に行われ、合格したものの使用を認めている。

210. なお、例えば中学校社会科の教科書においては、人間の尊重や基本的人権に関する記述や、アイヌ民族などに関する記述がなされている。

**(5) 法執行当局職員に対する研修**

211. Ⅲ．第 2 条 3．(1) から (6) 及び (9) 参照。

**(6) 法務省の人権擁護機関の啓発活動**

212. 第 7 回・第 8 回・第 9 回パラグラフ 175 から 178 参照。なお、同政府報告パラグラフ 178 に関し、「2011 年度」を「2015 年度」に、「89 万編」を「97 万編」に改め、「子どもたちがいじめ」の後に「や外国人の人権」を加える。

213. 法務省の人権擁護機関では、いわゆるヘイトスピーチをなくしていくためには、社会全体の人権意識を高め、こうした言動が許されないものであるという認識を広く行き渡らせることが重要であるとの認識に基づき、2015 年 1 月から、外国人の人権をテーマとしたこれまでの啓発活動に加え、ヘイトスピーチに焦点を当

てた全国規模での啓発活動を実施している。これまでに、「ヘイトスピーチ、許さない。」をメインコピーとしたポスター及びリーフレットの作成配布、新聞広告、電子広告、インターネット広告、スポット映像の制作・配信等を実施した。

214. 法務省の人権擁護機関では、我が国において、在日韓国・朝鮮人に対するヘイトスピーチが行われているなどの指摘を踏まえ、今後の人権擁護施策をより一層充実させていくための基礎資料を収集する目的で、2015年8月から2016年3月までの間に、公益財団法人に委託するなどして、いわゆるヘイトスピーチに関する実態調査を実施し、その結果を公表した。

215. 実態調査の結果として、ヘイトスピーチを伴うデモ等を行っていると指摘されている団体の活動は、未だ相当数あるが、減少傾向にあること、こうしたデモ等においては、一定の政治的主張に基づく発言も認められる一方、特定の民族等に属する集団を一律に排斥したり、危害を加えたり、殊更に誹謗中傷したりする内容の発言も認められ、このような発言についても、未だ相当数あるが、減少傾向にあることが判明した。

216. また、ヘイトスピーチの主な対象とされている在日韓国・朝鮮人20名からヘイトスピーチを見聞きした際の感情や、ヘイトスピーチが与えた影響について聴取するなどの聞き取り調査も実施し、その結果についても公表した。


## 2 文化

（1）アイヌ文化

217. 第7回・第8回・第9回政府報告パラグラフ179から181参照。

（2）国際文化交流

218. 第1回・第2回政府報告パラグラフ178及び179参照。

（3）芸術的分野

219. 第7回・第8回・第9回政府報告パラグラフ183参照。

（4）言語政策

（a）外国人への日本語教育

220. 第7回・第8回・第9回政府報告パラグラフ185及び186参照。

（b）アイヌ語

221. アイヌ語をアイヌ民族以外に広めるために行っていることとして、2009年2月にユネスコが、アイヌ語、八丈語（八丈方言）、奄美語（奄美方言）等を含む国内の八つの言語・方言が消滅の危機にあると発表したことを受けて実態調査を含む調査研究を行った。この調査研究において、アイヌ語については、アイヌ語の特徴、危機の程度、アイヌ語に関する資料、アイヌ語継承の取組の状況について

まとめており、文化庁ホームページで、その調査結果を公開している。さらに、2015 年度からは、アイヌ語をはじめとした消滅の危機にある 8 言語・方言と東日本大震災の被災地方言の危機状況やその価値について国民への周知等を行うため、「危機的な状況にある言語・方言サミット」を開催するとともに、行政担当者や研究者から成る「危機的な状況にある言語・方言に関する研究協議会」を開催し、それぞれの状況や課題の情報共有を図っている。

222. また、国は、法律に基づき、アイヌ文化の振興等を目的とする財団法人アイヌ文化振興・研究推進機構を指定法人に指定するとともに、当該法人が行う「アイヌ語ラジオ講座」、「アイヌ語上級講座」、「アイヌ語弁論大会」等の事業に対する補助を実施している。


### 3. 情報

#### (1) 条約の目的及び原則の普及

223. 人種差別撤廃条約の主な内容については、インターネットを通じた情報提供を行い、この条約の意義、内容等の普及に努めている。また、政府報告に対する委員会の最終見解等これまでの政府報告に関連する情報については、外務省のホームページに掲載することで広く一般に公開している。また、今次政府報告等についても同様に対応する予定である。

#### (2) 放送事業者の取組の促進

224. 第 7 回・第 8 回・第 9 回政府報告パラグラフ 190 及び 191 参照。

別添 1　世帯主が外国人である生活保護世帯に属する人員数

| 年度 | 生活保護受給者数<br>（年度平均） | 保護率 | 世帯主が外国人である生活<br>保護世帯に属する人員数<br>（年度平均） |
|---|---|---|---|
|  | 人 | % | 人 |
| 2006　（平成 18） | 1,513,892 | 1.18 | 48,418 |
| 2007　（平成 19） | 1,543,321 | 1.21 | 49,839 |
| 2008　（平成 20） | 1,592,620 | 1.25 | 51,441 |
| 2009　（平成 21） | 1,763,572 | 1.38 | 60,956 |
| 2010　（平成 22） | 1,952,063 | 1.52 | 68,965 |
| 2011　（平成 23） | 2,067,244 | 1.62 | 73,030 |
| 2012　（平成 24） | 2,135,708 | 1.67 | 74,736 |
| 2013　（平成 25） | 2,161,612 | 1.70 | 75,248 |
| 2014　（平成 26） | 2,165,895 | 1.70 | 74,386 |

注
1．生活保護受給者数には外国人の生活保護受給者数を含む。
2．保護率は、各年 10 月 1 日現在推計人口（総務省）に対する生活保護受給者数の割合。
3．世帯主が外国人である生活保護世帯に属する人員数には、世帯主以外の世帯人員が日本国籍を有している場合を含む。

別添2　地域別在留外国人数の推移

(各年末現在)

| 地域 | 2011年 | 2012年 | 2013年 | 2014年 | 2015年 | 構成比(%) | 対前年末増減率(%) |
|---|---|---|---|---|---|---|---|
| 総数 | 2,047,349 | 2,033,656 | 2,066,445 | 2,121,831 | 2,232,189 | 100.0 | 5.2 |
| アジア | 1,629,944 | 1,638,417 | 1,676,343 | 1,731,896 | 1,835,811 | 82.2 | 6.0 |
| 南米 | 274,687 | 253,243 | 243,246 | 236,724 | 234,633 | 10.5 | -0.9 |
| ヨーロッパ | 56,230 | 56,894 | 59,248 | 62,752 | 68,179 | 3.1 | 8.6 |
| 北米 | 62,119 | 61,066 | 62,749 | 64,486 | 66,064 | 3.0 | 2.4 |
| オセアニア | 12,729 | 12,536 | 12,694 | 13,035 | 13,561 | 0.6 | 4.0 |
| アフリカ | 10,809 | 10,880 | 11,548 | 12,340 | 13,368 | 0.6 | 8.3 |
| 無国籍 | 831 | 620 | 617 | 598 | 573 | 0.0 | -4.2 |

注
1. 地域の分類は国連統計年鑑の分類による。
2. 2011年末までは、外国人登録者数のうち中長期在留者に該当し得る在留資格もって在留する者及び特別永住者の数、2012年末以降は、中長期在留者に特別永住者を加えた在留外国人の数である。

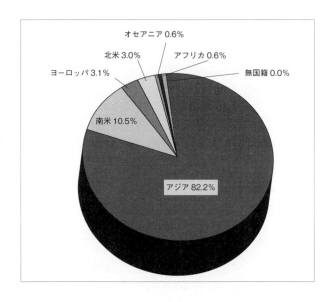

## 別添3　国籍（出身地）別在留外国人数の推移

| 国籍（出身地） | 2011 年 | 2012 年 | 2013 年 | 2014 年 | 2015 年 |
|---|---|---|---|---|---|
| 総数 | 2,047,349 | 2,033,656 | 2,066,445 | 2,121,831 | 2,232,189 |
| 中国 | 668,644 | 652,595 | 649,078 | 654,777 | 665,847 |
| 構成比（%） | 32.7% | 32.1% | 31.4% | 30.9% | 29.8% |
| 韓国・朝鮮 | 542,182 | — | — | — | — |
| 構成比（%） | 26.5% | — | — | — | — |
| 韓国 | — | 489,431 | 481,249 | 465,477 | 457,772 |
| 構成比（%） | — | 2410% | 2330% | 2190% | 2050% |
| フィリピン | 203,294 | 202,985 | 209,183 | 217,585 | 229,595 |
| 構成比（%） | 9.9% | 10.0% | 10.1% | 10.3% | 10.3% |
| ブラジル | 209,265 | 190,609 | 181,317 | 175,410 | 173,437 |
| 構成比（%） | 10.2% | 9.4% | 8.8% | 8.3% | 7.8% |
| ベトナム | 44,444 | 52,367 | 72,256 | 99,865 | 146,956 |
| 構成比（%） | 2.2% | 2.6% | 3.5% | 4.7% | 6.6% |
| ネパール | 20,103 | 24,071 | 31,537 | 42,346 | 54,775 |
| 構成比（%） | 1.0% | 1.2% | 1.5% | 2.0% | 2.5% |
| 米国 | 49,119 | 48,361 | 49,981 | 51,256 | 52,271 |
| 構成比（%） | 2.4% | 2.4% | 2.4% | 2.4% | 2.3% |
| 台湾 | — | 22,775 | 33,324 | 40,197 | 48,723 |
| 構成比（%） | — | 1.1% | 1.6% | 1.9% | 2.2% |
| ペルー | 51,471 | 49,255 | 48,598 | 47,978 | 47,721 |
| 構成比（%） | 2.5% | 2.4% | 2.4% | 2.3% | 2.1% |
| タイ | 41,316 | 40,133 | 41,208 | 43,081 | 45,379 |
| 構成比（%） | 2.0% | 2.0% | 2.0% | 2.0% | 2.0% |
| 朝鮮 | — | 40,617 | 38,491 | 35,753 | 33,939 |
| 構成比（%） | — | 2.0% | 1.9% | 1.7% | 1.5% |
| 無国籍 | 831 | 620 | 617 | 598 | 573 |
| 構成比（%） | 0.0% | 0.0% | 0.0% | 0.0% | 0.0% |
| その他 | 216,680 | 220,457 | 230,223 | 248,106 | 275,774 |
| 構成比（%） | 10.2% | 10.8% | 11.1% | 11.7% | 12.4% |

注
1. 2011年末までは、外国人登録者数のうち中長期在留者に該当し得る在留資格もって在留する者及び特別永住者の数、2012年末以降は、中長期在留者に特別永住者を加えた在留外国人の数である。
2. 2011年末の統計までは、韓国と朝鮮を合わせて「韓国・朝鮮」として計上していたが、2012年末の統計からは、「韓国」と「朝鮮」を分けて計上している。
3. 2011年末までの「中国」は台湾を含んだ数であり、2012年末以降の「中国」は台湾のうち、既に国籍・地域欄に「台湾」の記載のある在留カード及び特別永住者証明書の交付を受けた人を除いた数である。

別添4　年齢（5歳階級）男女別外国人数―全国（平成2年～27年）

(人)

| | 平成2年 | 7年 | 12年 | 17年 | 22年 | 27年 |
|---|---|---|---|---|---|---|
| 総数（注） | 886,397 | 1,140,326 | 1,310,545 | 1,555,505 | 1,648,037 | 1,752,368 |
| 0～4歳 | 39,766 | 45,631 | 54,718 | 51,234 | 53,507 | 62,722 |
| 5～9歳 | 48,701 | 47,561 | 47,597 | 50,363 | 47,293 | 51,090 |
| 10～14歳 | 52,347 | 53,102 | 50,876 | 45,208 | 48,944 | 45,762 |
| 15～19歳 | 66,701 | 66,029 | 68,575 | 68,620 | 61,589 | 74,517 |
| 20～24歳 | 105,759 | 129,706 | 137,477 | 187,404 | 193,294 | 197,081 |
| 25～29歳 | 117,497 | 173,738 | 182,668 | 215,474 | 211,779 | 228,842 |
| 30～34歳 | 95,600 | 157,769 | 184,310 | 201,858 | 191,837 | 204,937 |
| 35～39歳 | 81,351 | 113,193 | 151,780 | 178,326 | 166,451 | 174,717 |
| 40～44歳 | 68,965 | 89,135 | 107,913 | 143,393 | 150,886 | 157,160 |
| 45～49歳 | 52,804 | 73,422 | 86,266 | 103,828 | 120,650 | 144,174 |
| 50～54歳 | 41,448 | 54,388 | 69,723 | 84,051 | 86,931 | 113,611 |
| 55～59歳 | 31,058 | 40,998 | 51,513 | 69,361 | 67,985 | 79,463 |
| 60～64歳 | 25,732 | 29,175 | 38,031 | 50,288 | 54,105 | 61,691 |
| 65～69歳 | 24,403 | 23,071 | 26,553 | 37,230 | 38,983 | 47,919 |
| 70～74歳 | 16,233 | 20,610 | 20,202 | 26,227 | 28,735 | 34,217 |
| 75～79歳 | 10,452 | 12,331 | 17,444 | 19,284 | 18,596 | 23,660 |
| 80～84歳 | 5,108 | 6,901 | 9,132 | 14,081 | 12,030 | 13,987 |
| 85歳以上 | 2,472 | 3,566 | 5,767 | 9,275 | 10,582 | 11,454 |
| 男（注） | 445,417 | 566,739 | 621,046 | 726,644 | 742,300 | 807,136 |
| 0～4歳 | 20,261 | 23,356 | 27,955 | 26,190 | 27,406 | 32,308 |
| 5～9歳 | 24,891 | 24,279 | 24,214 | 25,613 | 24,215 | 26,070 |
| 10～14歳 | 26,592 | 26,976 | 25,780 | 22,886 | 24,678 | 23,382 |
| 15～19歳 | 33,359 | 33,717 | 34,384 | 33,614 | 29,522 | 37,564 |
| 20～24歳 | 49,767 | 61,330 | 63,383 | 84,611 | 85,411 | 101,656 |
| 25～29歳 | 59,127 | 82,399 | 83,193 | 100,397 | 97,746 | 116,883 |
| 30～34歳 | 48,015 | 79,197 | 82,215 | 91,626 | 84,399 | 94,476 |
| 35～39歳 | 41,293 | 56,726 | 71,060 | 77,819 | 69,921 | 74,721 |
| 40～44歳 | 36,334 | 45,280 | 50,548 | 64,257 | 59,659 | 63,467 |
| 45～49歳 | 27,121 | 38,745 | 42,072 | 47,286 | 49,749 | 55,670 |
| 50～54歳 | 21,121 | 28,058 | 35,800 | 40,987 | 37,019 | 46,245 |
| 55～59歳 | 15,409 | 20,750 | 25,842 | 35,984 | 30,791 | 33,535 |
| 60～64歳 | 13,058 | 14,181 | 18,426 | 25,488 | 26,349 | 27,929 |
| 65～69歳 | 12,742 | 11,419 | 12,323 | 18,252 | 18,207 | 23,174 |
| 70～74歳 | 8,499 | 10,253 | 9,474 | 12,375 | 12,896 | 15,617 |
| 75～79歳 | 4,877 | 6,021 | 8,252 | 9,083 | 7,604 | 10,159 |
| 80～84歳 | 2,141 | 2,896 | 4,092 | 6,482 | 4,717 | 5,324 |
| 85歳以上 | 810 | 1,156 | 2,033 | 3,694 | 3,702 | 3,833 |
| 女（注） | 440,980 | 573,587 | 689,499 | 828,861 | 905,737 | 945,232 |
| 0～4歳 | 19,505 | 22,275 | 26,763 | 25,044 | 26,101 | 30,414 |
| 5～9歳 | 23,810 | 23,282 | 23,383 | 24,750 | 23,078 | 25,020 |
| 10～14歳 | 25,755 | 26,126 | 25,096 | 22,322 | 24,266 | 22,380 |
| 15～19歳 | 33,342 | 32,312 | 34,191 | 35,006 | 32,067 | 36,953 |
| 20～24歳 | 55,992 | 68,376 | 74,094 | 102,793 | 107,883 | 95,425 |
| 25～29歳 | 58,370 | 91,339 | 99,475 | 115,077 | 114,033 | 111,959 |
| 30～34歳 | 47,585 | 78,572 | 102,095 | 110,232 | 107,438 | 110,461 |
| 35～39歳 | 40,058 | 56,467 | 80,720 | 100,507 | 96,530 | 99,996 |
| 40～44歳 | 32,631 | 43,855 | 57,365 | 79,136 | 91,227 | 93,693 |
| 45～49歳 | 25,683 | 34,677 | 44,194 | 56,542 | 70,901 | 88,504 |
| 50～54歳 | 20,327 | 26,330 | 33,923 | 43,064 | 49,912 | 67,366 |
| 55～59歳 | 15,649 | 20,248 | 25,671 | 33,377 | 37,194 | 45,928 |
| 60～64歳 | 12,674 | 14,994 | 19,605 | 24,800 | 27,756 | 33,762 |
| 65～69歳 | 11,661 | 11,652 | 14,230 | 18,978 | 20,776 | 24,745 |
| 70～74歳 | 7,734 | 10,357 | 10,728 | 13,852 | 15,839 | 18,600 |
| 75～79歳 | 5,575 | 6,310 | 9,192 | 10,201 | 10,992 | 13,501 |
| 80～84歳 | 2,967 | 4,005 | 5,040 | 7,599 | 7,313 | 8,663 |
| 85歳以上 | 1,662 | 2,410 | 3,734 | 5,581 | 6,880 | 7,621 |

注　年齢「不詳」を含む。

【出典】国勢調査（総務省統計局）

配偶関係（4区分），年齢（5歳階級）別15歳以上外国人数 – 全国（平成7年～27年）

配偶関係：未婚　　　　　　　　　　　　　　　　　　　　　　　　　　　　　　　（人）

| | 平成7年 | 12年 | 17年 | 22年 | 27年 |
|---|---|---|---|---|---|
| 総数 | 338,025 | 375,280 | 477,863 | 460,973 | 492,700 |
| 15～19歳 | 62,772 | 65,819 | 66,309 | 59,458 | 69,219 |
| 20～24歳 | 97,656 | 109,380 | 154,648 | 159,697 | 154,501 |
| 25～29歳 | 84,909 | 91,444 | 118,007 | 101,354 | 117,067 |
| 30～34歳 | 43,655 | 49,848 | 65,525 | 48,266 | 50,630 |
| 35～39歳 | 20,169 | 23,309 | 25,545 | 28,249 | 27,573 |
| 40～44歳 | 11,384 | 12,829 | 16,557 | 19,751 | 20,493 |
| 45～49歳 | 7,539 | 8,669 | 10,681 | 14,497 | 16,535 |
| 50～54歳 | 4,031 | 6,024 | 7,940 | 9,990 | 12,408 |
| 55～59歳 | 2,242 | 3,301 | 5,668 | 7,739 | 8,540 |
| 60～64歳 | 1,288 | 1,738 | 3,067 | 5,559 | 6,418 |
| 65～69歳 | 962 | 1,062 | 1,699 | 2,902 | 4,415 |
| 70～74歳 | 701 | 719 | 902 | 1,670 | 2,440 |
| 75～79歳 | 382 | 555 | 630 | 878 | 1,244 |
| 80～84歳 | 216 | 313 | 385 | 605 | 669 |
| 85歳以上 | 119 | 270 | 300 | 358 | 548 |
| 男 | 193,478 | 203,580 | 255,095 | 238,774 | 268,006 |
| 15～19歳 | 32,602 | 33,634 | 32,996 | 28,685 | 34,811 |
| 20～24歳 | 51,222 | 54,005 | 74,500 | 72,972 | 81,412 |
| 25～29歳 | 50,834 | 50,995 | 65,586 | 56,849 | 67,746 |
| 30～34歳 | 28,529 | 29,924 | 39,100 | 27,746 | 29,163 |
| 35～39歳 | 12,820 | 14,349 | 15,147 | 16,346 | 15,303 |
| 40～44歳 | 6,965 | 7,661 | 10,001 | 11,274 | 11,260 |
| 45～49歳 | 4,571 | 5,060 | 6,120 | 8,296 | 8,678 |
| 50～54歳 | 2,387 | 3,419 | 4,591 | 5,571 | 6,605 |
| 55～59歳 | 1,252 | 1,872 | 3,232 | 4,361 | 4,534 |
| 60～64歳 | 768 | 948 | 1,680 | 3,217 | 3,535 |
| 65～69歳 | 614 | 606 | 897 | 1,638 | 2,482 |
| 70～74歳 | 475 | 437 | 484 | 899 | 1,300 |
| 75～79歳 | 248 | 346 | 376 | 443 | 613 |
| 80～84歳 | 138 | 176 | 219 | 308 | 305 |
| 85歳以上 | 53 | 148 | 166 | 169 | 259 |
| 女 | 144,547 | 171,700 | 222,768 | 222,199 | 224,694 |
| 15～19歳 | 30,170 | 32,185 | 33,313 | 30,773 | 34,408 |
| 20～24歳 | 46,434 | 55,375 | 80,148 | 86,725 | 73,089 |
| 25～29歳 | 34,075 | 40,449 | 52,421 | 44,505 | 49,321 |
| 30～34歳 | 15,126 | 19,924 | 26,425 | 20,520 | 21,467 |
| 35～39歳 | 7,349 | 8,960 | 10,398 | 11,903 | 12,270 |
| 40～44歳 | 4,419 | 5,168 | 6,556 | 8,477 | 9,233 |
| 45～49歳 | 2,968 | 3,609 | 4,561 | 6,201 | 7,857 |
| 50～54歳 | 1,644 | 2,605 | 3,349 | 4,419 | 5,803 |
| 55～59歳 | 990 | 1,429 | 2,436 | 3,378 | 4,006 |
| 60～64歳 | 520 | 790 | 1,387 | 2,342 | 2,883 |
| 65～69歳 | 348 | 456 | 802 | 1,264 | 1,933 |
| 70～74歳 | 226 | 282 | 418 | 771 | 1,140 |
| 75～79歳 | 134 | 209 | 254 | 435 | 631 |
| 80～84歳 | 78 | 137 | 166 | 297 | 364 |
| 85歳以上 | 66 | 122 | 134 | 189 | 289 |

【出典】国勢調査（総務省統計局）

配偶関係：有配偶 (人)

| | 平成7年 | 12年 | 17年 | 22年 | 27年 |
|---|---|---|---|---|---|
| 総数 | 563,872 | 670,644 | 749,317 | 780,366 | 844,852 |
| 15～19歳 | 1,999 | 2,609 | 2,205 | 963 | 1,023 |
| 20～24歳 | 29,173 | 27,193 | 31,666 | 22,166 | 17,194 |
| 25～29歳 | 84,033 | 88,430 | 94,325 | 95,627 | 81,979 |
| 30～34歳 | 108,062 | 128,919 | 129,883 | 130,064 | 134,265 |
| 35～39歳 | 86,778 | 117,033 | 128,740 | 123,689 | 130,812 |
| 40～44歳 | 70,425 | 84,249 | 105,722 | 114,113 | 119,122 |
| 45～49歳 | 57,147 | 66,739 | 75,436 | 90,365 | 108,258 |
| 50～54歳 | 41,967 | 52,039 | 58,358 | 63,427 | 83,581 |
| 55～59歳 | 30,191 | 37,625 | 44,852 | 47,711 | 56,467 |
| 60～64歳 | 20,003 | 26,117 | 31,013 | 35,928 | 41,628 |
| 65～69歳 | 14,188 | 16,328 | 20,742 | 24,446 | 30,170 |
| 70～74歳 | 11,153 | 10,841 | 12,357 | 16,101 | 19,862 |
| 75～79歳 | 5,655 | 7,879 | 7,555 | 8,596 | 12,011 |
| 80～84歳 | 2,348 | 3,342 | 4,524 | 4,486 | 5,509 |
| 85歳以上 | 750 | 1,301 | 1,939 | 2,684 | 2,971 |
| 男 | 268,079 | 303,337 | 321,265 | 319,830 | 348,646 |
| 15～19歳 | 443 | 681 | 585 | 256 | 334 |
| 20～24歳 | 8,600 | 9,044 | 9,746 | 6,831 | 5,733 |
| 25～29歳 | 29,133 | 31,433 | 33,863 | 33,521 | 32,376 |
| 30～34歳 | 47,729 | 50,864 | 50,876 | 50,735 | 54,936 |
| 35～39歳 | 41,328 | 51,835 | 51,184 | 48,458 | 52,334 |
| 40～44歳 | 35,420 | 38,485 | 44,531 | 43,259 | 45,740 |
| 45～49歳 | 30,748 | 32,757 | 33,184 | 36,335 | 40,712 |
| 50～54歳 | 22,751 | 27,654 | 27,995 | 26,812 | 33,644 |
| 55～59歳 | 16,807 | 20,209 | 23,542 | 21,989 | 23,803 |
| 60～64歳 | 11,343 | 14,485 | 16,594 | 18,585 | 19,277 |
| 65～69歳 | 8,887 | 9,371 | 11,663 | 13,013 | 15,791 |
| 70～74歳 | 7,919 | 6,949 | 7,336 | 9,267 | 10,848 |
| 75～79歳 | 4,421 | 5,816 | 5,046 | 5,404 | 7,158 |
| 80～84歳 | 1,910 | 2,690 | 3,527 | 3,154 | 3,719 |
| 85歳以上 | 640 | 1,064 | 1,593 | 2,211 | 2,241 |
| 女 | 295,793 | 367,307 | 428,052 | 460,536 | 496,206 |
| 15～19歳 | 1,556 | 1,928 | 1,620 | 707 | 689 |
| 20～24歳 | 20,573 | 18,149 | 21,920 | 15,335 | 11,461 |
| 25～29歳 | 54,900 | 56,997 | 60,462 | 62,106 | 49,603 |
| 30～34歳 | 60,333 | 78,055 | 79,007 | 79,329 | 79,329 |
| 35～39歳 | 45,450 | 65,198 | 77,556 | 75,231 | 78,478 |
| 40～44歳 | 35,005 | 45,764 | 61,191 | 70,854 | 73,382 |
| 45～49歳 | 26,399 | 33,982 | 42,252 | 54,030 | 67,546 |
| 50～54歳 | 19,216 | 24,385 | 30,363 | 36,615 | 49,937 |
| 55～59歳 | 13,384 | 17,416 | 21,310 | 25,722 | 32,664 |
| 60～64歳 | 8,660 | 11,632 | 14,419 | 17,343 | 22,351 |
| 65～69歳 | 5,301 | 6,957 | 9,079 | 11,433 | 14,379 |
| 70～74歳 | 3,234 | 3,892 | 5,021 | 6,834 | 9,014 |
| 75～79歳 | 1,234 | 2,063 | 2,509 | 3,192 | 4,853 |
| 80～84歳 | 438 | 652 | 997 | 1,332 | 1,790 |
| 85歳以上 | 110 | 237 | 346 | 473 | 730 |

【出典】国勢調査（総務省統計局）

配偶関係：死別 (人)

| | 平成7年 | 12年 | 17年 | 22年 | 27年 |
|---|---|---|---|---|---|
| 総数 | 39,080 | 40,889 | 43,133 | 43020 | 43,373 |
| 15～19歳 | 2 | 10 | 10 | 5 | 19 |
| 20～24歳 | 48 | 61 | 60 | 86 | 55 |
| 25～29歳 | 162 | 169 | 166 | 164 | 155 |
| 30～34歳 | 294 | 408 | 416 | 372 | 346 |
| 35～39歳 | 471 | 632 | 854 | 683 | 652 |
| 40～44歳 | 801 | 916 | 1,134 | 1,307 | 1,197 |
| 45～49歳 | 1,530 | 1,436 | 1,444 | 1,643 | 2,016 |
| 50～54歳 | 2,440 | 2,300 | 2,143 | 1,978 | 2,493 |
| 55～59歳 | 3,876 | 3,314 | 3,051 | 2,725 | 2,733 |
| 60～64歳 | 4,675 | 4,951 | 4,388 | 3,776 | 3,561 |
| 65～69歳 | 5,605 | 5,598 | 5,933 | 5,209 | 4,705 |
| 70～74歳 | 7,314 | 6,125 | 6,382 | 6,592 | 5,981 |
| 75～79歳 | 5,464 | 7,063 | 6,243 | 6,638 | 6,862 |
| 80～84歳 | 3,921 | 4,413 | 6,064 | 5,492 | 5,946 |
| 85歳以上 | 2,477 | 3,493 | 4,845 | 6,350 | 6,652 |
| 男 | 5,925 | 6,010 | 6,117 | 6,147 | 5,994 |
| 15～19歳 | 2 | 5 | 4 | 1 | 7 |
| 20～24歳 | 27 | 29 | 30 | 32 | 29 |
| 25～29歳 | 42 | 35 | 61 | 27 | 54 |
| 30～34歳 | 78 | 74 | 67 | 50 | 58 |
| 35～39歳 | 101 | 99 | 100 | 82 | 69 |
| 40～44歳 | 160 | 175 | 148 | 102 | 132 |
| 45～49歳 | 269 | 236 | 179 | 173 | 153 |
| 50～54歳 | 367 | 391 | 358 | 254 | 268 |
| 55～59歳 | 499 | 521 | 523 | 439 | 344 |
| 60～64歳 | 541 | 595 | 698 | 638 | 569 |
| 65～69歳 | 744 | 662 | 755 | 860 | 814 |
| 70～74歳 | 1,095 | 815 | 770 | 878 | 928 |
| 75～79歳 | 931 | 1,113 | 820 | 844 | 933 |
| 80～84歳 | 675 | 717 | 890 | 784 | 699 |
| 85歳以上 | 394 | 543 | 714 | 983 | 937 |
| 女 | 33,155 | 34,879 | 37,016 | 36873 | 37,379 |
| 15～19歳 | - | 5 | 6 | 4 | 12 |
| 20～24歳 | 21 | 32 | 30 | 54 | 26 |
| 25～29歳 | 120 | 134 | 105 | 137 | 101 |
| 30～34歳 | 216 | 334 | 349 | 322 | 288 |
| 35～39歳 | 370 | 533 | 754 | 601 | 583 |
| 40～44歳 | 641 | 741 | 986 | 1,205 | 1,065 |
| 45～49歳 | 1,261 | 1,200 | 1,265 | 1,470 | 1,863 |
| 50～54歳 | 2,073 | 1,909 | 1,785 | 1,724 | 2,225 |
| 55～59歳 | 3,377 | 2,793 | 2,528 | 2,286 | 2,389 |
| 60～64歳 | 4,134 | 4,356 | 3,690 | 3,138 | 2,992 |
| 65～69歳 | 4,861 | 4,936 | 5,178 | 4,349 | 3,891 |
| 70～74歳 | 6,219 | 5,310 | 5,612 | 5,714 | 5,053 |
| 75～79歳 | 4,533 | 5,950 | 5,423 | 5,794 | 5,929 |
| 80～84歳 | 3,246 | 3,696 | 5,174 | 4,708 | 5,247 |
| 85歳以上 | 2,083 | 2,950 | 4,131 | 5,367 | 5,715 |

【出典】国勢調査（総務省統計局）

配偶関係：離別 (人)

| | 平成7年 | 12年 | 17年 | 22年 | 27年 |
|---|---|---|---|---|---|
| 総数 | 32,306 | 44,768 | 60,006 | 66,026 | 71,697 |
| 15〜19歳 | 37 | 62 | 74 | 39 | 40 |
| 20〜24歳 | 410 | 620 | 779 | 585 | 427 |
| 25〜29歳 | 1,525 | 2,249 | 2,558 | 2,392 | 1,955 |
| 30〜34歳 | 3,103 | 4,631 | 5,427 | 4,638 | 4,516 |
| 35〜39歳 | 3,880 | 6,031 | 8,532 | 7,384 | 6,514 |
| 40〜44歳 | 4,879 | 6,069 | 9,026 | 9,955 | 9,138 |
| 45〜49歳 | 5,476 | 6,443 | 7,910 | 9,383 | 10,860 |
| 50〜54歳 | 4,503 | 6,343 | 7,438 | 8,031 | 9,872 |
| 55〜59歳 | 3,269 | 4,752 | 6,786 | 7,231 | 7,809 |
| 60〜64歳 | 1,980 | 3,238 | 4,875 | 6,517 | 6,995 |
| 65〜69歳 | 1,351 | 1,875 | 3,233 | 4,606 | 6,044 |
| 70〜74歳 | 1,069 | 1,171 | 1,708 | 2,894 | 3,965 |
| 75〜79歳 | 537 | 771 | 865 | 1,366 | 2,179 |
| 80〜84歳 | 207 | 353 | 531 | 635 | 900 |
| 85歳以上 | 80 | 160 | 264 | 370 | 483 |
| 男 | 12,160 | 15,620 | 19,677 | 21,465 | 22,580 |
| 15〜19歳 | 13 | 22 | 22 | 10 | 17 |
| 20〜24歳 | 120 | 197 | 233 | 147 | 137 |
| 25〜29歳 | 406 | 576 | 691 | 649 | 590 |
| 30〜34歳 | 1,036 | 1,187 | 1,319 | 1,203 | 1,142 |
| 35〜39歳 | 1,250 | 1,794 | 1,923 | 1,772 | 1,555 |
| 40〜44歳 | 1,651 | 1,885 | 2,554 | 2,353 | 2,085 |
| 45〜49歳 | 2,084 | 2,259 | 2,466 | 2,755 | 2,541 |
| 50〜54歳 | 1,665 | 2,497 | 2,736 | 2,723 | 2,918 |
| 55〜59歳 | 1,363 | 1,835 | 2,800 | 2,798 | 2,827 |
| 60〜64歳 | 815 | 1,324 | 2,015 | 2,837 | 2,949 |
| 65〜69歳 | 642 | 793 | 1,386 | 1,935 | 2,742 |
| 70〜74歳 | 632 | 555 | 742 | 1,306 | 1,654 |
| 75〜79歳 | 328 | 425 | 384 | 572 | 943 |
| 80〜84歳 | 114 | 195 | 272 | 238 | 307 |
| 85歳以上 | 41 | 76 | 134 | 167 | 173 |
| 女 | 20,146 | 29,148 | 40,329 | 44,561 | 49,117 |
| 15〜19歳 | 24 | 40 | 52 | 29 | 23 |
| 20〜24歳 | 290 | 423 | 546 | 438 | 290 |
| 25〜29歳 | 1,119 | 1,673 | 1,867 | 1,743 | 1,365 |
| 30〜34歳 | 2,067 | 3,444 | 4,108 | 3,435 | 3,374 |
| 35〜39歳 | 2,630 | 4,237 | 6,609 | 5,612 | 4,959 |
| 40〜44歳 | 3,228 | 4,184 | 6,472 | 7,602 | 7,053 |
| 45〜49歳 | 3,392 | 4,184 | 5,444 | 6,628 | 8,319 |
| 50〜54歳 | 2,838 | 3,846 | 4,702 | 5,308 | 6,954 |
| 55〜59歳 | 1,906 | 2,917 | 3,986 | 4,433 | 4,982 |
| 60〜64歳 | 1,165 | 1,914 | 2,860 | 3,680 | 4,046 |
| 65〜69歳 | 709 | 1,082 | 1,847 | 2,671 | 3,302 |
| 70〜74歳 | 437 | 616 | 966 | 1,588 | 2,311 |
| 75〜79歳 | 209 | 346 | 481 | 794 | 1,236 |
| 80〜84歳 | 93 | 158 | 259 | 397 | 593 |
| 85歳以上 | 39 | 84 | 130 | 203 | 310 |

【出典】国勢調査（総務省統計局）

## 別添5　在留資格（在留目的）別在留外国人数の推移

（人）

| 在留の資格 ＼ 年 | 2011 年 | 2012 年 | 2013 年 | 2014 年 | 2015 年 |
|---|---|---|---|---|---|
| 総数 | 2,047,349 | 2,033,656 | 2,066,445 | 2,121,831 | 2,232,189 |
| 教授 | 7,859 | 7,787 | 7,735 | 7,565 | 7,651 |
| 芸術 | 461 | 438 | 432 | 409 | 433 |
| 宗教 | 4,106 | 4,051 | 4,570 | 4,528 | 4,397 |
| 報道 | 227 | 223 | 219 | 225 | 231 |
| 高度専門職１号イ | — | — | — | — | 297 |
| 高度専門職１号ロ | — | — | — | — | 1,144 |
| 高度専門職１号ハ | — | — | — | — | 51 |
| 高度専門職２号 | — | — | — | — | 16 |
| 経営・管理 | 11,778 | 12,609 | 13,439 | 15,184 | 18,109 |
| 法律・会計業務 | 169 | 159 | 149 | 143 | 142 |
| 医療 | 322 | 412 | 534 | 695 | 1,015 |
| 研究 | 2,103 | 1,970 | 1,910 | 1,841 | 1,644 |
| 教育 | 10,106 | 10,121 | 10,076 | 10,141 | 10,670 |
| 技術・人文知識・国際業務 | 110,488 | 111,994 | 115,357 | 122,794 | 137,706 |
| 企業内転勤 | 14,636 | 14,867 | 15,218 | 15,378 | 15,465 |
| 興行 | 6,265 | 1,646 | 1,662 | 1,967 | 1,869 |
| 技能 | 31,751 | 33,863 | 33,425 | 33,374 | 37,202 |
| 技能実習１号イ | 3,991 | 4,121 | 3,683 | 4,371 | 4,815 |
| 技能実習１号ロ | 57,187 | 59,160 | 57,997 | 73,145 | 87,070 |
| 技能実習２号イ | 2,726 | 2,869 | 2,788 | 2,553 | 2,684 |
| 技能実習２号ロ | 78,090 | 85,327 | 90,738 | 87,557 | 98,086 |
| 文化活動 | 2,209 | 2,320 | 2,379 | 2,614 | 2,582 |
| 留学 | 188,605 | 180,919 | 193,073 | 214,525 | 246,679 |
| 研修 | 3,388 | 1,804 | 1,501 | 1,427 | 1,521 |
| 家族滞在 | 119,359 | 120,693 | 122,155 | 125,992 | 133,589 |
| 特定活動 | 22,751 | 20,159 | 22,673 | 28,001 | 37,175 |
| 永住者 | 598,440 | 624,501 | 655,315 | 677,019 | 700,500 |
| 日本人の配偶者等 | 181,617 | 162,332 | 151,156 | 145,312 | 140,349 |
| 永住者の配偶者等 | 21,647 | 22,946 | 24,649 | 27,066 | 28,939 |
| 定住者 | 177,983 | 165,001 | 160,391 | 159,596 | 161,532 |
| 特別永住者 | 389,085 | 381,364 | 373,221 | 358,409 | 348,626 |

注

1. 2011年末までは、外国人登録者数のうち中長期在留者に該当し得る在留資格もって在留する者及び特別永住者の数、2012年末以降は，中長期在留者に特別永住者を加えた在留外国人の数である。

2. 2015年4月1日の改正出入国管理及び難民認定法の施行に伴い、在留資格「投資・経営」は「経営・管理」へ改正され、「技術」及び「人文知識・国際業務」は「技術・人文知識・国際業務」へ一本化され、高度専門職１号イ、ロ、ハ及び高度専門職2号が新設されている。

## 別添6　産業別、雇用事業所規模別外国人労働者の推移

（人）

| | | 平成 24 年 | 平成 25 年 | 平成 26 年 | 平成 27 年 |
|---|---|---|---|---|---|
| 労働者総数 | | 682,450 | 717,504 | 787,627 | 907,896 |
| 産業別 | 製造業 | 260,988 | 262,544 | 272,984 | 295,761 |
| | 情報通信業 | 26,427 | 28,062 | 31,581 | 36,522 |
| | 卸売業、小売業 | 72,084 | 79,677 | 91,552 | 113,251 |
| | 宿泊業、飲食サービス業 | 75,158 | 82,237 | 91,547 | 107,258 |
| | 教育、学習支援業 | 48,075 | 49,629 | 52,671 | 56,070 |
| | サービス業（他に分類されないもの） | 85,352 | 90,338 | 102,704 | 123,659 |
| | その他 | 114,366 | 125,017 | 144,588 | 146,218 |
| | 建設業 | 0 | 0 | 0 | 29,157 |

注　産業分類は、平成19年11月改訂の日本標準産業分類に対応している。

（人）

| | | 平成 24 年 | 平成 25 年 | 平成 26 年 | 平成 27 年 |
|---|---|---|---|---|---|
| 労働者総数 | | 682,450 | 717,504 | 787,627 | 907,896 |
| 事業所規模別 | 30 人未満 | 230,766 | 244,111 | 266,905 | 305,403 |
| | 30 ～ 99 人 | 136,018 | 136,593 | 148,209 | 166,663 |
| | 100 ～ 499 人 | 164,172 | 175,107 | 185,653 | 209,864 |
| | 500 人以上 | 117,409 | 127,142 | 147,289 | 180,824 |
| | 不明 | 34,085 | 34,551 | 39,571 | 45,142 |

【出典】厚生労働省「外国人雇用状況の届出状況」（各年10月末現在）

別添7　国籍（出身地）別不法在留者取締り数の推移

（人）

| 年　　国籍 | 2011 年 | 2012 年 | 2013 年 | 2014 年 | 2015 年 |
|---|---|---|---|---|---|
| 総数 | 18,951 | 13,501 | 10,040 | 9,367 | 11,002 |
| 中国（本土） | 5,817 | 3,960 | 3,560 | 3,436 | 3,840 |
| ベトナム | 650 | 507 | 584 | 790 | 1,458 |
| タイ | 1,062 | 724 | 544 | 846 | 1,422 |
| フィリピン | 4,083 | 2,822 | 1,640 | 1,258 | 1,307 |
| 韓国・朝鮮（北朝鮮を除く） | 2,364 | 1,658 | 1,070 | 786 | 613 |
| インドネシア | 434 | 316 | 264 | 256 | 494 |
| ブラジル | 649 | 671 | 322 | 227 | 228 |
| スリランカ | 432 | 277 | 190 | 215 | 172 |
| アメリカ | 233 | 206 | 181 | 163 | 141 |
| ペルー | 566 | 375 | 182 | 113 | 130 |
| 無国籍 | 23 | 36 | 22 | 14 | 11 |
| その他 | 2,638 | 1,949 | 1,481 | 1,263 | 1,186 |

別添 8　国籍（出身地）別被送還者数の推移

（人）

| 年　　国籍 | 2011 年 | 2012 年 | 2013 年 | 2014 年 | 2015 年 |
|---|---|---|---|---|---|
| 総数 | 8,721 | 6,459 | 5,790 | 5,542 | 6,174 |
| 中国（本土） | 2,997 | 2,389 | 2,284 | 2,282 | 2,296 |
| ベトナム | 370 | 340 | 432 | 627 | 1,064 |
| タイ | 479 | 317 | 400 | 483 | 707 |
| フィリピン | 1,552 | 972 | 796 | 616 | 593 |
| 韓国 | 1,171 | 964 | 665 | 456 | 328 |
| インドネシア | 248 | 164 | 134 | 159 | 287 |
| ネパール | 114 | 101 | 64 | 48 | 82 |
| スリランカ | 194 | 141 | 93 | 123 | 69 |
| ブラジル | 204 | 143 | 102 | 76 | 65 |
| バングラデシュ | 110 | 54 | 42 | 26 | 56 |
| 無国籍 | 1 | 1 | 0 | 0 | 0 |
| その他 | 1,279 | 873 | 778 | 646 | 627 |

注　表中「中国」には「台湾」、「香港」、「その他」は含まない。

## 別添9　国籍別難民認定・その他の庇護数

**認定**　　　　　　　　　　　　　　　　　　　　　　　　　　　　　　　　　　　　　（人）

| 2011 年 | | 2012 年 | | 2013 年 | | 2014 年 | | 2015 年 | |
|---|---|---|---|---|---|---|---|---|---|
| **合計** | 21 | **合計** | 18 | **合計** | 6 | **合計** | 11 | **合計** | 27 |
| ミャンマー | 18 | ミャンマー | 15 | | | | | アフガニスタン | 6 |
| その他 | 3 | その他 | 3 | | | | | スリランカ | 3 |
| | | | | | | | | シリア | 3 |
| | | | | | | | | エチオピア | 3 |
| | | | | | | | | その他 | 12 |

**その他の庇護**　　　　　　　　　　　　　　　　　　　　　　　　　　　　　　　　（人）

| 2011 年 | | 2012 年 | | 2013 年 | | 2014 年 | | 2015 年 | |
|---|---|---|---|---|---|---|---|---|---|
| **合計** | 248 | **合計** | 112 | **合計** | 151 | **合計** | 110 | **合計** | 79 |
| ミャンマー | 196 | ミャンマー | 74 | | | | | ミャンマー | 12 |
| その他 | 52 | その他 | 38 | | | | | トルコ | 9 |
| | | | | | | | | パキスタン | 7 |
| | | | | | | | | シリア | 6 |
| | | | | | | | | バングラデシュ | 6 |
| | | | | | | | | その他 | 39 |

**第三国定住難民受入実績**　　　　　　　　　　　　　　　　　　　　　　　　　　　（人）

| 2011 年 | | 2012 年 | | 2013 年 | | 2014 年 | | 2015 年 | |
|---|---|---|---|---|---|---|---|---|---|
| **合計** | 18 | **合計** | 0 | **合計** | 18 | **合計** | 23 | **合計** | 19 |

別添10　我が国における難民庇護の状況等

| | 難民 | | | その他の庇護 | 難民及びその他の庇護合計 | 一時庇護 |
|---|---|---|---|---|---|---|
| | 定住難民 | 認定難民 | 難民の認定をしない処分をされた者の数 | | | |
| 1978 年 | 3 | | | | 3 | |
| 1979 年 | 94 | | | | 94 | |
| 1980 年 | 396 | | | | 396 | |
| 1981 年 | 1,203 | | | | 1,203 | |
| 1982 年 | 456 | 67 | 40 | | 523 | 1,059 |
| 1983 年 | 675 | 63 | 177 | | 738 | 801 |
| 1984 年 | 979 | 31 | 114 | | 1,010 | 504 |
| 1985 年 | 730 | 10 | 28 | | 740 | 435 |
| 1986 年 | 306 | 3 | 5 | | 309 | 331 |
| 1987 年 | 579 | 6 | 35 | | 585 | 145 |
| 1988 年 | 500 | 12 | 62 | | 512 | 219 |
| 1989 年 | 461 | 2 | 23 | | 463 | 1,909 |
| 1990 年 | 734 | 2 | 31 | | 736 | 155 |
| 1991 年 | 780 | 1 | 13 | 7 | 788 | 20 |
| 1992 年 | 792 | 3 | 40 | 2 | 797 | 100 |
| 1993 年 | 558 | 6 | 33 | 3 | 567 | 17 |
| 1994 年 | 456 | 1 | 41 | 9 | 466 | |
| 1995 年 | 231 | (1) | 32 | 3 | 236 | |
| 1996 年 | 151 | 1 | 43 | 3 | 155 | |
| 1997 年 | 157 | 1 | 80 | 3 | 161 | |
| 1998 年 | 132 | 16 (1) | 293 | 42 | 190 | 1 |
| 1999 年 | 158 | 16 (3) | 177 | 44 | 218 | |
| 2000 年 | 135 | 22 | 138 | 36 | 193 | |
| 2001 年 | 131 | 26 (2) | 316 | 67 | 224 | 1 |
| 2002 年 | 144 | 14 | 211 | 40 | 198 | 6 |
| 2003 年 | 146 | 10 (4) | 298 | 16 | 172 | |
| 2004 年 | 144 | 15 (6) | 294 | 9 | 168 | |
| 2005 年 | 88 | 46 (15) | 249 | 97 | 231 | |
| 2006 年 | | 34 (12) | 389 | 53 | 87 | |
| 2007 年 | | 41 (4) | 446 | 88 | 129 | 4 |
| 2008 年 | | 57 (17) | 791 | 360 | 417 | |
| 2009 年 | | 30 (8) | 1,703 | 501 | 531 | |
| 2010 年 | 27 | 39 (13) | 1,336 | 363 | 429 | |
| 2011 年 | 18 | 21 (14) | 2,002 | 248 | 287 | 10 |
| 2012 年 | 0 | 18 (13) | 2,083 | 112 | 130 | 5 |
| 2013 年 | 18 | 6 (3) | 2,499 | 151 | 175 | 2 |
| 2014 年 | 23 | 11 (5) | 2,906 | 110 | 144 | 1 |
| 2015 年 | 19 | 27 (8) | 3,411 | 79 | 125 | 4 |
| 合計 | 11,424 | 660 (129) | 20,339 | 2,446 | 14,530 | 5,729 |

注
1. 「定住難民」とは、インドシナ難民（1978年4月28日の閣議了解等に基づき、ベトナム・ラオス・カンボジアにおける政治体制の変革等に伴い周辺地域へ逃れた者及び1980年6月17日の閣議了解の3の定める呼寄せ家族で我が国への定住を認めたもの）及び第三国定住難民（2008年12月16日の閣議了解及び2014年1月24日の閣議了解に基づき、タイ又はマレーシアから受け入れたミャンマー難民）であり、1978年から2005年まではインドシナ難民、2010年以降は第三国定住難民の数である。定住難民として受け入れられた後、条約難民として認定された者（認定難民）もおり、合計欄では重複して計上されている。
2. 「認定難民」とは、入管法の規定に基づき、難民として認定された者の数である（カッコ内は、難民不認定とされた者の中から異議申立の結果認定された数であり、内数）。なお、一次審査で「その他の庇護」を受けた後、異議申立てで条約難民として認定された者（認定難民）については、重複して計上されている。
3. 「その他の庇護」とは、難民の認定をしない処分をされた者のうち、入管法第61条の2の2第2項により在留特別許可を受けた者及び人道上の配慮を理由に在留が認められ在留資格変更許可を受けた者の数である。
4. 「一時庇護」とは、入管法第18条の2により一時庇護のための上陸許可を受けた者であり、その後定住難民又は認定難民となった者が相当数含まれている。

別添11 外国人に関する人権侵犯及び相談件数の推移に関する統計資料

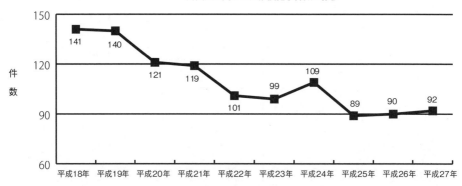

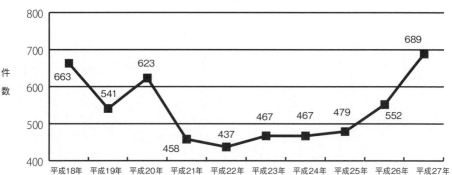

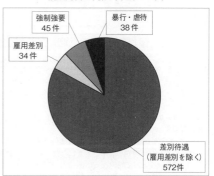

人権侵犯事件数

| | 平成18年 | 平成19年 | 平成20年 | 平成21年 | 平成22年 | 平成23年 | 平成24年 | 平成25年 | 平成26年 | 平成27年 |
|---|---|---|---|---|---|---|---|---|---|---|
| 暴行・虐待 | 20 | 11 | 16 | 10 | 11 | 14 | 10 | 9 | 15 | 3 |
| 差別待遇<br>（雇用差別除く） | 94 | 99 | 91 | 84 | 69 | 60 | 89 | 65 | 66 | 76 |
| 雇用差別 | 15 | 16 | 6 | 15 | 11 | 9 | 7 | 4 | 7 | 9 |
| 強制強要 | 12 | 14 | 8 | 10 | 10 | 16 | 3 | 11 | 2 | 4 |
| **各項目計** | 141 | 140 | 121 | 119 | 101 | 99 | 109 | 89 | 90 | 92 |

相談件数

| | 平成18年 | 平成19年 | 平成20年 | 平成21年 | 平成22年 | 平成23年 | 平成24年 | 平成25年 | 平成26年 | 平成27年 |
|---|---|---|---|---|---|---|---|---|---|---|
| 暴行・虐待 | 49 | 47 | 73 | 40 | 39 | 46 | 40 | 34 | 24 | 38 |
| 差別待遇<br>（雇用差別除く） | 464 | 380 | 434 | 325 | 291 | 324 | 370 | 354 | 472 | 572 |
| 雇用差別 | 36 | 49 | 40 | 38 | 40 | 35 | 30 | 44 | 23 | 34 |
| 強制強要 | 112 | 65 | 76 | 55 | 67 | 62 | 27 | 47 | 33 | 45 |
| **各項目計** | 663 | 541 | 623 | 458 | 437 | 467 | 467 | 479 | 552 | 689 |

# 人種差別撤廃NGOネットワーク
# 提出のNGOレポート

## 目　次

はじめに

### NGO レポート

1. 差別禁止法の制定
2. 国内人権機関の設置
3. 第 4 条 a 項 b 項の留保及びヘイトスピーチ・ヘイトクライム
4. 政治家及び公務員による差別的発言
5. 朝鮮学校で学ぶ子どもたちの教育権
6. 永住外国人の出入国の権利
7. 外国籍公務員の任用制限・昇進制限
8. 外国籍教員任用の差別的取り扱い
9. 外国人の国民年金制度へのアクセス
10. 一般公衆場所への入場拒否
11. 在日コリアンと移住者に対する入居差別
12. 移住労働者・技能実習制度
13. 移住女性およびマイノリティ女性に対する暴力
14. 庇護申請者と非正規滞在者の入国管理局の行政拘禁による長期収容
15. 外国人の生活保護受給の権利及び不服申立の権利
16. 人身取引
17. 人権保護からほど遠い難民申請者
18. ムスリムに対する民族的・宗教的プロファイリング
19. 部落差別
20. 部落女性の実態把握のための調査
21. アイヌ民族の先住民族の権利
22. 琉球／沖縄の人びとと先住民族の権利
23. 琉球／沖縄の自決権の侵害について
24. 子どもの人権・権利が平等に保障されない沖縄の実情
25. 琉球人を先住民族と認めること
26. マイノリティの言語と教科書
27. マイノリティの子どもの教育権
28. 在日コリアン女性が直面する複合差別
29. 条約の対象としての中国帰国者（1 条）
NGO レポート作成参加団体

# はじめに

　人種差別撤廃委員会による前回 2014 年の日本報告書審査のあと、2016 年に「ヘイトスピーチ解消法」と「部落差別解消推進法」の 2 つの法律が制定され、わずかながら、人種差別との闘いにおいて前進が見られた。これらの立法措置は歓迎されるが、日本国内の人権の枠組みと国際人権法、とりわけあらゆる形態の人種差別の撤廃に関する国際条約（人種差別撤廃条約）との間のギャップは依然として大きい。

　人種差別撤廃 NGO ネットワーク（ERD ネット）を含む日本の市民社会、そして国連人権メカニズムによる度重なる要請にかかわらず、日本政府は、人種、皮膚の色、世系、民族的あるいは種族的出身に基づく差別を含む包括的な反差別法を制定することに難色を示してきた。2018 年 3 月の日本の普遍的定期的審査（UPR）の結果文書では、包括的な反差別法の制定をうながす勧告が多くの国より提示されたが、日本政府はそれを受け入れなかった。さらに、パリ原則に基づいた国内人権機関の設置はいまだ実現には程遠い。そして、人種差別撤廃条約を含め、日本が批准している国際人権諸条約のもとでの個人通報制度は、いずれも受け入れられていない。こうしたことにより、日本において人種差別の被害者が司法に訴える手段は皆無といってよいほど非常に限定されている。

　「ヘイトスピーチ解消法」は人種差別撤廃に向けた一歩となったが、人種差別的なヘイトスピーチやヘイトクライムは、ネット及び実生活の空間の両方において広く存在している。それにもかかわらず、政府は人種差別撤廃条約第 4 条（a）（b）の留保を維持したままであり、人種主義と人種差別の発現への取り組みは引き続き不十分である。

　ERD ネットは人種差別撤廃委員会の勧告の実施に関して日本政府と建設的な話し合いを持ってきたが、第 10・11 回政府報告書には 2014 年の総括所見（CERD/C/JPN/CO/7-9）の勧告を実施するために取った具体的な措置について明確な説明は何もない。その一例として、政府報告書には、勧告で求められているにもかかわらず、民族や種族出身別の細分化された最新の統計データは含まれていない。

　人種差別撤廃条約の国内完全実施をめざし、この共同報告書は、アイヌ先住民族、琉球・沖縄の人びと、被差別部落民、在日コリアンそして技能実習生を含み、日本における先住民族、マイノリティ、移住者そして難民の状況と問題に関する情報を委員会に提供するものである。2018 年 7 月

人種差別撤廃 NGO ネットワーク（ERD ネット）

# 1. 差別禁止法の制定

関連する前回勧告パラ：CERD/C/JPN/CO7-9　パラ7、8
政府レポート該当パラ：CERD/C/JPN/10-11　パラ101ないし104
勧告は実施されたか：されていない
実施された場合、その効果：

## 問題の説明

　日本では、人種差別が動機となる深刻な人権侵害が頻繁に起きている。2009年に起きた京都朝鮮学校襲撃事件はその代表例と言えるが、2018年2月には、朝鮮総聯中央本部銃撃事件という衝撃的なヘイトクライムが起きたことは記憶に新しい。マイノリティに対するヘイトスピーチ・ヘイトクライムは深刻な問題であるにもかかわらず、いまだに日本には人種差別を禁止する法律がない。

　「人種差別撤廃委員会2001年総括所見パラ9」、「同2010年総括所見パラ9」及び「同2014年総括所見パラ8」での勧告にかかわらず、政府は本条約第1条にしたがった直接的及び間接的な差別を禁止する法律を制定していない。2016年に「ヘイトスピーチ解消法」が制定されたが、これは理念法であり、禁止条項がない。

　「2017年政府報告書パラ101」では、「我が国では以下のとおり人種差別を規制しており、御指摘の包括的差別禁止法が必要であるとの認識には至っていない」と述べ、パラ102ないし104で憲法第14条をあげている。しかし、法務省が2017年3月に発表した「外国人住民調査報告書」によれば、過去5年間で入居差別経験者が約40％、就職差別経験者が約25％、侮辱的言動の経験者が約30％等、深刻な差別の実態が明らかになった。憲法だけではこのような深刻な差別を根絶することはできず、今までの法規制では足りないことが示された。政府の「包括的差別禁止法が必要であるとの認識には至っていない」という報告は、政府調査でも明らかになった深刻な差別を無視しており、何故、差別禁止法が不要と考えるのかについて合理的な説明がまったくなされていない。

　さらに、「同2014年勧告パラ7」では、本条約第1条第1項に完全に合致して、人種差別の包括的定義を採用するよう勧告されたが、政府は同定義を採用した法令を制定していない。憲法第14条1項後段にある人種の定義に、国民的または民族的出身、皮膚の色、あるいは世系は含まれていないとしている。憲法のみでは、これらのマイノリティに対する差別からの保護が不十分であり、本条約に則った適正な保護がなされていないという問題がある。

64　審査に向けて

さらに、「同 2001 年総括所見パラ 7」、「同 2010 年総括所見パラ 11」及び「同 2014年総括所見パラ 6」における勧告では、本条約によりカバーされるすべてのマイノリティの状況を反映した経済的・社会的指標に関する包括的で、信頼できる最新データの統計が求められてきた。政府は、このような統計をとってこなかったが、法務省が初めて前述の「外国人住民調査」を行った。これにより、深刻な差別の実態が明らかになったものの、同調査が次回、いつなされるかは明らかになっていない。人種差別との闘いにおいて、具体的にどのような政策をなすべきかを考えるにあたり、そのような統計は定期的になされる必要がある。そこで、実態調査を義務付ける条項を包括的な差別禁止法に盛り込むべきである。

**勧告案**

a）人種差別撤廃委員会 2001 年、2010 年及び 2014 年の勧告でも繰り返されているように、人種差別禁止法を制定すること。

b）国内法のなかに、本条約 1 条 1 項に合致した人種差別に関する定義を採用すること。

c）すべてのマイノリティの状況を反映した経済的・社会的指標に関する包括的で、信頼できる統計を定期的に実施すること。

作成者：反差別国際運動（IMADR）

# 2. 国内人権機関の設置

関連する前回勧告パラ：CERD/C/JPN/CO7-9　パラ 9
政府レポート該当パラ：CERD/C/JPN/10-11　パラ 108、109
勧告は実施されたか：されていない
実施された場合、その効果：

**問題の説明**

　自由権規約委員会「1998 年総括所見パラ 9」では、「人権侵害の申立てに対する調

査のための独立した仕組みを設置する」ことが勧告された。そして、人種差別撤廃委員会においては、「2001 年総括所見パラ 12」、「2010 年総括所見パラ 12」及び「2014年総括所見パラ 9」で、独立した国内人権機関の設置を求める勧告が行われた。このように、日本は 1998 年以降、国連人権諸機関から国内人権機関を設置するよう繰り返し勧告を受けているにもかかわらず、2018 年の現在に至るまで、いまだに同機関を設置していない。

2001 年、人権擁護推進審議会が人権救済を答申し、翌 2002 年には「人権擁護法案」が国会に提出された。しかし、一度は継続審議となったものの、結局、2003 年に廃案となったままである。

また、「2017 年政府報告書パラ 109」にあるとおり、「政府は、新たな人権救済機関を設置するための人権委員会設置法案を、2012 年 11 月、第 181 回国会に提出したが、同月の衆議院解散により廃案となった」ままであり、それ以降同様の法案は提出されておらず、国内人権機関の設置に向けた新たな動きも見られない。政府報告書の同パラでは、「人権救済制度の在り方については、これまでなされてきた議論の状況も踏まえ、適切に検討しているところである」とあるが、その検討作業の進捗状況及び内容について NGO が質問しても明らかにしない。1998 年から国内人権機関の設置を勧告されて 20 年、また、人権委員会設置法案が廃案になってから 6 年になる。このように長年にわたり勧告を受けているにもかかわらず、放置されていることは怠慢というほかない。

さらに、政府報告書同パラでは「従前から、人権擁護に携わる行政機関として法務省に人権擁護局が設けられており、その下部機関として、法務局人権擁護部（全国 8か所）、地方法務局人権擁護課（全国 42 か所）及びこれらの支局（全国 261 か所）が設けられている」との記載もある。しかし、委員会が求めているのは、パリ原則に準拠した独立の国内人権機関であり、行政機関では独立性が担保されていない。2016 年に「ヘイトスピーチ解消法」及び「部落差別解消推進法」が制定されたが、国内人権機関がないことによってその実効性の担保がないのが現状である。

**勧告案**
早急に人権委員会設置法を制定すべきである。同法では特に以下のことを規定すること。
a) 国際人権諸基準の国内実施を担う機関として、国内人権機関を位置付けること。
b) 国内人権機関の機能として (1) 国会、政府への人権法制に関する提言、及び (2) 国連人権諸機関等との協力も含むこと。
c) パリ原則に従った独立した国内人権機関とすること。

d）国、地方自治体及び各省庁等の公的組織並びに憲法順守義務を負う政治家等の公人による人権侵害に対応できるだけの権限を持つ組織とすること。

作成者：反差別国際運動（IMADR）

# 3. 第4条a項b項の留保及びヘイトスピーチ・ヘイトクライム

関連する前回勧告パラ
CERD/C/JPN/CO7-9　2014年勧告パラ 10-11
CERD/C/JPN/CO3-6　2010年勧告パラ 13
CERD/C/JPN/CO7-9　2001年勧告パラ 14
人種差別撤廃条約第4条、第2条
関連する政府報告書：パラ 124-139、パラ 105-107

## 問題の説明
### ヘイトスピーチ・ヘイトクライムの歴史と現状

（1）背景—政府の差別政策

　日本のヘイトスピーチの最大のターゲットは、旧植民地出身者である在日コリアン及び在日中国人である。政府は戦後、植民地支配についての清算を行わず、逆に一方的に無権利の外国籍者とし、日常的に監視し差別する政策を取ってきた。それを背景として、戦後もずっと在日コリアンなどへの公人及び民間人によるヘイトスピーチ・ヘイトクライムは続いてきた。

　2002年9月17日の日朝首脳会談で朝鮮の指導者が1970-80年代の10数件の拉致事件を認めて謝罪したことを契機に、政府、マスコミによる激しい朝鮮バッシングが現在に至るまで続いている。それにより、朝鮮人には何を言ってもいいとの社会的風潮が形成され、ヘイトスピーチ・ヘイトクライムが悪化した。同首脳会談から半年間で、全国の朝鮮学校の生徒たちに対する1000件以上の事件が起き、それ以降、朝鮮学校は子どもたちを守るため、民族衣装の制服を通学時に着ないよう指導せざるを得なくなった。

（2）ヘイトデモの日常化

　また、2000年代にネットが普及し、匿名でのネット上のヘイトスピーチが広がった。2007年1月にはネットを通じて会員を集めた「在日特権を許さない市民の会」（在特会）というレイシスト団体が結成された。彼らはヘイトデモ、街宣、集会を繰り返し、それらをネット上の動画サイトに掲載することにより支持を拡大してきた。

　一例をあげると、2009年から2010年にかけて、在特会らは3度にわたる京都朝鮮学校（小学校）襲撃事件を起こした。1度目は11名が小学校の門の前に押しかけ、「北朝鮮のスパイ養成機関」「うんこ食っとけ」などと1時間にわたりハンドマイクでがなり立てた。また、同校前の公園内にあった同校のスピーカー等をつなぐ配線コードをニッパーで切断して損壊するなどした。校内には約150人の子どもたちがいたが、恐怖で泣き出す子どもたちが続出し、授業ができなくなった。2回目は約30名が、学校前の公園で集会を開き、学校周辺をデモ行進し、「朝鮮人は保健所で処分しろ」などとマイクなどで叫んだ。3回目は数十人が学校周辺でデモをし、「うじ虫朝鮮人は朝鮮半島へ帰れ」などと叫んだ。なお、この事件については裁判で民事責任（政府報告書パラ138）及び刑事責任（同パラ130）が確定している。

　2012年12月には安倍自民党政権が成立し、すぐに朝鮮学校を高校無償化制度から排除した。また、植民地支配や侵略戦争の責任をあいまいにする方針を打ち出した。それ以降、ヘイトデモの回数、参加者数は増加し、ほぼ毎週末各地で行われるようになった。法務省が、国として初めて2015年秋に行った調査によれば、2012年4月から2015年9月までのヘイトデモ・街宣の総数は1152回、平均して1日1回にものぼった(1)。

（3）「ヘイトスピーチ解消法」の成立

　現場でのカウンターやNGO、当事者団体、報道機関などの世論の強い批判を受け、2015年5月には野党議員7名が、ヘイトスピーチを含む人種差別を禁止する「人種差別撤廃施策推進法案」を国会に上程した。自民公明両与党は、対案として、2016年4月に「本邦外出身者に対する不当な差別的言動の解消に向けた取組の推進に関する法律」（以下、「ヘイトスピーチ解消法」）案を提出し、5月に成立、6月に施行された。

　「ヘイトスピーチ解消法」の概要は「政府報告書パラ105-107」で紹介されているとおりである。条文全7条の英訳文は法務省のサイトで紹介されている。http://www.moj.go.jp/content/001199550.pdf

（4）「ヘイトスピーチ解消法」施行後のヘイトデモ・街宣

　「ヘイトスピーチ解消法」施行後、ヘイトデモの回数は年50件程度とほぼ半減し、

デモ参加者数も減少した。デモにおける表現内容は、施行直後は「ヘイトスピーチ解消法」第2条の定義に直接明確にあたる、脅迫的、著しく侮蔑的若しくは排除を煽る表現は減少した。しかし、同法には禁止条項も何らの制裁もないことから、旧来の表現に戻りつつある。

ヘイト街宣の数は1年間、二百数十件と変化がない。

(5)「ヘイトスピーチ解消法」施行後のレイシスト団体の政治団体化 (2)

在特会創設者は、「外国人に対する生活保護の廃止」などを掲げ、2016年7月の東京都知事選挙に立候補した。落選したが、11万3000票を獲得し（得票率1.7％）、同年10月には「日本第一党」を結成した。2017年11月、同党が推薦した候補者が、東京都葛飾区の区議として初当選した。同党は来年2019年の統一地方選挙に15名の立候補者を出すと宣言している。なお、同党は、2016年に、政治団体規制法の定める政治団体として総務省に届け出て、登録されている。

また、元在特会副代表は、別途「朝鮮人のいない日本を目指す会」という名称の政治団体を2016年に総務省に届け出て、登録されている。総務省には法律上、届出団体の政治活動の内容を審査する権限はないが、団体の名称や目的が公序良俗に反する場合は受理しない運用を行っている。2018年6月、野党議員が国会で、同団体は名称自体が「ヘイトスピーチ解消法」第2条の定義に該当し、公序良俗に反すると批判したが、総務大臣は、名称が差別的であることが明らかとは言えないと述べた。

(6)「ヘイトスピーチ解消法」施行後のネット上のヘイトスピーチ

「ヘイトスピーチ解消法」施行後もネット上にはほとんどが匿名によるヘイトスピーチがあふれている。日本ではツイッター利用者が2017年で4500万人にものぼり、匿名でのマイノリティ集団及び個人への日常的な大量のヘイトスピーチの悪影響は極めて大きい。

2015年7月には、ツイッター上などで、在日コリアンの在留資格がなくなり強制送還されるとの差別的なデマが出回り、大量の匿名者たちが、入管局に在日コリアンをメールなどで通報し、入管局のサーバーがダウンする事件が起きた。

これ以外にも、何か災害、事故、事件が起きると、その直後に必ず、朝鮮人や中国人が犯人だとか、災害に乗じて犯罪を行っているとの差別的なデマがツイッター等で出回る。2018年6月18日に大阪府北部を中心に地震が起きたが、在日外国人のテロや犯罪発生などの差別的デマが多数ツイートされた (3)。2011年の東日本大震災の際に、中国人窃盗団の横行などの差別的なデマがSNSなどに出回ったが、情報に接した人の9割弱がそれを信じたとの民間の研究者の調査結果が発表されている (4)。

2016 年秋に実施された法務省の外国人住民調査報告書によると、普段ネットを使う在日外国人のうち 4 割がネット上のヘイトスピーチを見たことがあり、そのような書き込みを見るのがいやでサイトの利用を控えた人が外国人全体で 19.8％、朝鮮籍では 47.8％、韓国籍で 38.8％もいる（政府提出追加情報の報告書 49 頁「2.5.2 Use of the Internet（Survey Question 3-2)」参照）。

## (7)「ヘイトスピーチ解消法」施行後のヘイトクライム

　ヘイトクライムは質・量とも悪化しつつある。「ヘイトスピーチ解消法」施行前からヘイトデモでの現場などにおけるデモ参加者によるカウンターへの暴行はしばしば起きている。たとえば、2014 年 8 月には在特会など数十人が、カウンター 3、4 人に対し、「朝鮮人死ね！」などと言いながら集団暴行し、被害者のうち 1 名は肋骨骨折など全治約 2 カ月の重傷を負った。5 人が傷害罪で逮捕され、罰金刑となっている。

　2015 年 3 月には韓国文化院の壁への放火事件が起き、建造物損壊罪で有罪となった。

　2015 年 5 月、ヘイトデモ参加者がカウンター 2 名に暴行を働き、逮捕された。

　2016 年 7 月、福岡県のデパート等のトイレに数カ所、在日コリアンを差別するビラを貼った者が、建造物侵入罪で有罪となった。

　2017 年 5 月には、韓国政府の日本軍「慰安婦」問題に対する態度への不満を動機として、名古屋の朝鮮系信用金庫への放火事件があり、有罪となった。

　2017 年以降、朝鮮学校への補助金復活を求める意見書を発表した弁護士会の幹部や在日コリアン弁護士数十人について、それぞれ 1000 人〜 3000 人の人びとが、弁護士会に対して懲戒を請求する事件が起きた。ある極右ブログによる差別的デマ煽動が契機となっており、日弁連によると 1 年間で全国で合計 13 万件にものぼる (5)。

　2018 年 2 月には在日コリアンに対するヘイトデモ・街宣を繰り返してきた右翼活動家ら 2 名が、朝鮮総聯本部正門前に車で乗り付け、車内から内部に 5 発銃弾を撃ち込み、門扉に命中した事件が起きた。逮捕され、器物損壊罪と銃刀法違反で起訴された。しかし、事件直後から、「義挙」と支持するネット上の書き込みが多数あり、同じ場所で銃撃を支持する街宣が現在も継続している (6)。

　ヘイトスピーチについて実名で批判する在日コリアン、とりわけ女性に対しては実生活上でもネット上でも脅迫、名誉毀損、侮辱、嫌がらせが殺到し、継続している (7)。

## (8)「ヘイトスピーチ解消法」施行後の公的機関によるヘイトスピーチへの関与

　内閣府は、国政モニターのページに、「沖縄の基地反対は中韓人ばかりというようなことを招かない様、断固として本国送還すべし」などと在日コリアンなどを差別す

70　審査に向けて

る投稿を、2018年5月にメディアの指摘を受けるまで掲載し続けた。その後、長野県、三重県などの地方公共団体が管理する、市民からの質問・意見に答えるネット上のサイトに、同様の差別的意見を掲載した問題も発覚した[8]。

川崎市、京都府、京都市など一部の地方公共団体ではヘイトスピーチ目的での公共施設の利用制限のガイドラインができたが、ほとんどの自治体は公共施設でのヘイト集会を無条件で許可している[9]。

公人によるヘイトスピーチについては、本レポートの79ページ参照。

## 勧告の実施状況と関連する政府報告書への批判

(1) 第4条a項b項の留保の撤回（パラ10の1文）

a) 政府報告書パラ124-126は、政府が17年前の2000年に提出した第1・2回報告書のパラ72-74のまったくのコピーである。第4条の留保の撤回の検討は一切なされておらず、極めて不誠実である。パラ126で、憲法と両立する範囲について一定の行為を処罰することが可能としているが、現行の刑法の規定は条約に加入する前に作られたものであり、その後、両立する限界を検討していない。

CERDの一般的勧告35により、第4条は深刻で重大なヘイトスピーチについてのみ刑事規制を要請していることが明確になったにもかかわらず、政府報告書は、すべての場合に刑事規制を求められていることを前提とし、それゆえ慎重に検討すると述べており、前提が間違っている。

前回2014年の審査において、委員から、同勧告のパラ23に照らし、第4条のどの表現の規制が憲法に抵触するのか、特に「朝鮮人を皆殺しにしろ」などの特定の民族に対する暴力の煽動を法規制することは憲法に違反するのかと問われたが、報告書は答えていない。

b) 政府は留保の理由として、2017年8月に国連人権理事会に提出した普遍的定期的審査第3回報告のなかで、「現在の日本がそれほどの人種差別思想の流布や人種差別の煽動が行われている状況にあるとは認識していない（パラ89）」と述べている。今回のCERDへの報告書にはその旨は書かれていないが、NGOが同年12月に行った外務省との交渉の場において、同じ認識であると認めている。

しかし、上記のようにヘイトスピーチは「ヘイトスピーチ解消法」施行後の現在も深刻な状況にあり、その認識は誤りである。「ヘイトスピーチ解消法」成立後の2016年秋に法務省が行った外国人住民調査報告書によれば、過去5年間で3割の人が差別的なことを直接言われたことがあると回答しており（政府提出追加情報の報告書37頁「2.4.4 Experiences to have been directly told anything insulting or discriminatory in the past five years in Japan（Survey Question 2-4)」)、政府自身による調査結果から政府は目を背けている。

　ちなみに当調査結果報告書は 2017 年 3 月に発表されているにもかかわらず、不自然にも同年 7 月作成の政府報告書では調査を行ったこと自体、一言もふれられていない。NGO が強く要求し、今回、追加情報として委員会に提出されたものであり、隠ぺいしたと言われてもやむを得ない。

(2) 第 4 条実施目的での法改正（パラ 10 の 2 文）
a)「ヘイトスピーチ解消法」は日本で初めての反人種差別法であり、前進ではあるが、前述のようにその効果は極めて限定的であり、下記の問題点がある。
　　①差別禁止規定も制裁規定もなく、確信犯を止められない。
　　②対象が適法に在留する資格がある在日外国人及びその子孫に限定されており、CERD の一般的勧告 30 に反している。条約第 1 条の規定する他の事由も、差別的取扱いも規制対象外である。ただし、部落差別については「部落差別解消推進法」が制定されている。288 ページ参照。
　　③ヘイトスピーチ撤廃のための基本方針、基本計画、具体的施策を策定し、予算を付ける義務が定められていない。実態調査や被害者の意見を聴く義務も、調査・施策検討・被害者救済を行う第三者機関の設置義務もない。
b) 政府報告書は、現行法により人種差別に対処できているとの主張を変えていないが、差別自体が違法でも犯罪でもないため、ヘイトスピーチが民法上の不法行為や刑法上の脅迫罪などの現行法上に存在する条項に差別が該当する場合にのみ違法になるにすぎない。また、裁判は費用も時間（数年）もかかるのみならず、レイシストたちからの攻撃という二次被害を引き起こすため、ほとんどの人は泣き寝入りしている。
c) さらに法制度上の最大の欠陥は、不特定の集団に対するヘイトスピーチの場合、使える現行法の条項が存在せず、野放し状態ということである。たとえば、現行法では「中国人入店お断り」と書かれた張り紙を貼ることは合法であり、公的機関も強制的にはがすことはできない。
d) 警察の対応は、「ヘイトスピーチ解消法」施行後、それまでの、カウンター側を敵視して直接的な暴力を振るったり、微罪で逮捕する姿勢には改善が見られるが、カウンター側を柵で囲う、デモに近づかないよう足止めする、カウンター側の写真、動画撮影するなどの過剰警備はほぼ続いている。
　　「ヘイトスピーチ解消法」施行後、ヘイトスピーチデモの現場で、警察がヘイトスピーチ解消を呼びかけるアナウンスを行う場合があるが、全国統一基準がある

わけではなく、次第にその割合も減ってきている。

　警察官への研修も行き届いておらず、「ヘイトスピーチ解消法」の存在自体を知らない現場の警官もいる。

　現在も、不特定の集団に対するヘイトスピーチを行うデモは合法であり、警察が毎回のようにデモ参加者をはるかに超える多数で守り、カウンター活動を封じ、差別デモを守っている。

e) 政府報告書では、人種主義的動機は日本の刑事裁判手続きにおいて「動機の悪質性として適切に立証しており、裁判所において量刑上考慮されているものと認識している」と述べられているが（パラ136による引用）、政府は人種主義的動機の犯罪の判例の調査もしておらず、「認識」の根拠はない。逆に、NGOが知る限り、在日外国人へのヘイトクライムについて差別的動機が考慮された事例はない。

　なお、政府が起訴の一例としてパラ130であげているのは上記3（2）で説明した京都朝鮮学校襲撃事件だが、3回の襲撃の現場には学校側の通報により警官がいたが、学校側の要請にもかかわらず、警察は現行犯逮捕しなかった。また、事件後の捜査も消極的であり、学校側の刑事告訴もなかなか受理しようとしなかった。刑事事件判決においては、ヘイトクライムとして扱われず、人種主義的動機は量刑上一切考慮されず、全員に執行猶予が付いた。加害者たちはその後もヘイトスピーチ、ヘイトクライムを継続している。他方、本件は民事裁判においては人種差別目的の人種差別行為と認定され、最高裁で確定している。

　よって本件は、警察、検察、刑事司法が、ヘイトクライムであるのにヘイトクライムとして対処しなかった事例であり、ヘイトクライムを明確に法律で規制すべき必要性の根拠となる。

（3）ヘイトデモ、ヘイトクライム根絶への取り組み（パラ11（a））(10)

a) 法務省は、国として初めて、在日外国人に対するヘイトデモ・街宣（2015年）及び在日外国人への差別（2016年）について調査を行ったが、NGOの要請にもかかわらず、継続的に調査する予定を立てていない。

b)「ヘイトスピーチ解消法」第2条に定義規定はあるが、法務省はその判断のためのガイドラインを策定していない。また、法務省自身、実際になされた具体的な表現がヘイトスピーチにあたるかについて、判断が難しいとして極力判断を避けている。被害者が人権侵犯事件として救済の申し立てをしないと判断の対象とせず、かつ、その場合も一見して明白な場合以外は認定しない処理をしている。不特定の集団に対するヘイトスピーチは、この手続きの対象から外している。

c) 法務省は、2016年9月に、関係省庁の一部を招へいし、ヘイトスピーチ対策の会

議を行った（パラ133）。しかし、情報交換をしたのみであり、その後2年近く会議はなく、今後の予定もない。NGOは、ヘイトスピーチを含む人種差別全体の撤廃のために、政府内に省庁を横断する対策本部を設置するよう、もしくは最低限、省庁横断的な会議体を設置するよう求めているが、回答がない。

d) 法務省は、上記会議の際、特にヘイトデモのひどい地方公共団体の一部を招へいした。しかし、その際、地方公共団体から出された、「ヘイトスピーチ対策の全体フレームを示し、一義的に国が実効性ある施策を実施していただきたい。また、その内容やスケジュールを具体的に示してほしい」「国と地方公共団体との役割分担について、具体的に示してほしい」「地方公共団体ができる取組を明らかにしてほしい」など、「ヘイトスピーチ解消法」の条文ごとに実効化するための要請に対し、現在に至るまでほとんど応えていない。また、次の会議の予定もない。

e) 「ヘイトスピーチ解消法」制定から2年経ったが、「ヘイトスピーチ解消法」を実効化する、地方におけるヘイトスピーチ禁止条例もしくはヘイトスピーチを含む人種差別禁止条例の制定も遅れている。2018年4月1日に東京世田谷区で、国籍・民族を理由とする差別的取り扱いの禁止条項を含む条例が施行されたくらいである。2020年にオリンピックを開催する東京都は、2019年3月までの人権条例制定を掲げ、2018年6月にその骨子を発表したが、骨子には人種差別を禁止する条項も制裁条項も入っていない。

写真は2018年6月3日の兵庫県神戸市における「拉致被害者奪還」を掲げるヘイトデモの参加者30名弱の周囲を取り囲み守る数百人の制服警官の列。歩道上に抗議のプラカードを掲げるカウンターの姿。撮影＝秋山理央

(4) ネットを含むメディアにおけるヘイトスピーチ対策（パラ11 (b)）

a) NGO の要請にもかかわらず、国はネット上のヘイトスピーチの実態について、調査を行わない。

b) 匿名者によるネット上のヘイトスピーチが特定人になされた場合、被害者がネット業者に発信者情報を開示請求できる根拠法（プロバイダー責任制限法）はあるが、その法律を使っても、通常特定するためだけに2回の民事裁判を起こさなければならず、費用が数十万円、期間が1年間かかる。よってほとんどの人があきらめざるを得ない。

c) 地方公共団体においては、大阪市が2016年1月にヘイトスピーチ対策条例を制定した。ヘイトスピーチにあたると認定した場合、その概要と発信者の名前を公表する制度を設けている。しかし、多くがネット上の匿名者によるものであり、現行法令上、被害者本人ではなく、公的機関が事業者に発信者情報を求める規定がないため、匿名者を特定できず、実効性が極めて弱い。

d) 法務省人権擁護局は、ネット上のヘイトスピーチについて、被害者個人からの申請があり、明白に不法行為にあたると認定したものについては、業者に削除要請するようになった。しかし、あくまで要請であり強制力はない。他方、不特定の集団に対するネット上のヘイトスピーチについては救済手続きは存在しない。

　NGO は、国に対し、ドイツや EU などのように、ツイッター、フェイスブックなど海外大手を含めた業者に対し、迅速なヘイトスピーチの削除を含む協議をするよう求めているが、国は動かない。

e) いくつかの地方公共団体が、当該地方にかかわるヘイトスピーチについてネット・モニタリングをし、業者に削除要請する場合もあるが、国はこのような取り組みを行っておらず、その予定もない。

(5) 責任者の捜査、起訴（パラ11 (c)）

　「ヘイトスピーチ解消法」施行後、警察のごく一部はヘイトスピーチ被害につき、被害者の訴えを受理するような改善が見られるが、司法全体においてヘイトスピーチ根絶のため積極的に捜査や起訴を行うという施策はなく、ヘイトスピーチ・ヘイトクライム対策部も設けられていない。

(6) 公人及び政治家に対する制裁（パラ11 (d)）

　まったくなされていないし、対策の検討もされていない。本報告書79ページ参照。

(7) 偏見との闘い、教育など（パラ11 (e)）

a）政府は、「ヘイトスピーチ、許さない」というポスターを作るなど、抽象的なキャンペーンは行っている（パラ133）が、NGOからの要請にもかかわらず、実際の具体的な深刻なヘイトスピーチや差別的なデマ、ヘイトクライムへの非難を一切行っていない。たとえば、上記の朝鮮総聯中央本部銃撃事件に対しては、ヘイトクライムかつテロ事件であるにもかかわらず、政府は公的に一切非難していない。政府が朝鮮バッシングを継続していることから、むしろ上記ヘイトクライムを黙認しているように見える。

b）文部科学省にはヘイトスピーチ根絶のための特別対策部署もなく、「ヘイトスピーチ解消法」施行後もヘイトスピーチ根絶のための学校教育、社会教育における具体的なプログラムもない。

注

1　Hundreds of hate speech rallies held across Japan annually: Justice Ministry report（Mainichi Japan, March 31, 2016）

https://mainichi.jp/english/articles/20160331/p2a/00m/0na/003000c

2　How should hate-filled statements from candidates on the campaign trail be handled?（Mainichi Japan, October 2, 2016）

https://mainichi.jp/english/articles/20161002/p2a/00m/0na/011000c

3　Japan must root out all false racist rumors during disasters（The Asahi Shimbun, June 21, 2018）

http://www.asahi.com/ajw/articles/AJ201806210026.html

4　Rumours after 2011 Japan earthquake pinned blame on Chinese, Koreans for crimes that didn't happen（The South China Morning Post, March 17, 2017）

http://www.scmp.com/print/news/asia/east-asia/article/2079137/rumours-after-2011-japan-earthquake-pinned-blame-chinese-koreans

5　Lawyers flooded with complaints in row over Korean schools（The Asahi Shimbun, May 18, 2018）

http://www.asahi.com/ajw/articles/AJ201805180042.html

6　Chongryon calls shooting an act of 'inhumane terrorism'（The Asahi Shimbun, March 1, 2018）

http://www.asahi.com/ajw/articles/AJ201803010039.html

7　Korean resident of Japan's legal battle for dignity ends in her favor but problems remain（Mainichi Japan , March 20, 2018）

https://mainichi.jp/english/articles/20180320/p2a/00m/0na/003000c

・Online hate speech case sent to prosecutors for the first time（THE ASAHI SHIMBUN, May 25, 2018）

http://www.asahi.com/ajw/articles/AJ201805250047.html

8  Commenting on the debate over hate speech on government websites（The Japan Times, MAY 26, 2018）

https://www.japantimes.co.jp/news/2018/05/26/national/media-national/commenting-debate-hate-speech-government-websites/#.WzytntX7Tcs

9  Kawasaki issues Japan's 1st guidelines on public facility use based on risk of hate speech（Mainichi Japan, November 10, 2017）

https://mainichi.jp/english/articles/20171110/p2a/00m/0na/001000c

10  Lacking direction from Tokyo, Japan's municipalities struggle to implement anti-hate speech law（The Japan Times, MAY 24, 2018）

https://www.japantimes.co.jp/news/2018/05/24/national/lacking-direction-tokyo-japans-municipalities-struggle-implement-anti-hate-speech-law/#.WzyvcNX7TcsDifferent


## 勧告案

（1）第4条の留保及び法律の制定・改正

a）締約国は、人種差別撤廃条約第4条a項b項の留保を撤回すべきである。

b）国及び地方公共団体は、ヘイトスピーチと効果的に闘い、かつ、被害者の救済を実効化するため、ヘイトスピーチ及び差別的取り扱いを含む包括的な人種差別禁止法・条例を制定すべきである。

c）不特定の集団に対するものを含むヘイトスピーチを明確に法律で禁止せよ。

d）ジェノサイドの煽動や、公人によるヘイトスピーチなど、深刻で悪影響の大きいものについては刑事規制せよ。

e）人種主義的動機による犯罪がヘイトクライムとして対処されるよう法改正すべきである。

（2）ネット対策

a）国及び地方公共団体は、ネット上のヘイトスピーチに対し、市民社会と協力してモニタリングを含む実態調査を行い、ヘイトスピーチを発見した場合には、事業者に対しヘイトスピーチの削除要請を行え。

b）国は、海外大手を含めたネット事業者に対し、自主的、迅速なヘイトスピーチの削除などを要請することを含む協議を行え。

c）国及び地方公共団体は、ネット上のヘイトスピーチについて、公的機関が事業者に発信者情報開示請求ができるよう法整備を行え。

d）国及び地方公共団体は、自らの管理するウェブサイトなどへの差別書き込みに迅速に対応せよ。

（3）その他の対策

a）政府は、ヘイトスピーチ及びヘイトクライムについて、省庁横断的な対策本部を設置し、定期的に実態調査を行い、撤廃に向けての包括的な方針及び計画を立てて取り組むべきである。

b）公人によるヘイトスピーチに対する制裁のための明確な規定及び第三者機関による審査制度を設けよ。

c）国及び地方公共団体は、特定の民族の排斥を名称とするなど、公然と明白に人種差別目的を掲げる団体に対し、政治団体として公認するなど、いかなる形でも後援してはならない。

d）国及び地方公共団体は、ヘイト集会に公的施設を使わせず、かつ、表現の自由の過度の規制にならないよう、第三者機関の審査制度を含む公的施設利用制限に関するガイドラインを制定せよ。

e）国及び地方公共団体は、ヘイトスピーチ及びヘイトクライムが生じた際に、深刻な悪影響のあるものについて、速やかに公的に非難せよ。

f）選挙活動におけるヘイトスピーチに対策を立てよ。

g）国及び地方公共団体は、ヘイトスピーチの認定が恣意的にならないよう、人種差別撤廃に関する専門家及び当事者を含む独立の審査機関を設置せよ。

（4）教育・研修の充実

a）警察は、全国統一のヘイトスピーチ対策プロジェクトチームを置き、全警察官へのヘイトスピーチに関する研修を徹底し、ヘイトデモ参加者の過剰な保護、カウンターへの過剰警備をやめ、ヘイトスピーチ・ヘイトクライム被害者救済及びヘイトスピーチ解消の立場にたって、ヘイトスピーチ実行者に犯罪行為があった場合に厳正に対処せよ。

b）裁判官、検察官、入管職員をはじめとする全公務員には、人権研修一般ではなく、ヘイトスピーチを含む人種差別及びそれに対する国際人権基準などを学ぶよう義務付けるべきである。

c）国は、ヘイトスピーチ根絶のため、ヘイトスピーチを含む日本の人種差別の歴史と実態及び国際人権基準を含む、具体的な人種差別撤廃教育の計画を立てて実行すべきである。それは学校のみならず、公的機関のほか、企業、大学、報道機関、社会福祉施設などにおいて実施されるべきであり、社会のあらゆる領域に人種差別が許されないことが浸透するような内容と方法が採択されるべきである。また、人種差別撤廃教育計画検討の際には、マイノリティ当事者や弁護士会、人権教育の専門家などの意見を聴取すべきである。

作成：外国人人権法連絡会

# 4. 政治家及び公務員による差別的発言

関連する前回勧告パラ：CERD/C/JPN/CO7-9　パラグラフ11

政府レポート該当パラ：なし

勧告は実施されたか：実施されていない。政治家や公務員による差別的発言は続いており、それについて適切な措置は取られていない。

実施された場合、その効果：

## 問題の説明

(1) 大阪府警察本部機動隊員の沖縄蔑視発言を差別表現と認めなかったこと

　報道によれば、2016年10月18日、沖縄県の米軍北部訓練場のヘリコプター離着陸帯（ヘリパッド）移設工事の警備に当たる大阪府警の機動隊員2人が、移設工事に反対する個人に対し、「どこつかんどんじゃ、ぼけ。土人が」、「黙れ、こら、シナ人」とそれぞれ発言した。大阪府警は、この発言が相手方を極めて不快にさせ、警察の信用を失墜させるような不適切なものであるとして、発言を行った警察官に対し戒告の処分を行った。なお、松井一郎大阪府知事は、同月19日、インターネット上で当該発言の動画を見たとして、「表現が不適切だとしても、大阪府警の警官が一生懸命命令に従い職務を遂行していたのがわかりました。出張ご苦労様」とツイッターで投稿した。

　当該発言は沖縄県民に対する差別意識の表れであり、これを擁護するかのような松井知事の投稿について、県内外で抗議が広がった。国会でも、野党議員から政府に対し、「土人」は差別的発言ではないかと質問がなされたが、鶴保庸介沖縄・北方担当相は、「「土人である」と言うことが差別であると断じることは到底できない」と述べた(1)。

　これに対し、複数の野党議員が、「土人」が差別的表現であることについて政府の見解を求め、もし差別的であるならば鶴保氏の答弁の訂正を求めるとした。政府は、警察官の発言は極めて遺憾であり、懲戒処分を行ったことにより適切な対応がなされたとする一方で、「土人」という語が差別的であるか一義的に述べることは困難である、鶴保大臣は、差別であるかは断定できないと言ったもので、その認識は政府共通である、発言の取り下げや謝罪を求めたり罷免することは考えていない、などとする「答弁書」を閣議決定し、差別的発言であることを認めなかった(2)。

　「土人」は、辞書でも「①その土地に生まれ住む人。土着の人。土民。②未開の土着人。軽侮の意を含んで使われた」（広辞苑）とあり、不適切な表現としてマスメディ

アでも使用されていない。

## (2) 麻生太郎氏の「武装難民」発言

　報道によれば、麻生太郎副総理兼財務大臣は、2017年9月23日、講演中、朝鮮半島から大量の難民が日本に押し寄せる可能性にふれ、「武装難民かもしれない。警察で対応するのか。自衛隊、防衛出動か。射殺ですか。真剣に考えなければならない」と語った。これに対し、難民支援に取り組む団体などから、難民を保護する義務を履行しようとする姿勢が日本政府に欠如していることを示す発言であり、また難民があたかも危険な存在であるかのように表現し、不必要に不安を煽るものであるとして、憂慮が示されたり抗議がなされたりした。

　この発言について、政府は、麻生氏が政治家として発言したもので政府として回答する立場にないとし、「有事の際に想定され得る様々な事態について、聴衆の問題意識を喚起する趣旨からなされたものと承知している」との「答弁書」を閣議決定した(3)。

## (3) 山本幸三氏のアフリカ蔑視発言

　報道によれば、山本幸三衆議院議員（元地方創生担当大臣）は、2017年11月23日、他の衆議院議員のセミナーでの来賓挨拶で、その議員がアフリカと長年交流を続けていることにふれ、「何であんな黒いのが好きなんだ」と発言した。また、この発言の趣旨を問われ、「アフリカが「黒い大陸」と呼ばれていたことを念頭にとっさに出た言葉だった。差別的な意図はないが、表現は撤回したい」と説明した。これに対し、アフリカ出身の親を持つ子どもたちや研究者のグループより、「黒い大陸」自体が差別的な表現であるなどとし、反省と謝罪を求める抗議文が出された。

　この発言について、政府は、政治家個人の見解を述べたもので、政府として回答することは差し控えたいとの「答弁書」を閣議決定した 。

注

1　2017年11月8日参議院内閣委員会での田村智子議員の質問に対する答弁。

2　大西健介議員、初鹿明博議員、仲里利信議員の「質問主意書」に対する2017年11月18日付各「答弁書」（内閣衆質192第130号、同131号、同132号）。

3　初鹿明博議員の「質問主意書」に対する2017年11月14日付「答弁書」（内閣衆質195第19号）。

**勧告案**

a) 政治家や公務員により差別的発言がなされた場合は、それを適正に認定し、強く非難し反対するとともに、再発を防止するための適切な措置を取ること。

b) 全公務員に対し、人種差別に関する教育を含む人権啓発を促進する取り組みを強化すること。

作成者：公益社団法人自由人権協会（JCLU）

# 5. 朝鮮学校で学ぶ子どもたちの教育権

関連する前回勧告パラ：CERD/C/JPN/CO7-9　パラ19

政府レポート該当パラ：CERD/C/JPN/10-11　169-175

勧告は実施されたか：されていない

実施された場合、その効果：

## 問題の説明

「高校等就学支援金」制度からの朝鮮学校の除外と地方自治体からの補助金の凍結・縮減

(1)「高校等就学支援金」制度からの朝鮮学校の除外

　2018年3月現在、朝鮮高校以外の42校の外国人高校が同制度の適用対象となっているが、委員会による前回の勧告にもかかわらず、日本政府は依然、10校の朝鮮高校に対して「高校等就学支援金」制度を適用していない。これまで就学支援金を受けられなかった朝鮮高校の生徒数は約5000名にのぼり、被害額は累計で17億8200万円（約1600万ドル）と推定される。

　日本政府は、第10回・第11回政府報告書パラ169-172において、朝鮮学校が「高校等就学支援金」制度の指定基準に「適合すると認めるに至らなかった」ことを除外の理由と述べているが、それは、朝鮮学校除外の理由を明らかにミスリードするもので、批判を免れない。下村博文文科大臣は、2012年12月28日の記者会見で、「（日本と朝鮮民主主義人民共和国の間の）拉致問題の進展がないこと、（朝鮮学校が）朝鮮総聯と密接な関係にあり、その影響が及んでいること、そのため（朝鮮高校審査の根拠となる）法令のハを削除することによって朝鮮高校を除外する」と表明した。すなわ

ち、政治・外交的な理由を掲げて、朝鮮高校を除外したのである。

　政府報告書パラ 172 にある「規程第 13 条の指定基準に適合すると認めるに至らなかったため、不指定処分とした」というのは、正確には、規定ハの削除により、もはや審査が不可能になったことを意味するにすぎない。すなわち、規定ハに基づく審査は、根拠となる「ハ」が削除され、審査不能になったのである。朝鮮学校が必要な要件を満たしていないかの記述は明らかに間違いである。朝鮮高校除外が争われる裁判で、2017 年 7 月、大阪地裁は「ハの削除は（より多くの人に学びを保障する法の趣旨に反し）違法、無効」との原告勝訴の判決を下した（控訴審中）。政府報告が、最も重要な「ハの削除」にまったくふれず、規程第 13 条のみで説明するのは不公正である。なぜなら、同規程はハを根拠に定められており、ハの削除によって、すでに無効になっていたのである。

　2017 年 11 月、第 3 回 UPR 日本審査に際してポルトガルと朝鮮民主主義人民共和国は、日本政府が朝鮮学校にも「高校等就学支援金」制度を適用するよう勧告した（A/HRC/37/15、パラ 161・145、パラ 161・151）。しかし日本政府は、いずれの勧告の受け入れも留意・拒否した。

(2) 地方自治体からの補助金の凍結・縮減

　委員会による前回の勧告にもかかわらず、日本政府は、地方自治体に対して朝鮮学校への補助金支給の再開・維持をうながさなかった。政府報告書のパラ 175 は「国から……直接に地方自治体に対して補助金の再開又は維持を要請することは、適切でない」としているが、驚くべきことに、日本政府は 2016 年 3 月、地方自治体に対して朝鮮学校への補助金支給の停止を事実上うながす「通知」を発出するという、委員会の勧告とは真逆の措置を取った（そこでは、所見パラ 19 にまったく言及せず）。その結果、前回審査時は朝鮮学校が所在する 28 自治体（都道府県）のうち 9 自治体が朝鮮学校への補助金を停止していたが、2018 年 3 月現在、朝鮮学校への補助金を停止した自治体は 14 自治体に増え、朝鮮学校の運営状況はさらに悪化した。委員会の勧告に反した「要請」を、自治体に対して行ったと言うほかない。

(3) 国による財政援助の不在

　条約機関や特別報告者による数々の懸念と勧告にもかかわらず（CERD/C/JPN/CO/3-6、パラ 22 (c)、CCPR/C/79/Add.102、パラ 13、E/C.12/1/Add.67、パラ 60、E/CN.4/2006/16/Add.2、パラ 56、A/HRC/17/33/Add.3、パラ 64）、日本政府はいまだに朝鮮学校に対して国による財政援助を行っておらず、朝鮮学校への寄付者に対して、欧米系のインターナショナルスクールなどへの寄付者と同等の財政的な利益（税制上の

優遇措置）を与えていない。また、朝鮮学校の生徒は各種奨学制度（たとえば、日本学生支援機構の行う奨学金支給）から除外されている。

朝鮮学校は、教育の水準や内容が日本の一般の学校と同等であることの社会的認知が進んでいるのだから、日本政府は朝鮮学校を学校教育法上の正規の学校と同等の学校と認め、上記勧告に速やかに従い、朝鮮学校生徒を各種奨学制度の対象とすべきである。なお、日本政府は、政府報告書パラ173で、要件を満たせば朝鮮学校が正規校として認可を受けることは可能であると主張するが、正規校となるには、民族科目を教える時間が十分に保障されない文部科学省の定める「学習指導要領」に基づくことや、文部科学省による検定済みの日本語で書かれた教科書の使用等が要件となる。これらはいずれも日本人の育成を目的としており、在日朝鮮人が朝鮮学校で自らの言語による教育を行う場合、正規校として認可を受けることは不可能である。

（4）高等教育へのアクセスにおける差別

日本政府は、外国人学校卒業生の日本の大学入学資格について長らく認めてこなかったが、2003年9月の文科省令改正によって、多くの高校レベルの外国人学校卒業生にも大学受験資格を認めた。しかし、外国人学校のうち、朝鮮高校の卒業生については、朝鮮民主主義人民共和国と日本との外交関係がないことと関連する政治的な理由で排除され、朝鮮高校の卒業生は、他の外国人学校卒業生には保障されている大学への一律的なアクセスが保障されなかった。朝鮮高校の卒業生は、いまだに大学や専門学校による個別審査を受けなければならず、なかには受験を拒否されるケースもある。この問題については、委員会がすでに懸念を表明しており（CERD/C/304/Add.114、パラ16）、他の条約機関や特別報告者からも、懸念・勧告が示されている（E/C.12/1/Add.67、パラ60、CRC/C/15/Add.231、パラ49（d）、CCPR/C/JPN/CO/5、パラ31、E/CN.4/2006/16/Add.2、パラ89、A/HRC/17/33/Add.3、パラ81（e））。

（5）教育差別禁止条約への未加入

日本政府は、本委員会による二度の勧告（CERD/C/JPN/CO/3-6、パラ22、CERD/C/JPN/CO/7-9、パラ19）にもかかわらず、ユネスコ教育差別禁止条約加入に向けた検討を進めていない。

**勧告案**

a）締約国の「高校等就学支援金」制度から朝鮮学校が除外されていることは、差別である。締約国がその見解を修正し、適切に、朝鮮学校が「高校等就学支援金」制度の恩恵を受けることができること、及び地方自治体に対して、朝鮮学校への

補助金の支給を再開し、または維持するよううながすという、前回の総括所見パラ19に含まれた勧告を繰り返す。

b) 朝鮮学校を学校教育法に定めた正規校と同等の学校として認め、通常の私立学校と同様に私学助成の対象とすることによって、各種奨学制度の適用対象とし、朝鮮学校への寄付者に他の学校への寄付者と同じ財政的な利益を与え、朝鮮学校に適切な財政援助が確保されるようにすること。

c) 朝鮮学校の卒業証書を直接の大学入学資格として認めること。

d) 国連教育科学文化機関（ユネスコ）の教育差別禁止条約（1960年）に加入すること。

作成者：在日本朝鮮人人権協会

# 6. 永住外国人の出入国の権利

関連する前回勧告パラ：人種差別撤廃条約関連条文：5条（d）(ii)

政府レポート該当パラ：なし

勧告は実施されたか：

実施された場合、その効果：

## 問題の説明

(1) 出入国管理及び難民認定法第26条は、日本から出国する外国人は、事前に再入国を許可された者のみが、滞在資格を失うことなく日本へ帰ることができるとしており、そのような事前の許可は完全に法務大臣の裁量によって与えられている。このシステムは「再入国許可制度」と呼ばれており、日本における第2、第3世代の永住者や日本にその生活の基盤を置く在日朝鮮人のような人びとは、日本を離れる権利と日本に再入国する権利を奪われる可能性がある。

(2) 日本では、出入国管理及び難民認定法によって、外国籍者を対象にした「再入国許可制度」が設けられており、その対象には、日本で出生し、永住資格を持って暮らす在日朝鮮人も含まれる。

(3) 1998年、自由権規約委員会は日本政府に対して「日本で出生した韓国・朝鮮出

身の人々のような永住者に関して、出国前に再入国の許可を得る必要性をその法律から除去することを強く要請」したが（CCPR/C/79/Add.102、パラ 18）、日本政府はいまだに日本で出生した朝鮮人に対しても「再入国許可制度」を適用している。

（4）これまで日本政府は、外国人登録制度下で強制されていた指紋押捺を拒否した在日朝鮮人や、日本の朝鮮民主主義人民共和国に対する「制裁」措置の対象となった一部の在日朝鮮人の「再入国許可」を出さないという差別的な措置を取ってきた。さらには、2012 年 7 月から施行された、一定の条件を満たした外国籍者に対する再入国許可の申請免除措置（「みなし再入国許可制度」(1)）においても、一部の在日朝鮮人を制度的に排除している。

（5）人種差別撤廃条約第 5 条（d）(ii) における「自国」は、「自らの国籍国」のみならず、その者が定住する在住国も包含されると解される。そのため日本政府は、日本で出生した朝鮮人のような永住者が、日本を出国し、日本に戻ることを「権利」として保障すべきである。日本政府の裁量によって、日本で出生した朝鮮人のような永住者の出国及び再入国の権利が剥奪される可能性は除去されるべきである。

注

1 「みなし再入国許可制度」～「特別永住者証明書」もしくは「在留カード」と「有効な旅券」を出国時に所持していれば、「再入国の許可を受けたものとみなす」とし、事前に再入国許可を取らなくてもよいとする制度。しかし、日本政府が認める「有効な旅券」には唯一、朝鮮民主主義人民共和国の旅券が含まれていない。日本で出生した朝鮮人のなかには、韓国旅券を持つ者、朝鮮民主主義人民共和国旅券を持つ者、いずれの旅券も持たない（あるいは持てない）者がいるが、現在の要件では、韓国旅券を持つ者以外は、この「みなし再入国許可制度」の適用が受けられない。なお、台湾やパレスチナは、朝鮮民主主義人民共和国と同様に日本と国交はないが、日本政府は台湾やパレスチナの旅券を「有効な旅券」と認めている。

**勧告案**

a) 日本で出生した朝鮮人のような永住者に関しては、一律に出国前に再入国許可を得る必要性を法律から除去すること。

b) 日本で出生した朝鮮人のような永住者に関しては、一律に「みなし再入国許可」制度の適用を受けられるようにすること。

作成者：在日朝鮮人人権協会

# 7. 外国籍公務員の任用制限・昇進制限

関連する前回勧告パラ：CERD/C/JPN/CO7-9　パラ13
政府レポート該当パラ：CERD/C/JPN/10-11　パラ81・148・149
勧告は実施されたか：されていない

## 問題の説明

(1) 第1回・第2回定期報告32パラにおいて「外国人の公務員への採用については、公権力の行使又は公の意思の形成への参画に携わる公務員となるためには日本国籍を必要とするが、それ以外の公務員となるためには必ずしも日本国籍を必要としないものと解される」と報告し、勧告に対しても、このフレーズを繰り返しているばかりである。

(2) 日本において、外務公務員法（1952/3）以外の国家公務員法（1947/11）、地方公務員法（1951/2）には外国籍者を排除する国籍条項はない。

(3) しかし、1953年、政府は、国家公務員について「法の明文の規定が存在するわけではないが、公務員に関する当然の法理として、公権力の行使又は国家意思の形成への参画に携わる公務員となるためには日本国籍を必要とするものと解すべき」として、外国籍者を国家公務員から排除した。

(4) 政府は、この見解を「当然の法理」と呼ぶ。「当然の法理」は、法の明文の規定がなくても外国籍者を排除できるものであり、法の支配を否定するものである。また、明らかに国際人権諸約に反すると言える。

(5) 政府は、1973年に「当然の法理」の見解を拡大解釈させ、地方公務員にもこの見解を拡大した。国家公務員では「公権力の行使又は国家意思の形成への参画」であったものを、「地方公務員の職のうち公権力の行使または地方公共団体の意思の形成への参画」として、これらに携わるものについては、日本国籍を必要とするとした。

(6) しかし、この基準は極めてあいまいであり、地方公共団体の外国籍者任用は、国籍による制限はなく職種・職階も影響を受けないにもかかわらず、「当然の法理」が

根拠となって任用制限・昇進制限が設けられている。また、一部職種に国籍条項が残されているところと、国籍条項を設け外国籍の受験そのものを認めないところとに分かれている。

(7) たとえば任用に制限を設けている横浜市では、要綱を作り、「公権力の行使」を理由に、市民の権利や自由を一方的に制限したり、義務や負担を一方的に課したり、強制執行したりする業務には制限が設けられている。「公の意思形成への参画」を理由に企画・立案・決定に関与し専決権を有する課長以上の職、市の基本政策の決定に携わる係長以上の職に外国籍職員は就けないとしている。そのため市民に身近な税務や福祉や保険年金など多くの業務から外国籍職員が排除されている。また衛生監視員と消防職には国籍条項が設けられている。

(8) 東京都保健師の外国籍職員が国籍を理由に管理職試験を受験できないことから訴訟を起こすが、2005 年最高裁は「当然の法理」の見解を支持する判決を下している。しかし、日本は個人通報制度を認めていないので国連にアピールできない。

(9)「当然の法理」や最高裁判決の影響もあり、2016 年に行われた共同通信社による「外国人住民に関する全国自治体アンケート」によると、行政職（一般事務職）で外国籍者でも受験可能としているのは、都道府県で 23.4％、市区町村で、32.2％にとどまっている。自治体ごとに公務員受験ができたり、国籍条項があって受験すらできないなど、人権の普遍性をまったく欠いた状況にある。

**勧告案**

a) 日本政府は、市民でない者に対する差別に関する一般的勧告 30（2004 年）に基づき、これまでの政府見解（当然の法理）を破棄し、外国籍公務員の任用制限・昇進制限を撤廃すること。

作成者：兵庫在日外国人人権協会、かながわみんとうれん

# 8. 外国籍教員任用の差別的取り扱い

関連する前回勧告パラ：CERD/C/JPN/CO7-9　パラ13
政府レポート該当パラ：CERD/C/JPN/10-11　パラ81・148・149
勧告は実施されたか：されていない

## 問題の説明

(1) 日本の小学校（6年制）、中学校（3年制）、高校（3年制）の専任教員総数90万3569人のうち、88万1080人が公立学校教員で90.5％を占める（2016年5月現在）。公立学校教員は地方公務員の地位にあり、地方公務員法上では国籍を理由とする排除の規定は存在しないにもかかわらず、国籍を理由に差別されている。

　現在、外国人教員は、約300人と推定される（政府は公表しない）。人口統計から見ると、公立学校に外国人教員が1万5000人ぐらい任用されていてしかるべきと考えられる。

(2) 外国人教員の差別の理由は、「公権力の行使又は公の意思の形成への参画に携わる公務員となるには日本国籍を必要とする」（政府報告パラ81）とされる。公立学校教員は、47都道府県及び20政令指定都市の教育委員会により任用され、以前は採用試験の受験を可とする自治体と不可とする自治体に分かれていた。文部省は1991年3月、「外国人の受験を認めるとし、合格者は「任用の期限を付さない常勤講師」（以下、常勤講師と言う）として任用するように」との「通知」を各自治体に発し、今日に至っている。なお、日本人合格者は「教諭」として任用されるため、はっきり「区別」される。

(3) 外国人「常勤講師」は、日本人「教諭」と同じ教員免許を持ち、同じ採用試験に合格しながら、長期に勤務しても、昇進はできず（管理職はもとより教務主任や学年主任に就くことも許されず）、児童生徒の指導以外の公務参画は認められない。しかも2007年の学校教育法改正により、校長、副校長、主幹教諭、指導教諭、教諭と職階が細分化され、それにともない給与表も改正された。その結果、外国人は定年まで「常勤講師」で、これらの職階から外されるため、校長で定年退職を迎える日本人教諭との生涯賃金の格差は、各種手当を含め1800万円となる（政令指定都市・横浜の試算）。

88　審査に向けて

(4) 日本には、公立学校のほかに認可された学校法人が運営する私立学校があるが、その教員は「公務員」ではなく、国籍を理由とする異なった処遇を受けることはまったくない。公立学校と私立学校との間に、教員の職務において何らかの差異があるとは考えられない。従って、両者の間における、国籍を理由とする差異的取り扱いには、何らの合理性もないのである。

(5) 日本の労働基準法第3条は、「使用者は、労働者の国籍、……を理由として、賃金、……労働条件について、差別的取り扱いをしてはならない」と明文で定めている（119条に罰則も）。また、日本弁護士連合会は、2012年3月、外国人教員の救済申し立てを審査したうえで、現状は「憲法第14条に反する不合理な差別的取り扱いであり、また教員を目指す外国人の、憲法第22条が保障する職業選択の自由を侵害するもの」として、文部大臣にその是正を勧告したが、政府はまったく無視している。

**勧告案**
a)「市民でない者に対する差別に関する一般的勧告30」（2004年）を想起し、外国人教員に対する差別的取り扱いをすべて撤廃すること。

作成者：兵庫在日外国人人権協会、かながわみんとうれん

# 9. 外国人の国民年金制度へのアクセス―年金制度からの在日コリアン等の高齢者と障害者の排除・差別

関連する前回勧告パラ：CERD/C/JPN/CO7-9　パラ14

政府報告書：CERD/C/JPN/10-11　パラ165

勧告は実施されたか：法改正は何もなされていない

**問題の説明**
(1) 1941年制定の厚生年金法（勤務者を対象）には「国籍条項」があり、外国人は対象外とされていたが、占領当局の指令により1946年同項が削除され、外国人も対象とされ現在に至る。

(2) 1959 年制定の国民年金法（非勤務者を対象）に「国籍条項」が登場し、再び外国
人は対象外とされた。当時、日本で暮らす外国人の大半は、1952 年の対日平和条約
発効を機に「日本国籍」を喪失するとされた在日コリアンだった（約 65 万人）。

(3) 1981 年、日本の難民条約批准にともない国民年金法の「国籍条項」が削除され、
外国人も対象とされた。しかし、無年金者の発生を防ぐための経過措置は設けられな
かった。

(4) 国民年金法は、一定期間保険料を納付し、所定の年齢に達して年金を受領する制
度である。従って、以前の制度発足時、対象者拡大時（たとえば、沖縄の日本復帰時、
中国在留邦人の日本帰国時）には、無年金者が発生しないような経過（救済）措置が取
られた。しかし、難民条約批准時には、こうした経過（救済）措置が取られなかった。
　そのため、1982 年 1 月 1 日で 20 歳以上の在日コリアン等の外国人障害者は制度的
無年金のまま放置された。

(5) 1986 年、国民年金法改正があったが、この時も外国人無年金の救済措置が取ら
れなかったため、1926 年以前に生まれた在日コリアン等の外国人高齢者が無年金の
まま放置された。

(6) 在日コリアンの無年金障害者及び無年金高齢者は、日本の裁判所に、「国籍によ
る差別」の是正を求めていくつもの訴訟を提起したが、裁判所は、国の広い裁量権を
認め、国際人権諸条約も直接的拘束力がないとしてすべて敗訴判決を下し、いずれも
確定した。日本政府は、国連への個人通報制度を受諾していないので、日本の外国人
無年金者は国連人権機関に訴えることもできない。

(7) 日本政府は、2004 年に「特定障害者に対する特別障害給付金の支給に関する法
律」を制定し、学生時代に年金未加入で障害を負い無年金になった日本人には救済措
置を取った。この法律は、学生無年金障害者が救済を求めた裁判で勝訴したことを受
けて制定された。学生無年金者は、たまたま年金未加入のため無年金障害者となった
が、特別立法により日本人は救済された。
　在日コリアンの無年金障害者は、「国籍条項」により加入不可能のため無年金と
なったにもかかわらず、司法は救済しなかったのである。しかも、2004 年の特別立
法でも、在日コリアンの無年金障害者は対象外とされた。かろうじて、同法附則で
「無年金外国人への措置を検討する」とされたが、すでに 14 年になるが、いまだに放

置されたままである。

(8) 2008年10月30日、自由権規約委員会「総括所見、パラ30」、2006年1月24日、ドゥドゥ・ディエン「現代的形態の人種主義、人種差別、外国人嫌悪及び関連する不寛容に関する特別報告者」の報告書、本委員会の前回勧告（パラ14）、また日本も2014年に批准した障害者権利条約第28条は、「締約国は、障害者が、自己及びその家族の相当な生活水準についての権利並びに……障害に基づく差別なしにこの権利を実現することを保障し、及び促進するための適当な措置を取る」と定めている。

　日本政府は、在日外国人の無年金者の置かれている現状を早急に是正すべきことについて、いくつもの勧告を受けているが、いまだ何の措置も行っていない。

　年金制度の財源の基本は、2分の1が保険料で、2分の1が税金で賄われている。日本で暮らすすべての外国人は納税義務を負っており、納税においては、一貫して「国籍条項」もなければ、「国籍による差別」もないのである。

(9) このように、在日コリアン等外国人の無年金障害者及び無年金高齢者が、「尊厳と権利について平等である」（世界人権宣言第1条）ことを実現するために、日本国政府は、可及的速やかにその差別是正措置を取ることが必要なのである。

**勧告案**
a) 1982年1月1日に20歳以上であったことにより外国人無年金障害者となった者、及び1986年4月1日に60歳以上であったことにより外国人無年金高齢者となった者の双方について、いずれも年金が受給できるように、法改正も含めた救済措置を可及的速やかに行うこと。

作成者：無年金全国連（正式名称：年金制度の国籍条項を完全撤廃させる全国連絡会、田中 宏）

# 10. 一般公衆場所への入場拒否

関連する前回勧告パラ：CERD/C/JPN/CO7-9　パラ15
人種差別撤廃条約第2条及び第5条
政府レポート：CERD/C/JPN/10-11　パラ177-179
勧告は実施されたか：されていない

**問題の説明**

　日本においては、一般の使用を目的とする公共の場所及び施設から、人種または国籍を理由として入場を拒否することが禁止されるとの明文上の規定はない。この点、政府報告書の記載のように、交通・宿泊分野では、事業者が正当な理由なく役務提供を拒絶してはならないとの規定があるが、その他の公共の場所及び施設からの入場・入店拒否の場合については、明文上は禁止されていない。

　この点、法務省『外国人住民調査報告書』（2017年3月）によると、過去5年間に日本においてお店やレストランなどへの入店やサービスの提供を断られた経験がある者は、アンケート回答者の6.2％を占めた。

　最近でも、たとえば、2017年11月に、化粧品大手ポーラの国内販売店で、「中国の方、出入り禁止」と書かれた紙が、販売店のガラス戸に貼られていたと報告されている[1]。

　また、2016年10月には、大阪の寿司店が、韓国人観光客に対しては嫌がらせの目的で、「わさび」を大量に入れていたという事件も報告されている。

**注**

1　https://www.bengo4.com/kokusai/n_7066/

**勧告案**

a）法の実効的な適用を確保することによって、公共の場に対するアクセスにおける差別からの日本国籍でない者の保護のための適切な措置を取ること。
b）差別行為を調査・制裁し、関連する法の要件に関する公的な啓発キャンペーンを強化すること。

作成者：弁護士　金昌浩

# 11. 在日コリアンと移住者に対する入居差別

関連する前回勧告パラ：前回勧告なし、人種差別撤廃条約第5条（e）(iii)
政府レポート：CERD/C/JPN/10-1　パラ160・161・162、条約第5条の不履行

## 問題の説明

日本で暮らす外国人にとって「居住の自由」は、最も基本的な権利である。しかし日本においては、あらゆる形態の入居差別を禁止して「すべての人」の居住権を保障する規定を明文化した法律はない (1)。

法務省『外国人住民調査報告書』(2017年3月)によると、過去5年間に日本で住む家を探した経験のある外国人2044人のうち、「①外国人であることを理由に入居を断られた」人は42.8%、「②日本人の保証人がいないことを理由に入居を断られた」人は46.0%にものぼっている (2)。それを「国籍・地域」別に見ていくと、特にアジア圏出身の中国51.0%、朝鮮 (3) 50.0%、ベトナム46.4%、台湾43.8%、タイ53.1%、インド46.7%、ミャンマー41.7%の人びとが「外国人であることを理由に」入居差別に遭っている。

さらに、入居差別を経験したと回答した外国人の日本語能力を見ていくと、「日本人と同等に会話できる／仕事、学業に差し支えない程度に会話できる／日常生活に困らない程度に会話できる」外国人、計90.9%が入居差別を受けている。つまり、日本語ができるかどうかではなく、「外国人だから」という理由だけで、入居差別に遭っているのである。

日本生まれの3世・4世が中心となっている在日コリアンであっても、27.2%が入居差別を受けている。また、日本人のパートナーがいる外国人であっても、その31.5%が「日本人の保証人がいないことを理由に」入居を拒否されている。

1970年代以降、在日コリアンを中心に、入居差別に対する闘いがあり、公営住宅の国籍条項が撤廃された。民間賃貸住宅の入居差別に対しても、裁判に訴えて勝訴した (4)。

一方、政府（国土交通省）は2009年、外国人が民間賃貸住宅に円滑に入居できるよう「ガイドライン」を作成して地方自治体と不動産業を指導するとともに、入居差別を是正するよう通達を出してきた (5)。

それにもかかわらず、在日コリアンや移住者に対する入居差別のひどい現実は、改められることなく、連綿と続いているのである。

### 過去5年間で入居差別に遭った外国人

|  | 全体 | 中国 | 韓国 | 朝鮮 | フィリピン |
|---|---|---|---|---|---|
| ①外国人であることを理由に入居差別 | 42.8% | 51.0% | 29.8% | 50.0% | 36.5% |
| ②日本人の保証人がいないことを理由に入居差別 | 46.0% | 57.4% | 31.5% | 42.9% | 35.0% |

【出典】法務省『外国人住民調査報告書』のエクセル表から作成

注

1　日本政府が2017年11月、NGOに提出した文書「第10回・第11回人種差別撤廃条約政府報告の『各分野における関係法令』」（外務省総合外交政策局人権人道課）でも、公営住宅の入居者資格を定める関係法を挙げているだけで、民間住宅における入居差別を禁じる法令を明示していない。

2　無回答を除いた数値を母数とした割合。以下同様。

3　在日コリアンは身分証明書（在留カード・特別永住者証明書）に、「韓国」あるいは「朝鮮」と表示されている。ここでの「朝鮮」は、朝鮮民主主義人民共和国の国籍を示すものでない。外国人登録制度が実施された当初（1947年）は、朝鮮半島出身者はみな「朝鮮」と表示された。

4　日本では国内人権機関がなく、外国人は裁判に訴えて闘うしかなかった。これまでの裁判は下記のとおり。

◆大阪地裁は1993年、マンションの賃貸借につき手付金5万円を支払い入居申し込み後、外国籍を理由に契約締結拒否した家主・不動産仲介業者に対して、契約締結拒否は合理的な理由がなく、契約準備段階での信義則上の義務違反だとして、慰謝料20万円＋諸費用6万円の支払いを命じた。

◆さいたま地裁は2003年、インド国籍者の電話での賃貸物件の問い合わせに対して、不動産業者の従業員が「肌の色は普通の色か」「普通の色とは日本人の肌のような色」と言ったことに対して、慰謝料等50万円を命じた。

◆神戸地裁尼崎支部は2006年、賃貸借契約の拒否は国籍を一つの理由とするもので、憲法第14条1項の趣旨に反する不合理な差別であり、社会的に許容される限度を超える違法なものとして、慰謝料22万円を命じた。

◆京都地裁は2007年、日本国籍ではないことを理由に物件を賃貸しないこととした賃貸人に対して、慰謝料等110万円を命じた。

◆入居差別の不当性と地方自治体の無作為を問う裁判で、前者については家主が法廷で謝罪することによって和解したが、後者について大阪地裁は2007年7月、「人種差別撤廃条約発効（1996年）から入居拒否が生じた時点（2005年）までにおいて、私人間の人種差別行為を禁止するために立法措置を取ることが最後の手段として必要不可欠な状況に至っている、と評価することはできない」として、原告の訴えを退けた。

5　国土交通省は2009年、「あんしん賃貸支援事業と外国人の民間賃貸住宅入居円滑化ガイドライン」を作成し広報してきた。また2017年9月14日には、全国宅地建物取引業協会連合会や全日本不動産協会などに対して、「障害者差別解消法」「ヘイトスピーチ解消法」「部落差別解消推進法」が施行されたのにもかかわらず、「いまだ一部において人権の尊重の観点から不適切な事象が見受けられる」として、通知「不動産業に関わる事業者の社会的責務に関する意識の向上について」を出した。

**勧告案**

a) 外国人に対する入居差別を禁止する法制度をただちに制定すること。

b) 外国人の居住実態と住宅環境を調査し、総合的な住宅政策を策定すること。

作成者：マイノリティ宣教センター

# 12. 移住労働者・技能実習制度

関連する前回勧告パラ：CERD/C/JPN/CO7-9　パラ12

政府レポート該当パラ：CERD/C/JPN/10-11　パラ46-48

勧告は実施されたか：

1. 「移住者の就業状態を改善するために、法令を強化すること」については、特段の法令強化は実施されなかった。

2. 「技能実習制度を改革するための適切な方策を講じること」については、「外国人の技能実習の適正な実施及び技能実習生の保護に関する法律」を制定した。

実施された場合、その効果：

　法律は制定されたが、技能実習制度における「技能移転による国際貢献」という建前と、人手不足の「中小零細企業における労働力確保策」という実態との乖離には、何らの変化もない。

　人権侵害行為に対する罰則の規定や、外国人技能実習機構の新設による実地検査、相談・申告等への対応もなされたが、罰則には技能実習生の意に反する強制帰国に対するものは規定されておらず、また送り出し機関およびその関係者に対する罰則も規定されていない。このため、強制帰国は同法施行以降も継続しており、改善は見られない。

　また、外国人技能実習機構は、全国に13カ所の地方事務所を置き、計346人の体制であるが、2000を超える監理団体、4万近い実習実施者を十分に管理するにはまったく不十分である。

　さらに、技能実習生が来日前に多額の借金を背負わされている構造に変わりはなく、債務奴隷的な状況も何ら改善されていない。

## 問題の説明

(1) 外国人労働者の概況

　日本における外国人労働者数は、2017年10月末現在、旧植民地出身者である特別永住者を除いて128万人ほどであり、前年比19.5万人（18.0％）も急増している。定

住外国人以外では、留学生などのアルバイト（資格外活動）及び技能実習生がそれぞれ全体のほぼ20％を占めており、主要な労働力となっている。

　技能実習生数を見ると、在留者数では2014年は16万7626人であったが、17年には27万4233人と3年間で63.6％も増加している。新規入国者数では、14年は8万2533人であったが、17年には12万7688人と54.7％も増加している。

　外国人労働者の増加は、日本社会の人口減少や人手不足を反映したものであり、今後も継続した傾向となることが予想される。

(2) 技能実習の実態
　技能実習制度における人権侵害は後を絶たず、外国人労働者の支援団体には深刻な相談が寄せられている。
①低賃金、賃金不払い、長時間労働
　最低賃金レベルにとどまる低賃金に加えて、賃金不払いも横行している。また、受け入れ企業が倒産した場合には、賃金立替払の制度はあるものの、期間的に6カ月間しか補償されず、不十分なものとなっている。

　厚生労働省による調査でも、「実習生8名を月額6.5万円程度で雇用し、最低賃金額以下の賃金しか支払っていない」「時間外労働に対して、実習1年目は時間単価が300円、2年目は400円、3年目は450円の支払」「技能実習生4名に、最低賃金額未満の賃金及び不払の割増賃金、総額約520万円」「繁忙期の人手不足で、実習生11名に1カ月、最長130時間程度の違法な時間外労働」などが確認されている。
②強制帰国、債務奴隷
　近年めだって多いのが、技能実習生が労働条件や居住環境などについて不満を述べたり権利主張した場合に、技能実習生の意に反して帰国させる強制帰国である。強制帰国は、単に技能実習を受ける権利を剥奪するばかりでなく、来日前にさまざまな費用のため多額の借金（たとえば、国別で最も多いベトナムでは、年収の4～5年分に相当する100万円以上）を背負ってくる技能実習生にとっては、途中帰国の結果、その多額の借金が残ることになる。そのため、受け入れ企業や監理団体による「帰国させるぞ」という言動が技能実習生に極めて恐怖を抱かせるものとなり、技能実習生の正当な権利主張を抑制し、技能実習の問題点を潜在化させる主要な手段となっている。こうして技能実習生は、債務奴隷的状況に置かれている。
③保証金、暴言・暴行、除染労働
　従来よく見られた保証金は、2017年ぐらいから表面的には少なくなっている。しかし、事前研修費用や手数料などに形を変えており、来日する技能実習生の借金額は減少していない。

また、技能実習生に対する暴言、暴行も多く、法務省も「建設業を営む実習実施機関の従業員が、技能実習生に対して、「日本語を理解しない」等を理由に叩く、殴る、蹴る等の暴行を恒常的に行っていたことが判明した」などと報告している。2017年には、カンボジア人技能実習生が暴言・暴行を受け、うつ病になったケースで、労働災害が認定された。

　さらに、2018年になって明らかになったのは、2011年に発生した東日本大震災のため原子力発電所から広い地域にわたって拡散した大量の放射能汚染を取り除くために行われている除染作業に、技能実習生が従事していたことである。来日前に何ら説明されていなかっただけでなく、技能実習生に除染作業の危険性を知らせず、十分な放射線管理もなされていなかった。除染作業は、技能実習が目的とする技能移転にはまったく結びつかないものである。


(3) 新たな法制定の効果

　新たに制定され2017年11月1日に施行された「外国人の技能実習の適正な実施及び技能実習生の保護に関する法律」（以下、技能実習法と言う）により、人権侵害行為に対する罰則、監理団体に対する許可制、技能実習計画の認定制、外国人技能実習機構の新設による実地検査や相談・申告への対応、実習先変更支援などが定められた。他方、技能実習生を雇用できる期間が最長3年から5年に延長されるとともに、受け入れ枠が大幅に拡大され、常勤職員が6人の受け入れ企業でも最大36人まで技能実習生を受け入れることができるようになった。

①規制策の実効性

　監理団体に対する許可は、2018年5月25日現在で、優良とされ5年間の受け入れができる一般監理事業が783団体、従来どおり3年間までの受け入れとなる特定監理事業が1361団体、計2144団体に出ている。これは、申請したほぼすべての監理団体が許可されたことを意味しており、許可制によるチェックは機能していない。

　実地検査は、監理団体に対し年1回、実習実施者に対し3年に1回程度とされており、これでは実効的な管理監督はできない。

　技能実習生の低賃金労働に関しては、「日本人の賃金と同等以上であること」について実習実施者に説明責任が課されることになったが、「同等以上」の判断基準が相対的かつあいまいであるため、改善は望めない。

②強制帰国への対応

　人権侵害行為に対する罰則には、前述した強制帰国に対するものは規定されておらず、また送り出し機関及びその関係者に対する罰則も規定されていない。このため、強制帰国に減少の兆候は見られず、送り出し機関による搾取というべき技能実習生の

多額の借金も減っていない。

　日本政府は、法制定に先立って強制帰国を防止するため、2016年9月から技能実習生の途中帰国時に出国窓口における「意思確認票」でのチェックを始めた。しかし、2017年12月までに累計26件しか申出がなく、また強制帰国と認定されたケースはゼロである。年間1万数千人に及ぶ途中出国者について、有効な対応策とはなっていない。

③実習先の変更

　技能実習法により3年目から4年目に移行する段階で、実習先の変更が可能となったが、それ以外の機会に実習先を変更することは原則としてできない。しかし、実習先の変更ができないことは、受け入れ企業に対する技能実習生の立場を著しく脆弱にし、人権侵害を引き起こしやすい環境を生み出している。従って、実習先に問題があった場合に、より柔軟に実習先の変更ができる制度に改める必要がある。

④二国間取り決めの効力

　技能実習法の施行を受けて、同法に基づく「基本方針」において二国間取り決め（協力覚書：Memorandum of Cooperation）が締結されることとなった。これにより送り出し国の協力を得て、送り出し機関等への規制を図ろうとしている。しかし、この取り決めには法的拘束力はなく、また締結されなくてもその国からの技能実習生の受け入れは継続されることから、送り出し機関に対する規制は送り出し国次第となり、その実効性は確認できない。

　以上のように、新たな法制定による制度改善の効果が極めて弱いことから、技能実習生の奴隷的状況に対する改善は確認できない。


**勧告案**

a）新たな法制定にもかかわらず、著しい改善が見られないのであれば、人権侵害の温床になっている技能実習制度は廃止して、適正な外国人労働者受け入れ政策に転換すること。

b）技能実習制度が継続している間は、少なくとも法改正をして、強制帰国及び送り出し機関に対する罰則の規定、実習先変更の柔軟化、二国間取り決めへの法的拘束力の付与、外国人技能実習機構の人的・組織的体制の強化などを図ること。

c）新たな法制定にともない技能実習制度の拡大もなされているが、制度改善が検証できるまでは、拡大策を凍結して技能実習生に対する人権侵害を最小限にすること。


作成者：移住者と連帯する全国ネットワーク

# 13. 移住女性およびマイノリティ女性に対する暴力

関連する前回勧告パラ：CERD/C/JPN/CO7-9　パラ17

政府レポート該当パラ：前回勧告でパラ17はフォローアップ項目に指定され、2016年8月に政府は委員会にフォローアップ報告を提出。委員会は2016年12月の日本政府宛書簡で、再度の勧告と報告を日本政府に求めた。しかし今回の政府レポートにはパラ17に関する追加の報告はない。

勧告は実施されたか：2014年以降、特に新しい施策は講じられていない

実施された場合、その効果：

## 問題の説明

　2014年の総括所見パラ17においては、移住女性を含むマイノリティ女性に対するあらゆる暴力に対する訴追や被害者の救済保護のための適切な措置について、及び移住女性に対する在留資格取り消し制度の見直しについて勧告が出た。

　しかし、2014年8月以降、移住女性への暴力に関する新たな施策は取られていない。移住女性に対する暴力、DV施策の立案に必要な実態調査さえ行われておらず、日本政府による暴力の訴追や救済と保護に関する具体的な取り組みはない。

　移住女性のDV被害に関しては、厚生労働省による一時保護者数のデータと外国籍女性・日本籍女性の人口比率から、移住女性が日本人女性と比較して5倍に近い割合で保護されている実態が明らかになっている。DV防止法は「国籍を問わず、被害者の人権が尊重される」旨を謳っているが、その具体的な施策についてのナショナル・ミニマムスタンダードは存在しない。移住女性被害者への支援策は、各自治体の努力に任されており、一部の先進地域をのぞき、取り組みは遅れている。

　警察におけるDV加害者の検挙については、相談や告発した被害者の外国籍・日本国籍別の統計がなく、移住女性に対する暴力被害の訴追の実態把握は不可能である。

　移住女性DV被害者の在留資格の保障については、2014年以降、CERD以外に、自由権規約委員会（2014年7月）、女性差別撤廃条約委員会（2016年2月）からも勧告が出されている。

　CERDの総括所見では、とりわけ改定入管法における配偶者の在留資格取り消し制度（同法第22条の4第1項）がDV被害女性に与える影響についての懸念を強調し、制度の見直しを勧告している。

　配偶者の在留資格取り消し制度の問題点は、実際の取り消しの件数（2014年31件、2015年30件、2016年32件、2017年23件）の多寡ではなく、この制度の存在により、取り消しの対象となりうる在留資格「日本人／永住者の配偶者等」を持つ多数の移

住女性が脅威を覚え、DV 被害から逃れることを躊躇し、被害を深刻化させる要因となっていることにある。

　日本政府は、DV 被害者については、在留資格取り消しの除外対象となる旨を説明するが、この除外規定は当事者には周知されておらず、また当事者が入管に事情を説明することは難しい。そのため、婚姻中であり DV 被害を受けて遺棄されているにもかかわらず、在留資格を取り消された事例等が NGO に報告されている。この取り消し制度については、事前に本人に意見聴取をする旨が規定されているが、本人への意見聴取の実態は、一切明らかにされていない。

　なお、日本政府は、DV 被害者の在留資格について、入管局内に「DV 事案に係る措置要領」を定め、DV 被害者を認知した場合には、被害者の保護を第一に、在留資格の更新や変更について特別な配慮を行っていると説明する。しかしながら、全国の入管局における DV 被害者認知件数は、2014 年 75 件、2015 年 95 件、2016 年 64 件と、潜在する被害者数の氷山の一角にすぎない。この背景には、入管局に移住女性当事者が DV 被害を申告しやすい環境がないこと、また職員にも DV 研修が十分行われておらず、措置要領の存在が十分に周知されていないことがあると考えられる。その結果、弁護士などが文書提出などにより事情を説明した事案など、限られたケースでしか DV 被害者として認知されていない。そのために DV 被害者であっても、在留資格の更新や変更が認められず、帰国をせざるを得ないケースや泣き寝入りを強いられるケースも多数存在する。

　CERD は日本政府に対し、2016 年 12 月 22 日付のフォローアップ報告への返信の書簡のなかで、「総括所見段落 17：（前略）移住女性、マイノリティおよび先住民族の女性に対するドメスティック・バイオレンスの予防と抑止を目的とした措置が不足していることを遺憾に思います。そのため委員会は締約国がそのような措置に関して、そしてそれらが増加傾向にある警察への通報率に与えた影響に関して、詳しい情報を次回の定期報告書で提供するよう求めます。（中略）委員会はドメスティック・バイオレンスの被害者である外国人配偶者は実際には在留許可の取り消しを恐れて警察への届け出に消極的であることに引き続き懸念しています。そのため委員会は締約国が次回の定期報告書でこの問題に取り組む措置に関して適切な情報を提供し、以前委員会が勧告したように在留資格に関する法制の見直しの計画について報告するよう求めます」と指摘している。日本政府は再度の委員会の要請に対し、誠実に対応すべきである。

## 勧告案

a) 移住女性の暴力被害と加害者訴追の実態把握のため、警察における被害女性から

の相談、告発について外国籍・日本国籍別データを取ること。

b）入管法第 22 条の 4 第 1 項の配偶者の在留資格取り消し制度について、移住女性
　　DV 被害者保護の観点から見直すこと。

c）DV 被害者の在留資格保持への配慮のため、入国管理局における DV 被害者の認
　　知度を高めるような対策を講じること。

作成者：移住者と連帯する全国ネットワーク

# 14. 庇護申請者と非正規滞在者の入国管理局の行政拘禁による長期収容

関連する前回勧告パラ：CERD/C/JPN/CO7-9　パラ 23（a）（b）

政府レポート該当パラ：

勧告は実施されたか：されなかった

## 問題の説明

入国管理局による 2015 年以降の数度の難民認定手続きの運用見直しによって、難民認定申請者（庇護申請者）が在留期限などとして収容されることが多くなった。その結果、収容された難民認定申請者の収容期間の長期化が問題となっている。

これとともに非正規滞在者で退去強制令書が発付されている者の長期収容も問題となっている。長期収容されている者は、退令が執行されると家族分離となるので退去強制に応じない者、また、退去強制されると出身国で政府やその他からの迫害によって身体生命に危険を感じて退去強制を忌避している人びとである。またベトナム戦争後のベトナム難民などの無国籍者や国籍国政府が身柄の引き取りを拒否している者などの送還不能者もいる。

難民認定申請者や非正規滞在者の長期収容が問題となった 2000 年代には、市民社会からの批判を受けて入国管理局が対応を変更した。2010 年以降は、6 カ月収容の後に、各収容施設が法務省入国管理局に被収容者についての報告を行うとされ、その結果として長期収容者は減少傾向にあった（2010 年 7 月 27 日付、法務省入国管理局長名の通達「法務省管警第 172 号」）。

ところが 2015 年 11 月ころから再び収容代替措置の一つである仮放免が許可されな

くなり、それとともに長期収容者が増加していった。仮放免とは退去強制令書が発付されている者で、退令執行まで在宅して待機する者とされている。しかし退去強制が不能な者や迫害のおそれ、家族結合を求めるなど一定の理由のある者では、仮放免期間が10年を超える者も増えており、最長では17年の者もいる。この仮放免を認められている者は2017年9月末で3194人となっている。

ところが、2015年9月18日に出された法務省入国管理局長名の通達「法務省管警第263号」以降、仮放免がほとんど認められなくなっていた。通達は「退去強制令書により収容する者の仮放免措置に係る運用と動静監視」と題するもので、この通達の結果として6カ月以上の収容者が急速に増加した。その数は2014年10月現在の301人から2017年10月現在には474人となった。しかも最長の被収容者の収容期間は5年を超えていて、他の収容施設でも収容期間が4年や3年を超える者が複数いる。収容されている難民不認定者や非正規滞在者で送還の見込みのたたない者でも、入国管理局が適当と認めない者は仮放免しないと通達には書かれている。

出入国管理及び難民認定法では退去強制令書が発付された者の収容については、入国管理局の判断で無期限に収容できるとなっている。行政機関だけの判断でこれだけ長期の収容は恣意的拘禁として許されるものではない。収容の可否を裁判所が判断しない長期の行政拘禁は容認されるものではない。

「収容期限という出口の見えない入国管理局の収容は精神的にとてもつらい」と被収容者は証言する。2018年4月13日に難民認定申請をしていたインド人が収容施設（東日本入国管理センター）で自殺した。彼は自殺する約1カ月前に仮放免申請が不許可とされていた。その後もこの収容施設では3人が自殺を図っている。

医療についても問題が多いと被収容者からの訴えもあいついでいる。2014年3月29日にイラン人男性が、3月30日にカメルーン人男性が、それぞれ適切な治療を受けられずに死亡した。2014年11月22日にスリランカ人男性がやはり適切な対応がなされずに死亡している。また、2017年3月25日に同じ東日本入国管理センターでベトナム人男性が、くも膜下出血で死亡した。1週間前から異変を訴えていたが適切な治療が行われずに死亡した。収容施設内で発生した死亡事件については、事実を明らかにすることが今の状況では非常に困難である。第3者による権限ある調査、あるいは現在のものとは異なる、独立性を持つ「入国者収容所等視察委員会」の調査もなく、入国管理局による報告だけしか出てこない。

大村入国管理センターでは現在も椎間板ヘルニアで動けない中国人男性が痛み止めだけを投与され、その他の治療を受けられずに収容され続けている。このままでは後遺症で障害が残る恐れもあると中国人男性は心配している。ところが、入管職員は収容に耐えられないなら帰国を選べと絶えず被収容者たちに圧力をかけている。このよ

うに期限のない入国管理局の行政拘禁は被収容者を精神的肉体的拷問と呼べる状態に追い込んでいる。

**勧告案**
a）庇護申請者、非正規滞在者に対する収容は、最後の手段として、かつ、できる限り最短の期間とするよう保証すること。
b）長期収容には司法機関によるチェックを制度化する、また、収容の代替措置を優先すること。
c）入国者収容所視察委員会に独立した調査権限とフォローアップの権限を保証すること。
d）入国管理局の収容施設での医療へのアクセスを改善すること。

作成者：移住者と連帯する全国ネットワーク

# 15. 外国人の生活保護受給の権利及び不服申立の権利

関連する前回勧告パラ：前回勧告なし、人種差別撤廃条約第５条（a）、第５条（e）-（iv）、第６条にそれぞれ違反
政府レポート該当パラ：CERD/C/JPN/10-11　パラ140、163
勧告は実施されたか：
実施された場合、その効果：

## 問題の説明

　政府報告パラ140では「外国人に対しては行政措置として日本国民と同一の要件の下に同様の保護を実施している」としている。

　しかし、生活保護法第１条では、その対象を「国民」に限定しており、日本国籍を有しない外国人はその対象外としており、政府は外国人への生活保護の支給は権利ではないため請求権は存在せず、それは単なる贈与にすぎないとしている。

　さらに、法に基づく給付ではないことを理由に、日本国籍者には認められている行政の決定に対する不服申立を認めず、その決定に不服があってもそれを是正する手段が存在せず、訴訟も認めていない。他の社会保障制度においては外国人でも不服申立

が法律上可能であり、生活保護制度のみが不服申立を認めていないのである（1954年5月8日、厚生省社会局長通知、2014年6月30日改正「生活に困窮する外国人に対する生活保護の措置について」問6、2001年10月15日厚生労働省社会・援護局保護課長通知「生活保護に係る外国人からの不服申立ての取扱いについて」）。

不服申立の権利、訴訟で争う権利は、受給権と一体のものであり、不服申立の手段が奪われ、違法・不当な決定を正す手段がないのであれば「同様の保護を実施している」とはまったく言えない。

なお、永住資格を持つ外国人が提起したいわゆる大分外国人生活保護訴訟では、最高裁判所は2014年7月18日、生活保護申請が却下されたことを不服として訴訟を提起した外国人に対して、生活保護法に国籍条項があることを根拠に、「現行の生活保護法が一定の範囲の外国人に適用されまたは準用されると解すべき根拠は認められない」「外国人は生活保護法に基づく保護の対象となるものではなく、同法に基づく受給権を有しない」として請求を却下する判決を行っている。

生活保護制度は、日本社会での社会保障（生存権保障）における最後のセーフティネットと位置付けられており、これから排除されるということは、日本での生存権が基本的に認められていないということに他ならない。

生活保護法第2条は「この法律の定める要件を満たす限り、その法律による保護を、無差別平等に受けることができる」と規定されているが、政府は、1990年より、それまでの取り扱いを変更し生活保護の準用される外国人は、特別永住者、入管法別表第2、入管法上の難民に限るとして、その他の在留資格の者は生活に困窮しても生活保護を受けることができない取り扱いを行っており、内外人平等原則に反する差別的取り扱いも行われている。

1946年1月に制定された旧生活保護法は、国籍条項を設けなかったが、1950年に制定された現行の生活保護法ではその対象を「国民」と規定し、外国人をその対象外とした。法の起案者はその理由について、「この制度が憲法第25条に淵源するからである」としたうえで、「この点は国際連合憲章及び国際人権宣言との関係において研究されるべき問題であろう」と述べ、当時の出入国管理令が「貧困者、放浪者、身体障害者等で生活上国または地方公共団体の負担の虞のある外国人」が上陸することができず、「貧困者、放浪者、身体障害者等で生活上国または地方公共団体の負担になっているもの」の退去を強制し得ることを規定していることを国籍条項を設けた理由として挙げている（小山進次郎著『生活保護法の解釋と運用』）。

しかし、当時とは違い多くの国際人権条約を日本が批准し、退去事由から「貧困」などの項目が削除されていることからも、もはや外国人を排除する正当な理由は失われていると言うべきである。

1981 年、日本が難民条約を批准するに際して、福祉制度、社会保障制度の国籍条項の撤廃を行うための法改正が行われ、国民年金法、児童手当法、児童扶養手当法、特別児童手当法などから国籍条項が削除されたが、生活保護法についてはそのまま国籍条項を残した。政府は国会で「昭和 25 年の制度発足以来、実質的に内外人同じ取り扱いで生活保護を実施いたしてきているわけでございます。去る国際人権規約、今回の難民条約、これにつきましても行政措置、予算上、内国民と同様の待遇をいたしてきておるということで、条約批准にまったく支障がないというふうに考えておる次第でございます」（1981 年 5 月 27 日衆議院法務委員会・外務委員会・社会労働委員会連合審査会での政府委員の答弁）と法改正を行わない理由を説明した。その結果、社会保障、社会福祉の制度で国籍条項を設けているのは生活保護法だけとなっており、「内国民と同様の待遇」をしていないことは明らかである。

また、「行政措置」として生活保護を受給する外国人には、入国管理局が永住資格を認めないとされており、権利として認めていないことの悪影響が差別的取り扱いを助長している。

**勧告案**

a）生活保護法第 1 条、第 2 条の国籍条項を削除し、外国人の生活保護受給を権利として認めること。

b）在留資格の種類にかかわらず、外国人を生活保護の対象とすること。

c）生活保護受給を理由に永住資格の取得を制限することをやめること。

作成者：NGO 神戸外国人救援ネット

# 16. 人身取引

関連する前回勧告パラ：CERD/C/JPN/CO7-9　パラ 16
政府レポート該当パラ：CERD/C/JPN/10-11　パラ 55-71
勧告は実施されたか：実施されてない
実施された場合、その効果：

**問題の説明**

（1）2017 年 7 月、政府は国際組織犯罪防止条約人身取引議定書を受諾したが、2005

年の刑法改正により人身取引の犯罪化が実現されたとして、特別法を制定する予定はないと明言している。しかし、NGO は、被害者の保護や権利回復、被害防止などの面で法の不備があり（男性被害者の保護や学校における防止教育について法的根拠がないなど）、人身取引対策の専門部局の創設を含めた特別法が必要と考え、政府に検討を要請している。

　また、政府は ILO の「1930 年の強制労働条約の 2014 年議定書」を批准していない。


(2) 外国人女性に対する人身取引も依然として続いている。警察が認知した人身取引被害者のなかで、2017 年には 42 人中 14 人、2016 年には 46 人中 21 人、2015 年には49 人中 36 人が外国人女性であり、ホステスとしての稼働や性風俗店において売春を強要されていた。たとえば、カンボジア国内で「日本でホステスをすれば稼げる」などと甘言を弄して同国の女性 7 人を来日させ、スナック店での売春を強要し、その代金を搾取した事案、タイ国内で「日本に無料で観光に行ける」などと甘言を弄して同国女性 4 人を来日させ、渡航費用名目等で借金を負わせ、返済名目でデリバリーヘルス等での売春を強制し、その代金を搾取した事案、フィリピン人女性 3 人に偽装結婚をさせて来日させ、旅券を取り上げ、ホステスとして稼働させ、その報酬を搾取した事案などがある。2020 年のオリンピック・パラリンピック東京大会が近づくなか、買売春の機会拡大にともなう人身取引の増加が懸念される。

　人身取引の根本原因に対処する予防措置は不十分である。被害者が児童（18 歳未満）の場合には、買春、または児童ポルノ製造目的での人身売買、児童ポルノの提供、提供目的での製造・所持・運搬、単純所持の一部などが、児童ポルノ等禁止法及び児童福祉法等により禁止され、処罰対象となっている。しかし、被害者が 18 歳以上の場合には、加害者は事実上野放しである。社会教育や学校教育において性的搾取や人身取引が取り上げられることは、ほとんどない。


(3) 政府は、認知した被害者に対しては、シェルターの提供、在留特別許可を含む在留資格の付与、帰国支援等を提供している。しかし、被害者への経済的支援、在留期間の更新、在留資格の変更など、被害者に応じた個別の支援は十分でないし、男性被害者のシェルター開設は長らく検討課題のままである。民間支援団体への財政的支援も乏しい。

　そもそも、被害者として認知されなければ支援は受けられないところ、政府が被害者として認知しているのは実際の被害者数のごく一部にすぎない（現在、日本に約 5万 4000 人の被害者がいると推測する NGO もある）。被害者認知のプロセスから NGO は

排除されており、NGO は繰り返しこのプロセスへの参加を求めているが、政府にその意思はない。

(4) 加害者に対する処罰は軽く、十分な制裁や歯止めとはなっていない。警察が検挙した人身取引事犯の被疑者の多くは、検察庁により起訴されているが、裁判所の量刑は比較的軽く、執行猶予付き懲役刑や罰金刑が多い。たとえば、2017 年中に起訴された 20 人のうち、実刑は 2 人のみで、執行猶予付き懲役刑が 9 人、罰金刑のみが 6 人であった（2018 年 3 月 31 日現在、公判継続中が 3 人）。

(5) 警察、入国管理局、検察庁などがそれぞれ職員研修を実施しているが、人身取引事案を取り扱う可能性のある職員すべてが受講する体制にはなく、研修時間も限られている。裁判官向けには、国際法規にかかる種々の問題について国際人権法研究者が行う講演のなかで言及される程度である。そのため、外国人に入管法違反がある場合に、人身取引の被害者である可能性があっても被疑者扱いされ、逮捕された例がある。

(6) JFC（Japanese-Filipino Children、主に日本人男性とフィリピン人女性の間に生まれた子どもたち）が日本の在留資格や国籍を取得できることを利用して、JFC やその母を日本に呼び寄せる事案が発生し、政府が 2013 ～ 2017 年に人身取引被害者として認知した者は 28 人である。また、「留学」の在留資格を有する者に資格外就労許可を取らせて就労させるなどの方法で、低賃金労働者として外国人を搾取する事案も発生し、1 人が人身取引被害者として認知された。

　さらに、国家戦略特区において解禁される外国人家事労働者の受け入れについても、家庭内という密室においてハラスメントが起きる可能性が高いこと、労働時間や賃金などが適切に管理されないおそれがあること、家事労働者として失業した途端に不法滞在となるため使用者の指示に盲従せざるを得ないなど、労働搾取につながる危険があることに注意する必要がある。

**勧告案**
a) 人身取引の被害者支援及び需要の根絶を含めたその防止について、包括的に規定する「人身取引被害者支援及び防止に関する法律（仮称）」を制定すること。
b) 日本政府は、人身取引の被害者の認知プロセスに NGO を参加させること。

作成者：人身売買禁止ネットワーク（JNATIP）

# 17. 人権保護からほど遠い難民申請者

関連する前回勧告パラ：CERD/C/JPN/CO7-9　パラ23
政府レポート該当パラ：CERD/C/JPN/10-11　パラ82-100
勧告は実施されたか
パラ23勧告（a）：従来以上のことは実施されていない。
（b）：従来以上のことは実施されていない。
（c）：実施されていない。
実施された場合、その効果
パラ23勧告（a）：公益財団法人アジア福祉教育財団が、年1回「日本定住難民とのつどい」を開催。
パラ23勧告（b）：2005年に導入された仮滞在許可制度の運用は非常に限定的である。非正規滞在者である難民申請者のうち、10分の1程度が仮滞在を許可されている。空港で難民申請をする案件の民間協力実施数は年数件程度で非常に限定的であり、空港申請のほとんどすべての場合に収容が長期化している。

## 問題の説明

### （1）庇護希望者の地位の不安定化と収容

　庇護希望者を含む非正規滞在者は厳しい状況に置かれている。難民認定申請時点で非正規滞在である難民申請者は、申請手続を通じて非正規滞在のままである。仮滞在許可を受けた場合、退去強制手続が止まり、住民登録ができるようになるが、許可率は10%以下であり、多くの申請者が就労をすることもできず、公的な支援にアクセスすることができず、処分告知前に収容される者もいる。

　従来は難民認定申請時点で非正規滞在である難民申請者に対して課していた在留制限・就労制限が、2015年9月以降は正規滞在の難民申請者に対しても課すようになり、手続中の生活が不安定化する難民申請者が増加している。

　2017年3月、不認定庇護希望者の帰国促進が試行され、2回目以降の申請者については仮放免許可をしない運用がされている。

　仮放免許可を受けた場合でも、プライバシー権の侵害を疑われる事案を含む厳しい動静監視が行われ、違反した場合に再度の収容がされる事案が報告されている。たとえば、自宅を事実上捜索し、領収書等を調査されたうえ、不法就労をしていないか取り調べを受けたとの数多くの報告がされている。また、仮放免中の住所変更を事後的にしたとの理由で再収容された事案もあり、その事案は、本報告時点まで約2年間収容され続けている。

難民手続を続けて確実に収容されるか、収容されずに帰国するかの選択を迫られて、迫害されない可能性に望みをかけて帰国を選ぶ庇護希望者もいる。

## (2) 出身国による差別

出身国により難民申請窓口の対応が差別的に行われている。フィリピン、ネパールやインドネシア出身者が難民申請をした場合、現在の在留資格の更新が認められないなどと説明をされ、難民申請の再考を強く奨励されている。

難民認定も日本の友好国か非友好国かで出身国により差別的に行われていることが疑われる。これまでにトルコ・クルドを含む 6000 人以上のトルコ出身者が難民申請をしているが、難民認定を受けた者はいない。

## (3) 無国籍

1954 年の無国籍者の地位に関する条約及び 1961 年の無国籍の削減に関する条約への加入及び無国籍認定制度の設置に関しては、前回勧告以降で進展は見られない。

### 勧告案

a) ノンルフールマンの原則に間接的に違反している疑いのある難民申請者の収容を止めること。
b) 難民申請者の収容が最後の手段としてのみ、かつ可能な限り最短の期間で用いられることを保証すること。
c) 難民申請者の収容の代替措置を促進すること。
d) 無国籍者の確認及び保護を適切に確保するため、無国籍者の認定手続きを設置すること。
e) 1954 年の無国籍者の地位に関する条約及び 1961 年の無国籍の削減に関する条約へ加入すること。

作成者：全国難民弁護団連絡会議

# 18. ムスリムに対する民族的・宗教的プロファイリング

関連する前回勧告パラ：CERD/C/JPN/CO7-9　パラ 25
政府レポート該当パラ：CERD/C/JPN/10-11　パラ 142

勧告は実施されたか：されていない

実施された場合、その効果：

## 問題の説明

　2010年、警視庁外事第三課からと見られるテロ捜査情報が、インターネット上に流出した。この情報からは、警察当局が在日ムスリム及びムスリム諸国出身者の全員を監視し個人のセキュリティ情報を体系的に収集していることが明らかになった。

　この流出事件を受けて、同年12月24日、警察庁は「警察職員が取り扱った蓋然性の高いものが含まれていた」と発表し、内部資料であることを事実上認めた。また、2014年、このプロファイリング捜査及び情報流出について提訴された国家賠償訴訟の第一審判決において、当該流出情報が警視庁のものであり、警察当局が在日ムスリム及びイスラーム諸国出身者の全員を監視していることが認定された。これは、2015年の控訴審判決においても維持され、2016年の最高裁判決でも覆されていない。

　そうであるにもかかわらず、第10回・第11回政府報告では「民族宗教的プロファイリングに該当し得る、外国出身のイスラーム教徒への監視活動を行っているという事実はない」（パラ142）として、流出資料から明らかとなる監視の事実自体を否定している。当然、「していない」ことに対する対策はされておらず、警察当局において「ムスリムの民族的プロファイリングまたは民族的・宗教的なプロファイリングを用いないよう確保する」ための措置は何ら取られていない。

　司法判断としては、上記国家賠償訴訟の第一審及び控訴審判決は、警察当局が在日ムスリム及びムスリム諸国出身者の全員を監視し、個人のセキュリティ情報を体系的に収集することは、国際テロの防止のために必要やむを得ないと判断した。そして、2016年の最高裁判決も、この判断を維持した。

　なお、警察当局が現在でもモスクの監視等を継続していることは、警察職員が身分を明かしたことを複数の者が複数の場所で目撃していることからも明らかである。

## 勧告案

a) ムスリムの民族的プロファイリングまたは民族的・宗教的なプロファイリングを用いる監視及び個人のセキュリティ情報の体系的収集を禁止するガイドラインを策定すること。

b) 法執行職員にムスリムの民族的プロファイリングまたは民族的・宗教的なプロファイリングを用いることは許されないことを周知徹底すること。

c) 裁判所においても条約を判断基準として遵守すること。

作成者：弁護士　林 純子

# 19. 部落差別

関連する前回勧告パラ：CERD/C/JPN/CO7-9　パラ22
政府レポート該当パラ：フォローアップ情報　D/C/JPN/CO/7-9/Add.1　パラ22
勧告は実施されたか：4項目のうち、以下のように2項目については部分的に実施。残余は実施されていない。
実施された場合、その効果

　部落民の社会経済的な課題について、2002年以降の同和対策特別措置法失効以後、一般施策を通じて、部落問題解決のための行政施策が一定行われてきている。また、2016年12月には「部落差別解消推進法」が制定され、部落差別の解消に資する施策について、いくつかの中央官庁から部落差別解消のための通達が複数発せられた。社会福祉法が改正され、差別問題が地域福祉計画に盛り込まれ、隣保館がさらに積極的に差別解消のための役割を果たすこととなった。また現在、部落差別にかかわる実態調査について議論が行われている。

　また、戸籍の不正入手問題に関しては、それらの事件にかかわった調査業者や行政書士等の法務専門職について刑事罰・行政処分がなされている。

## 問題の説明

　部落差別が本条約の対象ではないという政府解釈は現在でも変更されておらず、それゆえ、政府報告書本体には部落差別に関する記載が一切記されていない。

　部落差別の撤廃のために、法務省、文科省、厚生労働省などが行政施策を行っているが、各省庁が個々に対処することとなっており、必ずしも一貫性のある政策立案・実施が確保されていない。

　部落民の定義に関する議論は、まったく行われておらず、「部落差別解消推進法」も、理念法という性格から、定義規定を置いていない。

　「部落差別解消推進法」に基づく実態調査の実施に当たり、その内容の議論において、被差別当事者が効果的に参加する機会が設けられていない。また、差別問題についての意識調査、インターネット上の差別情報、及び部落差別事象についての調査を実施するが、前回指摘があった社会経済的指標に関する調査は行わないという方向で議論されているのは問題である。

　差別問題に対処するという隣保館の役割を地域福祉計画に位置付けるよう社会福祉法が改正されたにもかかわらず、一部の地方自治体には、地域福祉計画にこの点を盛り込むことを怠り、差別解消に資する施策を行う責務を果たしていない。

　部落差別は、差別意識や偏見から、部落民を就職や婚姻から排除するという側面が

あり、その目的のために、特定個人の身元調査を行い、部落出身者であるかどうかを把握するという手法が用いられている。近年、インターネット上で、部落の所在地情報を掲載したり、部落出身者の住所や連絡先などのリストを掲載したりする事案が発生している。また、その主犯者は、部落の町並みを動画撮影し、動画共有サイトにアップロードしている。この事案は現在民事訴訟が進行中であるが、裁判所が差別助長行為に該当するとして、削除を命じても、削除に応じていない。

**勧告案**

a) 政府の「世系」概念についての解釈を変更し、人種差別撤廃条約を部落差別問題に適用すること。

b) 部落問題について総合的に調整する部局を内閣府に設置すること。

c)「部落差別解消推進法」の調査に関して、社会経済的な生活条件について細分化したデータを収集するための実態調査を実施すること。

d) 部落差別を解消するという役割を隣保館が果たすことができるよう、地方自治体での実効的な社会福祉法の履行を促進すること。

e) 部落の所在地情報を公表する行為を規制するよう、より実効的な法制を実施すること。

作成者：部落解放同盟

# 20. 部落女性の実態把握のための調査

関連する前回勧告パラ：CERD/C/JPN/CO7-9　6- b、パラ 22

政府レポート該当パラ：D/C/JPN/CO/7-9/Add.1　パラ 22（部落民の状況）

勧告は実施されたか：実施されていない

CERD の回答：CERD/91st/FU/GH/SK/ks　パラ 22 参照

## 問題の説明

　部落女性は複合的な差別により、さまざまな不利益を被ってきた。

(1) 33 年間の同和対策特別措置法のもと、部落女性の実態把握はなされることがなかった。自らの存在を可視化するために、部落女性たちは 2005 年、独自でアンケー

ト調査を行い、識字、就労、差別及びドメスティック・バイオレンスの分野における状況を明らかにした。調査参加女性は 1405 人であった。

　同様のアンケート調査をアイヌ女性及び在日コリアン女性も行った。これらマイノリティ・先住民族の女性たちによる調査と、その結果を基にした国会議員、政府へのロビー活動により、それまで不可視化されたままであった日本のマイノリティ女性の存在と状況が限定的ではあるが可視化された。

　それに先立ち、CERD は 2000 年に人種差別のジェンダーの側面に関する一般的勧告 25 を採択し、被差別コミュニティの女性たちの置かれている特別な状況に適切に対処するために、女性たちの市民的権利及び社会的・経済的・文化的権利の行使に関する実態を把握するよう締約国政府に勧告した。

　女性差別撤廃委員会は、2003 年及び 2009 年の日本審査において、マイノリティ女性の実態把握のために包括的な調査を行うよう日本政府に勧告を行った（順に A/58/38、CEDAW/C/JPN/CO/6）。しかし、これらの勧告にかかわらず、政府はそうした調査を一度も実施していない。最近の 2016 年の CEDAW 審査に向けても、勧告の実施をしていない政府は、そうしたデータを提出しなかったし、現在のところ、そのような計画さえない。

　マイノリティ女性のロビー活動により、政府は第 3 次男女共同参画計画の第 8 分野において、初めてマイノリティ女性が置かれている困難な状況を認識し、安心して暮らせる環境整備の必要性を確認した。しかし、それに続く実態把握や具体的な措置は何も取られていないし、取る計画もない。

　2016 年 12 月、「部落差別解消推進法」が制定、施行された。この法律は理念法である。法律の 3 本柱（人権教育、相談、実態調査）の一つである実態調査に関して、政府による具体的な計画はまだ示されていない。2017 年 3 月、法務省が発表した「外国人住民調査」は、全国 47 市区に住む外国人を対象にしたアンケート調査の結果を基にしている。しかし、どの調査項目においてもジェンダー別の数字は出されていない。このことを踏まえたうえで、今後政府が行う部落に関する実態調査においては、どの調査項目においても、必ずジェンダー別の統計及び分析を行うことが求められる。その必要性は、前述の CERD 一般的勧告 25 が明示しているとおりである。

(2) 部落女性と研究者が 2010 〜 2012 年に行った実態調査によると、部落のシングルマザーの 68％が結婚後に DV を経験している。また部落のシングルマザーは、シングルマザーの全国平均よりも低学歴の比率が高く、年間世帯年収が低いことが示された。2011 年に大阪府が行政データを活用して行った実態把握集計によると、世帯総数に占める母子世帯の生活保護受給世帯率は部落のほうが高いことがわかった。同和

対策審議会答申が出されて以降、部落女性の要求により、社会福祉施設の整備及び公衆衛生の向上対策など、「母子」の福祉、保健、医療、保護等の施策があった。しかし 2002 年の同和対策特別措置法失効後、一般施策としての生活困窮者支援施策が部落女性に届いておらず、施策実施に当たり部落女性の参画を得る努力もなされていない。

　部落女性は条例制定や審議会委員に参画し、部落女性に対する施策を行政施策に位置付けるよう提言活動を行ってきた。しかしそうした動きも一部の地方自治体にとどまり、国レベルでは、マイノリティ女性が参画する機会が保障されていない。

**勧告案**

a) CERD 一般的勧告 25 に基づき、人種差別とジェンダー差別の交差により、部落女性、在日コリアン女性、先住民族女性、移住女性に複合的な差別や困難がもたらされることを認識すること。

b) ジェンダー別も含め、これらマイノリティ・先住民族女性の細分化された社会的経済的指標に関するデータを収集すること。

c) 「部落差別解消推進法」の条文に従い、部落の実態調査を速やかに実施し、ジェンダー別の調査結果を公表すること。

d) b 及び c の調査結果を基に、部落女性及びマイノリティ・先住民族女性が差別により被ってきた状況改善のための措置を策定して実施すること。策定の際、マイノリティ女性の意見が反映されるよう保障すること。

作成者：反差別国際運動（IMADR）

# 21. アイヌ民族の先住民族の権利

関連する前回勧告パラ：CERD/C/JPN/CO7-9　パラ 20
政府レポート該当パラ：CERD/C/JPN/10-11 パラ 18-33
勧告は実施されたか：実施されていない
実施された場合、その効果：

**問題の説明**

現在、日本政府は、国立アイヌ民族博物館や慰霊の施設設置などを含め、民族共生象徴空間を 2020 年 4 月 24 日に開設させ、それまでに「アイヌとは誰か」の法定化を求める法律制定も含め、新たにアイヌ民族に関する先住民族政策の構築を加速しようとしている。

北海道アイヌ協会は、東京オリンピック・パラリンピック開催を 2 年後に控え、国際森林認証材使用にかかわる FPIC（自由でかつ情報に基づく事前の合意）等の手続きをはじめ、日本における先住民族アイヌに関する SDGs（国連・持続可能な開発目標）の取り組みや、2 つの国際森林認証制度及び PEFC ／ SGEC（森林承認プログラム／緑の循環承認会議）の国内新規格の改定推進に関する国への働きかけを行っている。そのため、これら国際的な枠組みである森林認定制度が、相互補完的でかつ社会的包摂を進めるアジェンダとしての基盤をなす取り組みが進展することが求められる。

先住民族アイヌが近現代にたどってきた政治的、歴史的背景から導き出される、これまでの社会的不可視化やネグレクトから脱却し、明確に「アイヌとは誰か」を法定化したうえでの生活や人権状況の改善が求められる。これから本格的に検討し推進される日本国政府の新しい法律制定によって、その先住民族政策の転換が求められる。

**勧告案**

a）土地と資源に対する、特に国際森林認定制度の改正に基づく、アイヌの人びとの権利の実現には、CERD 一般的勧告 23（1997 年）の観点から、国連先住民族権利宣言及び ILO169 号条約を考慮し、アイヌ民族との十分な対話のもとでの措置の実施を保障すること。

b）ILO169 号条約（原住民および種族民条約）を批准すること。

c）2014 年審査の総括所見パラ 20 に従い、人種差別撤廃条約第 5 条が定める権利を、アイヌ民族の権利として保護すること。

作成者：北海道アイヌ協会

# 22. 琉球／沖縄の人びとと先住民族の権利

関連する前回勧告パラ：CERD/C/JPN/CO7-9　パラ21、国連先住民族権利宣言第29条
政府レポート該当パラ：なし
勧告は実施されたか：されていない
実施された場合、その効果：

## 問題の説明

　日米地位協定は、在日米軍に対し、返還する基地を原状回復させる責任を免除し、米軍は汚染の可能性も含め以前の基地の使用に関する記録を日本側にほとんど提供しない。このため沖縄では、土地が地主に返還された後または当該土地の開発計画が開始された後に初めて、元米軍基地において深刻な土壌汚染が発見される状況にある。このような状況では、土地を使用する人びとが知らないうちに健康へのリスクにさらされるという事態が予想される。

　2013年に沖縄市のサッカー場から、廃棄された錆びたドラム缶が発見されたのがその一例である。サッカー場は1987年に沖縄に返還された嘉手納飛行場の一部で、ドラム缶には米国製造の枯葉剤のロゴ入りのものが含まれた。日本政府による調査により、サッカー場が、ダイオキシン、PCP、PCB等のさまざまな有害物質に汚染されていることがわかった。

　ドラム缶からは、枯葉剤の2成分の一つである2,4,5-T及び、最も有毒なダイオキシンである2,3,7,8-TCDDが検出された。専門家により、長期間にわたり、高濃度ダイオキシンは持続的にドラム缶から土壌へと漏出していたものと結論付けられた。日本政府は調査を実施し、汚染土壌を除去したが、県民に対する土壌汚染の影響に関する調査を行っておらず、さらに実施されている土地回復の全プロセスにおいて市民参加が排除されている。

　また2013年8月に米軍のヘリコプターであるHH-60ペイプ・ホークが、宜野座村で村民の飲料水の水源であるダム近くのキャンプハンセンに墜落した。沖縄県も宜野座村も、水の安全を含む、墜落による環境影響を評価するための立ち入り調査を許可されなかった。この事故により、宜野座村では水の安全を確認するまでの1年以上、ダムからの水利用を一時中止しなければならなかった。沖縄県民にとって不可欠となる水源が米軍基地により常に汚染のリスクにさらされている。

　さらに2016年、沖縄県は、給水源である嘉手納空軍基地を通過する河川及び基地に隣接する地下水井戸からパーフルオロオクタンスルホン酸（PFOS）が検出された

と発表した。沖縄県は嘉手納空軍基地に対しPFOS汚染製品の使用を中止するよう求めたが、成分は依然として検出され続けているため、水源の一つである比謝川からの取水を停止せざるを得なくなった。また、沖縄県は、嘉手納空軍基地に対し、立ち入り調査の許可を求めたが許可していない。

2016年、沖縄県は、米軍基地周辺のPFOS水汚染の環境調査を開始し、その中間報告書によると、高レベルのPFOSが普天間基地周囲の湧水から検出されている。

さらに、2016年12月に部分返還された米軍北部訓練場跡地の土壌から、毒性が強く国内で使用が禁止されているDDT類が検出された。日本政府は返還後に汚染調査を実施したが、「比較的良好な土壌及び水質環境が保たれているとの結果を得ている」との認識を示している。しかし日本政府は、琉球・沖縄の人びとが彼らの土地における汚染の可能性について知る権利や、それらに対する意思決定に参画する権利を確保する効果的措置を取っていない。

琉球・沖縄の人びとの土地に関する意思決定に参画する権利と、ひいては生命と健康に対する権利を確保するためFPIC原則を確保することは必要不可欠である。

**勧告案**

a) 国連先住民族権利宣言29条に基づき、琉球／沖縄の人民に対し、米軍基地における環境有害物質及び土壌・環境汚染情報に関するアクセス権を確保し、それらの貯蔵や廃棄についてはFPIC原則に基づく協議及び事前合意を徹底し、安全で持続可能な環境への権利及び健康への権利を確保すること。

作成者：沖縄国際人権法研究会

# 23. 琉球／沖縄の自決権の侵害について

関連する前回勧告パラ：CERD/C/JPN/CO7-9　パラ21

政府レポート該当パラ：CERD/C/JPN/10-11　パラ34、35、36

勧告は実施されたか：

1. 沖縄振興計画は、日本政府が決定する沖縄関連予算によって実現する。しかし、その予算編成に責任を持つ沖縄担当大臣は、日本政府が進める新基地建設に反対する沖縄県知事に対して軍事基地の建設と沖縄関連予算が関連していることを公言し、その後実際に制裁的に2017年度予算は、約

200億円、減額されている。日本政府は、予算編成権の濫用している。

2. 日本政府は、琉球／沖縄の人びとを先住の人民として認めていない。まったく日本本土、他府県と同じ日本人であるとし、従って同じ権利がすでに保障されているとして、具体的な措置は何も取られていない。

実施された場合、その効果：

## 問題の説明

(1) 発展の権利を含む経済的、社会的及び文化的な権利の侵害について。1972年以来、沖縄振興開発計画を実現するための沖縄振興開発予算の主要な編成権は日本政府にある。この予算編成では、構造的に公共事業に大きく比重が置かれる仕組みとなっており、琉球／沖縄の自治体の公共事業偏重への政策誘導が長期にわたって行われてきた。

公共事業への誘導による土木建設業の発展は、経済状況の改善につながらないことと、自治体の教育福祉予算が公共事業への支出に回されて十分に確保できないことが問題である。その結果、沖縄の相対的な貧困率が、日本平均の18.3％の約2倍に相当する34.8％にものぼる状況が続いている (1)。

特に近年では、予算編成権を悪用・濫用し、辺野古における海兵隊基地建設工事の推進と沖縄振興予算額の増減を関連させ、米軍基地に反対し続けるならば、琉球／沖縄の発展に関する政策の予算を縮小するという脅迫が行われており、それは明らかに琉球／沖縄の自決権の侵害に該当する。

(2) 「先祖伝来の領域」及び「土地の権利」に対する侵害について。日本政府は、琉球／沖縄の人民について先住の人民と認めることを拒否しており、「先祖伝来の領域」である土地、沿岸、資源等に対して、その権利を認めず、特別な保護を与えていない。

(3) 自由で事前の、十分な情報を与えられたうえでの合意に関する原則、FPIC原則の無視について。2014年11月、辺野古基地建設反対を選挙公約として当選した現在の知事は、その承認を当選後、取り消した。その取り消しを無効とする訴訟が日本政府から提起され、最高裁において日本政府の主張どおり、取り消しが無効とされる判決が確定した。日本の最高裁は、国際人権法が定めた「先祖伝来の領域」であること、及び「自由で事前の、十分な情報を与えられたうえで合意する権利」（FPIC原則）に基づく合意形成の必要性を完全に無視しており、司法的な救済が不可能となっている。

（4）国頭村高江区における米海兵隊のオスプレイの発着場の建設、与那国島における自衛隊基地の建設、宮古島・石垣島における自衛隊基地の建設計画も、琉球／沖縄の人びとの「先祖伝来の領域」に関する FPIC 原則を無視した人権侵害である。

注

1　戸室健作「都道府県別の貧困率、ワーキングプア率、子どもの貧困率、捕捉率の検討」『山形大学人文学部研究年報』第 13 号（2016.3）33-53。

**勧告案**

a）沖縄に関する日本政策の意思決定過程を、琉球／沖縄の人びとの経済的、社会的及び文化的発展の権利に基づくように改善すること。沖縄振興の予算編成権を日本政府から沖縄県の政府に移譲すること。

b）先祖伝来の領域に対する琉球／沖縄の人びとの権利を承認し、その十全な保障のため、自由で事前の、十分な情報を与えられたうえでの合意に関する原則（FPIC 原則）を完全に充足する制度を確立すること。

作成者：沖縄国際人権法研究会

# 24. 子どもの人権・権利が平等に保障されない沖縄の実情

関連する前回勧告パラ：CERD/C/JPN/CO7-9　パラ 6、11（e）、17、21、24、26（a）（b）
政府レポート該当パラ：CERD/C/JPN/10-11　141、163
勧告は実施されたか：されていない
パラ 17：不十分である
パラ 21：されていない

**問題の説明**

（1）基地あるがゆえの沖縄に対する差別は、米軍機の上空飛行中止を訴える保護者の

声が無視される事実に如実に表れている。保護者らは、2017年宜野湾市で立て続け
に起きた米軍機部品落下事故に対し、飛行中止を訴えている。要請書に添える署名は
13万筆を超えたが、事故後も米軍機は飛行を継続。事故はいつ起きてもおかしくな
い。米軍基地の安全基準に示されるクリアゾーンは米国内、日本国外では遵守される
が、驚いたことに普天間ではこの危険区域に教育施設を含む建物が密集する。米軍の
ネラー総司令官は、沖縄県民の先祖伝来の土地を米軍が強奪しておきながら「人が住
んでいなかった」と豪語するなど、事実に反したことを発言。新たな犠牲者の出ない
うちに、普天間飛行場は無条件に即時閉鎖すべきである。

　沖縄では戦後27年間の児童福祉の空白、基地環境の悪影響から子どもの貧困が持
ち越されて今に至っている。子どもの貧困に対し政府は民間任せで根本的な対策を取
らないため、食事も満足にできず医療が受けられない子どもが多数存在する。放課後
の居場所支援も不十分である。また経済的困難から、児童虐待・ネグレクトが生じて
いる。少年院の調査では、保護者による「ネグレクト」と「放任」状態で育つ者が
34.8%（2014年）、2013年の県内の児童虐待件数は348件、内訳は身体的虐待143件
（41.4%）、性的虐待24件（6.9%）、心理的虐待59件（17.0%）、ネグレクト（養育の怠
慢・拒否）122件（35.0%）である。

(2) 政府は、米軍基地が集中し戦後直後から性暴力の多発する沖縄の実情を丁寧に調
査し、対策を講じるべきである。被害者の声はまだ十分に把握されていない。沖縄
では、風俗業に従事する女性の低年齢化が顕著なうえ、若年出産率が上昇している。
県内の公立高校で妊娠・出産を把握した女子高生159名中22名（14%）が自主退学。
県内の10代出産率は2.6%（2014年）で全国（1.3%）の2倍である。内閣府は若年妊
産婦に特化した居場所設置検討を開始した。支援金が当事者のために、行政が責任を
負う方法で活用されるよう監視する必要がある。学校はあらゆる子どもに対し独自の
役割を果たせる場所であるが、現状はむしろ子どもを排除する傾向が強まっている。

(3) 沖縄の子どもたちには琉球諸語、琉球の歴史、命と平和を重んじる教育を受ける
権利があるが、政府は現在も国際的に認められたこの先住人民の権利に向き合おうと
していない。戦前・戦後を通し「方言札」を使用するなど、琉球諸語は方言扱いされ
てきたが、現在はユネスコ及び国際SIL（夏季言語協会）が独立した言語として認め
ている。それにもかかわらず依然として学校教育に取り入れられていない。それどこ
ろか最近、政府与党から米軍による英語教育を行うなどの意見が出された。政府は歴
史的に見ても琉球諸語の危機的状況に責任を負うべきである。

## 勧告案

a) 米軍に対し、米軍機による保育園や学校など教育施設の上空飛行の無条件即時停止及び、AICUZ プログラム規定のクリアゾーン厳守を求めること。

b) 性暴力にさらされる若年女性のための居場所作りを進めるとともに、丁寧な聴き取り調査などを行うこと。

c) 先住人民としての権利を含む、沖縄の子どもの人権・権利を重視する学校教育を推進する。ユネスコのデータに反証可能でない限り、CERD の勧告に応え、その勧告を実施し次回の報告書にその結果を記載すること。

作成者：沖縄国際人権法研究会

# 25. 琉球人を先住民族と認めること

関連する前回勧告パラ：CERD/C/JPN/CO7-9　パラ21

政府レポート該当パラ：CERD/C/JPN/10-11　パラ34-36

勧告は実施されたか：されていない

実施された場合、その効果：

## 問題の説明

「2014 年所見パラ21」に関して、日本政府は「沖縄県に居住する人あるいは沖縄県の出身者は日本民族であり、一般に、他県出身者と同様、社会通念上、生物学的又は文化的諸特徴を共有している人々の集団であると考えられており、したがって、本条約の対象とはならないものと考えている」「沖縄県に居住する人あるいは沖縄県の出身者は日本民族であり、社会通念上、日本民族と異なる生物学的または文化的諸特徴を共有している人々であるとは考えられていない」との見解を示しているが、その根拠を示していない（外務省 HP より https://www.mofa.go.jp/mofaj/gaiko/jinshu/iken.html）。

日本政府はアイヌを先住民族として認め、日本民族と異なる独自の民族として認めたが、琉球との違いは何か、先住民族と認定するか否かの基準の説明がない。

1879 年に日本が琉球を武力で併合するまで、琉球は独立した王国だった。アメリカ、フランス、オランダ政府とそれぞれ条約を結んでいた。明治政府は琉球王国を併

合する際に、琉球人は日本人とは異なる人種との見解を示した。琉球人も日本による併合に抵抗し、中国をはじめとして、西洋諸国に嘆願書を送って助けを求めた。その後、日本は中国と琉球を分割して領有する計画を持ったが、中国の反対で頓挫した。日本への併合後、日本政府は琉球の言語、歴史、文化、信仰を消滅させようと同化政策を取り、琉球人のアイデンティティ消滅を図った。日本政府や日本社会は琉球に同化を迫ったが、琉球人を日本人と対等には扱わず、琉球人は日本人より劣る集団であるとして社会的に差別してきた。

　太平洋戦争末期には日本は琉球で連合軍と地上戦を行い、琉球住民の４分の１以上が命を落とした。琉球が数百年にわたって築き上げ、継承してきた文化財や歴史的都市や集落、景観、歴史資料もすべて消滅させられた。沖縄での戦闘の際、日本軍は琉球人が琉球語を使用することを禁じ、違反者を殺害した。その他にも日本軍は琉球人をスパイとみなし殺害命令を出して殺害し、また、戦場において老若男女を問わず強制労働させ、食糧を奪い、避難場所から戦場に追い出したため、多くの琉球人が命を落とした。日本軍は琉球人の土地を取り上げて軍事基地を造った。その土地はいまだに返還されず、さらに戦後になって米軍基地になったり、自衛隊基地として強制使用されている。戦後、日本は琉球を米軍の統治下に置くことにより自らの独立を達成した。

　現在、日本政府が名護市辺野古に新基地を建設しているが、そこは沖縄戦当時、米軍による大浦崎収容所があった場所であり、琉球人が収容されていた。大浦崎収容所では数百人の琉球人が命を落としたが、現在まで調査も埋葬もされずそのままにされている。米軍は戦後、その地にキャンプ・シュワブを建設し、現在、日本政府が新基地を建設している。戦没した琉球人の遺骨の上に新基地を造っているのである。安倍首相は硫黄島においては基地の滑走路を取り除いて戦死者の遺骨を収集すると言明したが、琉球人の遺骨は調査も収集も埋葬もされず、その上に基地建設を強行している。これは琉球人差別以外の何ものでもない。2012 年、米軍普天間飛行場にオスプレイの配備を決定した際、琉球は反対したが、日本政府は琉球側の反対を無視して配備を強行した。森本敏防衛大臣は退任の記者会見で、「米軍基地の配備は軍事的に沖縄（琉球）である理由はないが、政治的理由で沖縄に配備する」という主旨の発言をした (2)。

　その後、オスプレイの墜落事故、米軍機の墜落事故や、基地近隣の保育園や小学校に米軍ヘリの部品及び、窓枠などの落下事故が起きたが、きちんとした原因究明の調査や責任の所在の究明が行われず、現在も米軍機が飛行や、民間住宅上空で物資を吊り下げた危険な訓練が日常的に行われている。

　米軍ヘリパッド建設に反対する琉球人に対して日本の警察官が「土人」「シナ人」

という差別発言、ヘイトスピーチをしたが、日本政府は差別発言とは認めず、政治家が差別発言者をかばうことまでした。日本の他地域ではこのようなことは決して行われない。2012年にCIA（米中央情報局）が作成した「沖縄における基地と政治」においても、日本政府の沖縄への対応を差別と述べている (3)。

　このように琉球人は琉球人であるがゆえの差別を受けてきた。ユネスコは琉球を独自の言語文化を持つ集団として認めている。日本政府の言う、生物学上、社会通念上の違いはないという見解には納得できない。

　また、パラ21に関して日本政府は「沖縄の住民が日本民族とは別の民族であると主張する人々がいることは承知しているが、それが沖縄の人々の多数意志を代表したものであるとは承知していない」との見解を示しているが、それは1879年の日本政府による琉球王国併合以来、日本政府によって行われてきた同化政策により琉球人としてのアイデンティティが奪われた結果である。それと同時に日本政府は琉球人社会に利益誘導による利害対立を持ち込み分断してきた。琉球人のなかに琉球人としてのアイデンティティを持てない者や、日本政府の政策に協力的な者が存在するのは、これまでの日本政府が行ってきた同化政策、利益誘導による協力者育成のための懐柔策、分断工作の結果である。

注

1　2015年3月6日閣議決定された照屋寛徳衆議院議員の質問主意書と、答弁書。

　　http://www.shugiin.go.jp/internet/itdb_shitsumon.nsf/html/shitsumon/b189097.htm

　　http://www.shugiin.go.jp/internet/itdb_shitsumon_pdf_t.nsf/html/shitsumon/pdfT/b189097.pdf/$File/b189097.pdf

　　http://a-tabikarasu.hatenadiary.com/entry/2017/11/03/214939

　　2007年衆議院議員鈴木宗男氏に対する答弁書

　　http://www.shugiin.go.jp/internet/itdb_shitsumon.nsf/html/shitsumon/b165131.htm

2　2012年12月25日の退任記者会見において。

　　http://www.mod.go.jp/j/press/kisha/2012/12/25.html

　　https://ryukyushimpo.jp/editorial/prentry-201059.html

3　http://www.okinawatimes.co.jp/articles/-/258217

　　http://app.okinawatimes.co.jp/documents/cia20180528.pdf


勧告案

a) 琉球人を先住民族と認め、UNDRIP（先住民族の権利に関する国際連合宣言）に

完全に一致する形で琉球人の権利を保護、尊重、促進し実現すること。

作成者：琉球弧の先住民族会

# 26. マイノリティの言語と教科書

関連する前回勧告パラ：CERD/C/JPN/CO7-9　パラ24
人種差別撤廃条約第条第2項、第5条（e）（v）
政府レポート該当パラ：CERD/C/JPN/10-11　パラ166
（＝「第7回・第8回・第9回政府報告　CERD/C/JPN/7-9　パラ124から132参照」）
勧告は実施されたか：されていない
実施された場合、その効果：

## 問題の説明

（1）子どもの教育に対する外国人保護者の大きな不安

　法務省が初めて実施した、「外国人住民調査報告書」が2017年3月に発表された（CERDにも提出済）。そのなかの「子どもの教育に関して希望すること、心配していることがありますか？」（（6）の②）に対する回答結果について、現在日本で子どもと同居している者からの回答に限ると、以下のとおりとなった。

上記のうち「日本で子どもと同居している」者からの回答 n=1551（複数回答）

| | |
|---|---|
| 1　日本語が不十分なので、授業についていけるか心配している。 | 272（17.5%） |
| 2　学校では日本語ばかり使い、母語・母国語が使えなくなっている。母語・母国語を学べる場がほしい。 | 517（33.3%） |
| 3　子どもを学校に通わせる方法が分からず、不安。日本の学校制度の案内がほしい。 | 189（12.2%） |
| 4　子どもを日本で高等学校以上に進学させたい | 500（32.2%） |
| 5　学校で子どもが名前（本名）や国籍などを理由にからかわれたり、いじめにあったりしないか心配である。 | 630（40.6%） |
| 6　学校に多文化教育・人権教育の専門職を設置してほしい。 | 549（35.4%） |
| 7　特にない。 | 302（19.5%） |
| 8　その他。 | 92（5.9%） |

上記から、子どもの教育について、外国人の親が抱える悩みは多岐にわたり深刻であることが見て取れる。特に2の「母語・母国語教育の機会保障」が33.3％を占め、5の「外国人を理由としたいじめへの心配」は40％を超えている。

## (2) 母語・母国語教育に対する国の政策の不在

　母語・母国語教育について、前回（第7・8・9）の政府報告書パラ128で、「地方自治体の判断で行うことができ、実際に行われている自治体がある」としているが、しかし実際に実施している自治体はごく一部である。さらに、すでに実施している自治体でも中央政府の財政支援が十分でなく、不安定な運営状況にあるところが多い。たとえば、大阪府・市は、在日コリアンなど外国ルーツの子どもたちが放課後に母国の言語や文化を学ぶ「民族学級」を多くの公立学校に設置しているが、近年、母語・母国語教育を否定する一部議員の動きがあり、制度の縮小や廃止への圧力がかけられている。外国ルーツの子どもの権利として国レベルの支援による母語・母国語教育の保障が行われる必要がある。

## (3) いじめ問題でも、政策が不在

　いじめ問題については、政府（文部科学省）も「いじめ防止基本方針」（2017年3月改定）のなかで「海外から帰国した児童生徒や外国人の児童生徒、国際結婚の保護者を持つなどの外国につながる児童生徒は、言語や文化の差から、学校での学びにおいて困難を抱える場合も多いことに留意し、それらの差からいじめが行われることがないよう、教職員、児童生徒、保護者等の外国人児童生徒等に対する理解を促進するとともに、学校全体で注意深く見守り、必要な支援を行う」とふれているが、そこでは人種（出身国）・民族の違いには注意深くふれられていない。また、いじめ問題の取り組み状況に関する緊急調査（2011年）やいじめの重大事態の調査に関するガイドライン（2017年）など、具体的な対策において、外国人児童生徒等への言及はなされていない。

　その影響が、実際に学校現場で起きている。たとえば、2010年に群馬県で、フィリピン人の母親と日本人の父親を持つ小学6年生の女子児童がいじめを苦に自殺した。他の児童から「お前の母さんはゴリラみたいだ」「きもい」「くさい」などと言われていたことが新聞でも報道され、母親もいじめの原因が「私がガイジンだから」と語っている。しかし学校や市は、いじめと自殺との直接的な原因は特定できないとの姿勢を取ったため、遺族が市や県、加害者の家族を相手に裁判を起こすことになり、6年かかってようやく2017年に見舞金を支払う形で和解が成立した。裁判中も、インターネット上で遺族に対する誹謗中傷がなされた。この裁判を支援してきた関係者は、学校や行政が、この事件の背景に外国人差別があることを認めようとしないという問題点を指摘している。

(4) 外国人学校に対する制度的保障が脆弱

　上述の母語・母国語教育や、外国人の子どもへのいじめ問題に対する政策の不在など、日本の学校教育の現状から、外国人の子どもや保護者にとって、ナショナルスクールやインターナショナル・スクール（以下、外国人学校）が、欠かせない選択肢となっている。しかしながら、これら外国人学校に対する財政支援などの制度的保障は、学校教育法の「一条校」である日本の私立学校と比べても非常に脆弱である。前回（第7・8・9）の政府報告書パラ132で、各種学校である外国人学校は自主性が尊重されていると言うが、実態は「勝手に学校を作りたければ、どうぞ。政府は何も助けません」というスタンスだと言える。外国人学校の運営はとても厳しい状況に置かれており、本来子どもたちが享受すべき教育権が損なわれている実態がある。

＊4.に関する補足資料：自由権規約委員会へのNGOレポート（2017年）、または前回CERD審査（2014年時）のNGOレポート（｜外国人学校｜）

**勧告案**

a）外国人の子どもたちが置かれている教育の実態について、定期的に調査すること。

b）母語・母国語教育を地方自治体に任せず、国レベルにおいて施策を立てること。

c）いじめ問題対策に、人種・民族差別を想定した項目を加えること。

d）外国人学校に対する財政支援等の制度的保障を、少なくとも日本の私立学校並みに図ること。

作成者：移住連、コリアNGOセンター

# 27. マイノリティの子どもの教育権

関連する前回勧告パラ：人種差別撤廃条約第5条（市民的、経済的権利等に関する人種差別の撤廃及び法律の前の平等）(e)(v)

政府レポート該当パラ：

勧告は実施されたか：

実施された場合、その効果：

**問題の説明**

(1) 外国人には就学義務がないとされることで、教育を受ける権利が損なわれる可能

性

　文部科学省は、「外国人については就学義務が課せられていませんが、その保護する子を公立の義務教育諸学校に就学させることを希望する場合には、これらの者を受け入れることとしており、受け入れた後の取り扱いについては、授業料不徴収、教科書の無償給与など、日本人児童生徒と同様に取り扱うことになっています」としているが、その実は、外国籍の子どもが義務教育の適用対象から外され、その結果、教育を受ける権利の主体でないことになる。

　2016年3月13日付けの日本経済新聞によると、2010年国勢調査で7～14歳の子どもの16%にあたる約1万3000人の就学状況が「不詳」であると分析され、日本人の同比率0.01%との差が大きく、うち「未就学」との回答も0.55%の約430人にのぼり、さらに就学年齢になっても学校に通わせていないために回答しないという可能性も高いと言う。義務教育年齢の子どもの就学状況は、通常自治体が全員調べることになっているが、外国人には就学義務がないとされるためにその対象外となっているため、調べていない自治体が多いと言う。

　そのことを裏付ける事実として、文部科学省が毎年行っている「学校基本調査」の「不就学学齢児童生徒調査票」の補註には現在も「外国人は、対象から除外する」と明記されている。

## (2) 就学しても、十分な教育を受けるための配慮がなされていない

　さらに、文科省調査の「日本語指導が必要な子ども」の数は、1991年の開始時から増加し続け、2016年、義務教育年齢に相当する外国人の6割が日本の公立学校に通っており、そのうち日本語指導が必要な子どもは約3万5000人で、公立学校に在籍する全外国人児童生徒の4割を占める。調査が開始されてから、4半世紀以上経つ今も、日本語会話は流暢であっても学習活動に参加できない子どもが相当数あり、学習能力が低いと単純に解釈されている場合も少なくない。つまり、外国籍の子どもが「日本人児童生徒と同様に取り扱う」という多数の学校現場の状況が、外国人の子どもの言語能力や学力つまり、―子どもの学ぶ権利―を十分保障できていないということを示している。また、近年では日本国籍であっても日本語指導を必要とする外国にルーツのある子ども、あるいは外国につながる子どもの数も増え続けている。

　こうした状況を克服するため、文科省はカリキュラム開発を進めてきたが、大学などの研究機関がある都市部や、外国人集住地域、外国人教育が伝統的にある一部の「特殊な地域」を除き、それが普及しているとは言い難い。子どもがどこに住むかによって当たり外れが大きいのが、政府の（地方自治体の）支援の在り様である。

　2014年には特別の指導を行う必要がある場合には通級による指導ができる「特別

の教育課程」が制度化されたが、導入するにも体制整備が必要と回答する市町村教育委員会は8割以上にのぼっている。つまり、文部科学省の政策は、子どもたちには十分とは言えず、日本の学校で学ぶにあたっても、言語的、文化的、民族的配慮がされていない状況が大半を占めていると言える。さらに子どもの教育権という発想がないために、次項のようなことが1990年代から起き続けている。

(3) 日本で生まれ育ち、日本での進学を希望している子どもに、強制退去命令が出ている

　こうした厳しい状況のなかで教育を受け続ける権利を、在留資格により剥奪しようという入国管理局の動きについても疑問が生じる。現在裁判中のペルー人一家（大阪在住）は、両親がそれぞれ偽装パスポートで入国、日本で結婚し2人の子どもが日本で生まれ育ち、日本の高校と中学に在籍（それぞれ17歳、14歳）していたが、父親が2011年に逮捕され、異議申し立てが棄却されて2018年に強制送還された。子どもたちはペルーを訪れたこともなく、日本の教育を受けて育ち、将来の進学も考えているが、現在裁判中である。すでにこのケースにおいては、父親がペルーに送還されているために、日本の社会で暮らす基盤も不安定になっており、子どもの年齢からしても、まったく知らないペルーで勉学を進めることは不可能に近く、そうなった場合の当事者である子どもの絶望感は計り知れない。

　また、こうした不法滞在の状況に置かれている子どもたちに対しては、その人格を否定するようなヘイトクライムが起きており、在日韓国朝鮮人の子どもとともに、日本で安心、安全に暮らしていきたいという「子どもの最善の利益」が損なわれるという状況がある。

**勧告案**

a) 義務教育段階における外国籍の子どもの不就学を防止するために、学校基本調査の不就学学齢児童生徒調査票に外国人も対象とすることをはじめ、法整備を行い、全国レベルでの教育委員会及び各学校に日本国籍の子どもと同じように外国籍の子どもを受け入れるための制度を定めることを通じて、子どもの教育の権利を保障すること。

b) 外国籍あるいは外国につながる子どもへの日本語指導ならびに母語保持などの言語能力や、学力に対応するカリキュラムを開発するとともに、そのための専門家の養成や配置を行い、全国の教育現場で実践することを通して子どもたちの学ぶ権利を保障すること。

c.) 非正規滞在の子どもについては、その家族の扱いも含め「子どもの最善の利益」

を優先できるような措置を取ること。

d) 日本においては高等学校が実質義務化している現実を踏まえて、外国籍あるいは外国につながる子どもなど日本語等による学力のハンディを持つ子どもについて、従来は「高等学校の履修できる見込みのない者として入学させることは適当でないという」適格者主義を取ってきたが、今後は義務教育段階からの学びを中等教育においても継続して保障できる措置を行うこと。

作成者：榎井 縁

# 28. 在日コリアン女性が直面する複合差別

関連する前回勧告パラ：CERD/C/JPN/CO7-9　パラ6（b）、17
人種差別撤廃委員会「一般的勧告30」（「市民でない者に対する差別」）
政府レポート該当パラ：
勧告は実施されたか：されていない
実施された場合、その効果：

## 問題の説明

　マイノリティである在日コリアン女性は、民族差別と女性差別という複合差別のなかで生きてきた。しかし、これまで日本政府による在日コリアン女性の実態調査が実施されたことはなく、在日コリアン女性の声が政策に反映されることはほとんどなかった。日本政府は、「国勢調査でわかる」「男女共同参画計画の対象になっている」とし、在日コリアン女性が直面する問題やその課題解決に向けての政策に関心を払っていない。また、10年以上、アプロ（APRO）以外のマイノリティ女性と協力して隔年で行ってきた省庁交渉では、政府官僚はマイノリティ女性の主張にまったく耳を貸さず、何の改善にもつながらなかった。

　日本政府が人種差別に真剣に向き合う状況になく、一般的な施策のなかで、不可視化されてきた在日コリアン女性の実態を可視化するため、当事者による実態調査「第2回在日コリアン女性実態調査─生きにくさについてのアンケート」を2016年に実施し、報告書にまとめた。満18歳以上の日本に居住している在日コリアン女性（朝鮮籍・韓国籍・日本籍）を対象に、友人・知人など、さらにその人たちの紹介により、調査への参加者を増やしていく方法で行った。結果、22都道府県に居住する在日コ

リアン女性から888部回収することができた。年代は、10代（1.9%）、20代（15.9%）、30代（12.8%）、40代（17.9%）、50代（24.9%）、60代（14.9%）、70代以上（6.6%）であった。国籍は、韓国籍（71.7%）、朝鮮籍（17.3%）、日本籍（10.1%）であった。調査結果を踏まえ3点述べる。

(1) 民族差別に名前が関係していることが、今回の調査で明らかになった。日本社会では、ルーツを表象する民族名を名のることが難しく、約8割が日本名を使っている。民族名を名のることで「在日コリアンに対する差別があることがわかる」という質問に対し、「そう思う」38.3%、「少しそう思う」26.7%、「あまりそう思わない」18.5%、「そう思わない」5.3%という結果であった。65%の回答者が、民族名の使用が民族差別に関係していると認識している。それは、民族名を名のることで差別や不利益をこうむる状況が現在に至っても存在してきたからである。たとえば、「朝鮮人は入居できませんと言われた」（40代）、「(仕事の面接で) 本名（民族名）を名のったことで、そこから根掘り葉掘り質問された挙句、バッサリと、しかもあからさまに言葉や態度で皮肉や暴言を吐かれた」（50代）、「(仕事の) 派遣先で日本名を名のってくださいと言われた」（30代）、「(近所の日本人から)「日本名は？」と聞かれ「ない」と答えると「おかしい、普通は日本名を持っている。韓国の名前は呼びにくい。日本の名前を使うべきだ」と非難された」（50代）、など民族名を名のることによる差別の経験をしている。また、民族名から日本名の使用に変える契機になっているのが、就職など仕事をするときに多く、社会生活での民族名の使いづらさを表している。そして、日本籍（国民）を持つ在日コリアンの場合であっても、ルーツを表象する民族名を名のっている場合、外国人として差別を受ける対象になる。在日コリアンの多くがルーツを表象する民族名ではなく、日本名を使って生活してきた背景には、植民地支配から続く在日コリアンに対する偏見や差別からの回避がある。日本政府はこの問題に対し、何ら政策を取ってこなかった。

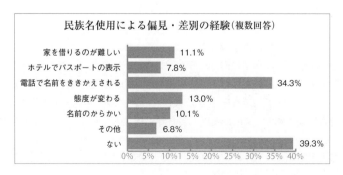

(2) 暴力を受けたことがある回答者の約40％が、「どこにも相談しなかった」との結果が出た。二次被害について聞いた質問（N=370）では、「ある」4.1％であった。勇気を持って相談したにもかかわらず対応者から不快な思いをさせられたり、役に立つ情報やアドバイスを得られなかったという経験などが、利用を妨げている背景にある。暴力は在日コリアン女性を孤立化させるだけでなく、在日コリアン女性にとって公的な相談窓口があっても、ハードルが非常に高く、安心して相談できる相談体制になっていない。

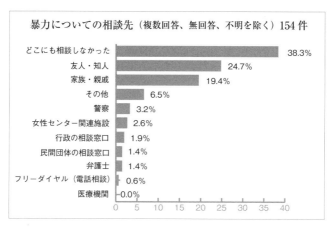

(3) 職場での民族的ルーツや国籍による差別について約40％が何らかの差別を経験していた。日本社会に蔓延する人種差別に抗い、本名（民族名）で生きることを選んだ在日コリアン女性に対して、職場では日本風の名前（通名）を使用するようになかば強要された例として「日本名を使わないのか？　使わなくてもいいのか？　と聞かれた」「通名（日本名）から民族名に変えた（在日コリアンの）先生を批判する同僚（教員）がいた」ことがある。また、国籍や民族学校（朝鮮学校）出身による差別といった具体的事実が判明している。たとえば、「ヘルパー（訪問介護）の訪問先で国籍のことで嫌味を言われた」「営業先で「北朝鮮のスパイか」と言われた」「朝鮮学校しか出ていないということで試験を受けられなかった」「履歴書に国籍を書くところはなかったが、どこの国か何度も聞かれた」「嫌韓（国）・嫌中（国）本や差別文書の大量配布・流布」「顧客から侮蔑的な民族差別的な言葉を言われた」などである。

(4) 日本社会の少子高齢化による労働力不足に直面する日本政府は、女性の労働力の利用に着目し、2014年には「女性活躍社会」の構築を掲げて「すべての女性が輝く

社会づくり本部」を設置し、2016年には女性の雇用推進のための「女性活躍推進法」を施行した。しかし、そこには上述したような労働力市場における複合差別に対応する施策は含まれていない。在日コリアン女性を含めてマイノリティ女性全般の現状にまったく無関心な政府は、マジョリティ女性を対象に想定した同法や男女共同参画社会基本計画の対象にはマイノリティ女性も含まれているから問題ないという見解を繰り返している。

**勧告案**

a) 在日コリアンを含むマイノリティ女性の生活・人権状況及び労働市場における実態調査を早急に行うこと。また、すでに持っている統計、データを加工すれば得られる情報を早急にまとめ、公表すること。

b) 公的相談窓口の担当者の人権教育、とりわけマイノリティ女性に対する複合差別を含めた教育とそれに基づく職務上のトレーニングを行い、マイノリティ女性が生活や人権侵害（とりわけ、言葉の暴力を含めた複合差別）に直面したときに、気軽に相談できるようにすること。当事者であるマイノリティ女性の意見を聴取すること。

作成者：アプロ・未来を創造する在日コリアン女性ネットワーク


# 29. 条約の対象としての中国帰国者（1条）


関連する前回勧告パラ：人種差別撤廃条約第5条（d）（ii）中国帰国者が「一般の日本人と同じ」であるなら永住帰国にあたり身元引受人を設けるという条件は撤廃すべき

政府レポート該当パラ：なし

勧告は実施されたか：

実施された場合、その効果：


**問題の説明**

(1)「中国帰国者」とは、1945年8月（日本の敗戦）当時の満洲（現在の中国東北部）で発生した中国内の日本人避難民と、その2世、3世、4世、それらの配偶者や連れ子を含む全家族を示す用語である。日本に帰国した「中国残留孤児」及び「中国残留婦人」は中国帰国者の1世であり、その人数は日本の厚生労働省によると永住帰国者

は約 6700 人である。日本に帰国した 1 世に姻戚関係のある全家族を含めた日本在住の中国帰国者の総数は、日本の厚生労働省の 2015 年の中国残留邦人等実態調査では 7 万人ほどとある。しかし、「中国帰国者の会」が出入国や国籍などの手続きや日本語学習を支援してきた経験によれば、2 世、3 世、4 世、連れ子などすべての親戚を含めた総数は 12 万人と見積もることができる。

(2) 1931 年 9 月、日本軍は満州事変を起こし、1932 年 3 月、中国東北地区に「満州国」を擁立した。満洲における日本人の移住は日本政府の 1936 年の閣議決定による国策として進められ、当時のソ連軍や中国国民党軍や共産党軍が日本人の居住地に攻撃した場合には日本の関東軍が応戦し、日本人を保護するという約束を日本人移住者にしたうえでの移住であった。しかし実際には、1945 年 5 月に関東軍など満洲域内の日本軍部隊は移住者を守ることなく、朝鮮半島に撤退した。このため満洲の日本人移住者は、旧ソ連が 8 月 9 日に日本に宣戦布告すると、自らの手で日本に帰国しようと逃避行を始めたが、このうち多くの高齢者が脱落し、多くの子どもは中国人家庭に売買され、あるいは預けられるなどして日本人の親などとは別離した。

(3) 日本政府は、1952 年 4 月、占領を解かれると、台湾に逃れた中国国民党政府と国交を樹立し、中国大陸の中華人民共和国を敵視する政策を取ったため、多くの日本人移民は「棄民」されたも同然になる。1972 年 9 月、ようやく中国大陸の中華人民共和国との国交樹立に至るが、支援者による政府への働きかけをきっかけとして、日本政府による「中国残留孤児」の訪日調査が始まったのは 1981 年で、帰国の本格化は非常に遅れた。このとき、1945 年当時に 13 歳未満であり自己の身元を知らない者を「中国残留孤児」と日本政府は呼称し、それ以外の者を「残留婦人等」と呼称して、自己の意志によって中国に残留したとみなされ、帰還事業の対象から外した。
　1993 年に「残留婦人等」である 12 人が成田空港に強行帰国し、日本国内にいる肉親による帰国の承諾、あるいは身元引受人がいなければ永住帰国を保障しないといった日本政府が設けた条件の撤回を求めた。この事件を受けて、1994 年に「中国残留邦人等の円滑な帰国の推進及び永住帰国後の自立の支援に関する法律」（以下、支援法とする）が成立したが、2018 年 7 月現在、帰国手続きのうえで身元保証人・身元引受人が求められる制度は続いている。

(4) 人種差別撤廃条約における「世系」や「門地」の概念は、その人物や集団の言語をも含む概念である。中国帰国者が一般の日本人から受ける差別は、日本国籍を持つ中国帰国者であってもニューカマーの外国人と変わらない差別を受ける。中国帰国者

への差別の指標は「言語」であり、中国語を話している人は中国人であると、一般の日本人はみなすことが多い。しかし、目前に外国人や中国帰国者がいるとして、在留カードや旅券など国籍を証明する書類を見ない限り、その人が本当に外国の国籍を持っているのかどうかはわからないのである。

　日本政府による複数回にわたる実態調査も示すように、中国帰国者の国籍は4種類ある。すなわち、①日本国籍を持つ者、②中国籍を持つ者、③無国籍者、④日中の二重国籍者、である。日本に人種差別禁止法がないことによって、中国帰国者も不安にさらされていると言えよう。

(5) 日本政府の実態調査によると、6割ほどの中国帰国者1世は生活保護を受給し、さらに支援給付と呼ばれる、2007年に成立した改定支援法に基づく給付も受給している者も存在することが判明している。2007年改定は、2001年から1世によって提起された国家賠償請求訴訟の判決を契機として行われたが、1世たちが不安に思っていたのは、自らの老後よりも2世、3世やそれらの配偶者などの行く末である。改訂支援法の施行当時、厚生労働省の担当官は2世や3世の世帯への支援は国としてではなく、地方自治体に任されていると発言している。2018年1月の時点でも、2世や3世への支援内容は自治体によりばらつきがあり、生活保護を受給している1世の世帯の割合は現在も高い。

　こうした格差によって、入国管理当局が財産を持たない中国帰国者の在留期間の更新を、1年間という短い期間に設定することが少なくないとの情報を支援団体は得ている。外国人や民族的、言語的少数者の間で条約が禁止する人種差別を日本の入国管理当局が実行していると受け取れる。日本の中国侵略と長期にわたって「棄民」とされたとの歴史的背景を有する中国帰国者に対して、一般の入国管理行政を適用することは不公正である。

**勧告案**

a) 特別な歴史的背景を有する中国帰国者等については、条約のいう「世系」「門地」を念頭に保護の対象とすべきである。

b) 中国残留邦人等の1世が日本に帰国する際に、身元引受人や身元保証人の指定が必要とすることは、条約5条 (d)（ii）の「いずれの国からも離れ及び自国に戻る権利」への侵害にあたり、撤廃すること。

c) 特別な歴史的背景を持つ中国帰国者等については、一般外国人と区別して、在留管理を行うべきで、より安定した在留を保障すべきである。

作成者：中国帰国者の会

# NGO 共同レポート参加団体

## 人種差別撤廃 NGO ネットワーク（ERD ネット）

## 団体

反差別国際運動（IMADR）

外国人人権法連絡会

移住者と連帯する全国ネットワーク

公益社団法人自由人権協会（JCLU）

在日本朝鮮人人権協会

コリア NGO センター

マイノリティ宣教センター

部落解放同盟

北海道アイヌ協会

琉球弧の先住民族会（AIPR）

年金制度の国籍条項を完全撤廃させる全国連絡会

人身売買禁止ネットワーク（JNATIP）

全国難民弁護団連絡会議

アジア・太平洋人権情報センター

兵庫在日外国人人権協会

かながわみんとうれん

沖縄国際人権法研究会

アプロ・未来を創造する在日コリアン女性ネットワーク

中国帰国者の会

## 個人

金昌浩（弁護士）、林 純子（弁護士）

榎井 縁（大阪大学教員）

（順不同）

# 第10・11回合同日本政府報告に関するリスト・オブ・テーマ

CERD/C/JPN/Q/10-11
配布：一般
2018 年 6 月 22 日
原文：英語

人種差別撤廃委員会
第 96 会期
2018 年 8 月 6 日 -30 日
条約第 9 条のもと締約国が提出した報告、意見および情報の審査

**国別報告者による付記**

1．人種差別撤廃委員会はその第 76 会期において、国別報告者は締約国の報告書審査における締約国代表団と委員会の間の対話を導き、焦点を合わせるために、短いリスト・オブ・テーマを当該締約国に送付することを決定した（A/65/18, para 85 参照）。本文書にはそのリスト・オブ・テーマが含まれている。これは完全なリストではない。その他の問題も対話の過程でとりあげられる。このリスト・オブ・テーマへの書面による返答は求められていない。

**国内法における条約とその実施に関する制度的および政策的枠組み（第 1、2、4、6 条）**

2．憲法における人種差別に関する定義を条約第 1 条に一致させる取り組みに関する情報（CERD/C/JPN／ CO/7-9, para 7; CERD/C/JPN/10-11, paras101-102）。

3．人種差別を禁止する包括的法律の制定に向けた取り組みに関する最新の情報（CERD/C/JPN/CO/7-9, para 8, CERD/C/JPN/10-11, para.101）。

4．パリ原則にしたがった国内人権機関設置に向けた取り組みに関する最新の情報（CERD/C/JPN/CO/7-9, para.9, CERD/C/JPN/10-11, paras.108-109）。

5．条約第 4 条（a）（b）の留保撤回のためにとった措置に関する最新の情報（CERD/C/JPN/CO/7-9,para.10, CERD/C/JPN/10-11, paras.124-126）。

6．メディアおよびインターネット上のヘイト・スピーチをなくすための措置の実施とその影響に関する最新で詳細な情報；メディアを通した人種差別および人種的暴力への扇動の防止に関する放送法の実施とその影響に関する情報（CERD/C/JPN/CO/7-9, para.11, CERD/C/JPN/10-11, para.131）。

7．ヘイト・スピーチや憎悪の扇動を広める公人および政治家に対する制裁に関す

る情報を含み、ヘイト・スピーチおよびヘイト・クライムの報告、調査、起訴および有罪判決の件数に関する情報（CERD/C/JPN/CO/7-9, para.11, CERD/C/JPN/10-11, para.130）。

8. 反ヘイト・スピーチキャンペーンと 2016 年の「ヘイト・スピーチ解消法」制定がもたらした影響に関する情報；同法律第 5 条に述べられている差別的言動に関する相談の実施およびその影響に関する詳細な情報（CERD/C/JPN/10-11, paras.105-107 and 133）。

## マイノリティおよび先住民族の状況（第 2 ～ 7 条）

9. アイヌ民族の雇用へのアクセス、教育および生活条件を改善し、アイヌ民族の土地と自然資源への権利を保護し、文化と言語の権利の実現を向上させ、アイヌ政策推進会議およびその他の諮問機関におけるアイヌ民族代表の数を増やすためにとった措置の実施とその影響に関する最新の情報（CERD/C/JPN/ CO/7-9, para.20, CERD/C/JPN/10-11, paras.17-33）。

10. 琉球・沖縄の人びとの代表と協議しながら、琉球・沖縄の人びとの権利保護のための措置の実施とその影響に関する情報；琉球の諸言語を保護し、その言語による教育を促進し、琉球の人びとの歴史と文化を教科書に含めるために採り入れたすべての措置に関する情報（CERD/C/JPN/CO/7-9, para.21,CERD/ C/JPN/10-11, paras.34-36）。

11. 被差別部落民の明確な定義を採用し、生活条件を改善し、部落民と部落民以外の間にある社会経済的格差をなくし、戸籍記載情報の保護を含み、部落の人びとを部落差別から守るためにとった措置に関する情報；2016 年の「部落差別解消推進法」の実施とその影響に関する情報（CERD/C/JPN/CO/7-9,para. 22）。

12. 法執行官によるムスリムの民族的あるいは民族宗教的プロファイリングの防止のためにとった措置に関する情報（CERD/C/JPN/CO/7-9, para.25, CERD/C/JPN/10-11, para.142）。

13. マイノリティおよび先住民族の女性に対する暴力防止に関する 2015 年第 4 次男女共同参画基本計画の影響に関する情報；マイノリティおよび先住民族の女性に対する暴力の通報件数およびそうした暴力の加害者の調査、起訴および有罪判決の件数に関する情報；日本国籍者あるいは永住権をもつ外国籍者と結婚した外国人女性の離婚による国外退去を防止し、彼女たちを確実に保護するために、在留資格に関する法律の見直しのためにとった措置に関する情報（CERD/C/JPN/CO/7-9, para.17, CERD/CJPN/10-11 paras9-16）。

14. 「慰安婦」に関する調査の結果、彼女たちの権利の侵害に関する調査の結果を含

む「慰安婦」問題の解決に向けた取り組み、ならびに生存する元「慰安婦」およびその家族への適正な賠償の支給、これらに関する情報（CERD/C/JPN/CO/7-9, para.18）。

15. 人種差別の防止に関する研修および啓発活動の実施とその影響に関する最新の情報（CERD/C/JPN/CO/7-9, para.26, CERD/C/JPN/10-11, paras.110-122 and 197-216）。

## 移住者、庇護希求者および難民を含む市民でない者の状況（第５～７条）

16. 雇用、教育、医療および住宅の領域を含め、移住者に対する人種差別に関する措置の実施とその影響についての最新で詳細な情報（CERD/C/JPN/10-11, paras.49-51 159-162）。

17. 2016 年 11 月に制定された外国人の技能実習の適正な実施及び技能実習生の保護に関する法律および 2017 年 4 月に公布された関連する政令および省令の施行など、技能実習制度改革のための措置の実施とその影響に関する情報；技能実習制度の監理団体に行った労働基準検査に関する最新のデータおよび情報（CERD/C/JPN/10-11, paras.46-48）。

18. 公務員職、国民年金制度および公共の場所や施設へのアクセスを含み、市民でない者の状況の改善のためにとった措置に関する詳細な情報（CERD/C/JPN/CO/7-9, paras.13-15, CERD/C/JPN/10-11, paras. 147-149,165, and 177-179）。

19. 北朝鮮 ** の学校（訳注：朝鮮学校）の補助金の利用を認めることを含み、北朝鮮 ** の（訳注:朝鮮学校で学ぶ）子どもたちの教育へのアクセスを改善するためにとった措置に関する最新の情報（CERD/C/JPN/ CO/7-9, para.19, CERD/C/JPN/10-11, paras.169-175）。

20. 特に性的搾取を目的としたマイノリティ女性に関するものを含み、人身取引に対する具体的法律の制定のためにとった措置に関する情報と、報告書に列挙されている人身取引防止のための研修およびその他の措置の影響に関する最新の情報（CERD/C/JPN/10-11, paras.55-71）。

21. 難民および庇護希求者に関して一般社会および当局の間の非差別の意識と理解の促進のためにとった措置に関する情報；難民および庇護希求者の住居、教育、雇用そして基本的サービスへのアクセスを改善するためにとった措置に関する情報（CERD/C/JPN/CO/7-9, para.23）。

---

** : 日本政府報告書が North Korean と事実誤認の表記をしていることによる。

# 審査会場にて

写真＝島崎ろでぃー

## ■審査会場にて─ジュネーブでの4日間

　このパートはジュネーブで起きたことの記録である。その内容は、
①ジュネーブにおける活動の日程表
②8月16日午後と17日午前に行われた委員会と政府代表団との対話（審議）
③人種差別撤廃委員会政府代表団およびNGO参加者の各リスト
④日本審査に関する新聞報道（ヘッドラインのみ、一部）
　このパートの中心となる審議録は、2日間の対話（審議）の録音を起こし、英
語の部分は日本語に訳したものである。これをお読みいただいたら、次のパー
トで紹介する総括所見が出てきた流れを一定把握していただける。

# 第96会期人種差別撤廃委員会（CERD）審査日程と日本からのNGO現地プログラム
# 2018年8月14日〜8月17日

於：パレ・ウィルソン（国連人権高等弁務官事務所）

| 日程 | 時間 | プログラム |
|---|---|---|
| 8月14日（火） | 10:00〜13:00 | CERD主催NGOとの非公式ミーティング<br>モーリシャス、キューバ、日本のNGOs |
|  | 15:00 | 「慰安婦」世界メモリアルデー<br>ジュネーブにて有志による連帯行動 |
| 8月15日（水） | 11:00 | 人種差別撤廃委員へのロビー活動 |
|  | 14:00 | 国連特別手続きアシスタントとの個別ミーティング |
| 8月16日（木） |  | NGOミーティング（審査前のNGOsと委員の意見交換会） |
|  | 15:00〜18:00 | 人種差別撤廃委員会による<br>日本政府報告書審査　前半 |
| 8月17日（金） | 10:00〜13:00 | 人種差別撤廃委員会による<br>日本政府報告書審査　後半 |
|  | 15:30〜 | ERDネット記者懇親会（国連敷地外） |
| 8月30日（木） |  | 人種差別撤廃委員会日本審査の総括所見採択 |

4 審査日程

# 人種差別撤廃委員会日本政府報告審査審議録

---

## 1日目（2018年8月16日午後）

---

### ヌルディーン・アミール議長

　本日午後、日本の代表団をお迎えして、日本が提出した報告についてこのように議論ができることを光栄に思います。委員会を代表して代表団の皆さまに心より歓迎の言葉をお送りいたします。日本は大人数の代表団を送られましたが、それは何にもまして日本がこの条約を重視しておられることの表れです。

　まず代表団の代表者の方に政府報告書にさらに追加される情報があればそれを含めて最初のご報告をしていただきます。限られた審議時間のため、代表の方には30〜40分でご報告をいただき、その後、日本の国別報告者であるマーク・ボスィート委員にマイクを渡します。ボスィート委員は、日本の報告書をもとに行った調査の観点より、日本における人種差別の状況の評価を発表します。国別報告者の報告が終われば、委員会においてフォローアップ情報を担当しているグン・クー委員に意見を述べてもらいます。クー委員は日本が提出した前回総括所見のフォローアップ勧告に関する情報について意見を述べます。クー委員が終われば、発言を希望されるその他の委員にマイクを回します。日本報告書に関する意見、質問、あるいはボスィート委員の評価への追加事項などご自由に発言してください。

　予定の6時より前に終わり、日本政府がそれら質問に対して何らかの予備的回答ができるようであれば、時間までそれを行ってください。その準備ができていなければ、明日に回していただいて結構です。明日は午前10時から午後1時まで行いますので、その時につっこんだ協議ができます。また、代表の方が代表団の紹介をしようと思われたら、どうぞ今からご自由に行ってください。

　また、この会合はウェブキャストで実況中継されていることをお知らせしておきます。世界の人びとが見守るなかで、日本における人種差別に関する評価

を行うこの重要な機会にたいして、私たちは責任を負っていることを確認いたします。

### 大鷹正人　日本代表団代表

議長、人種差別撤廃委員会委員の皆様、人種差別撤廃条約第10回・第11回日本政府報告に対する貴委員会による審査に際し、日本政府代表団を代表して、最初に発言申し上げます。

まず、人種差別の撤廃という崇高な目標に向かって、日々精力的に活動されている貴委員会の活動に敬意を表するとともに、本日、貴委員会と建設的な対話の機会を得られたことを光栄に思います。

99年前、パリ講和会議において、日本も積極的に参加する形で、国際社会と人種差別との闘いが始まりました。その後、第二次世界大戦を経て、1945年の国連憲章、1948年の世界人権宣言、そして、最初の試みから50年後、1969年に発効した人種差別撤廃条約で具現化しました。

我が国は、戦後70数年の間、一貫して、民主主義、自由、人権、法の支配といった基本的価値に重きを置き、国内外の人権状況の保護・改善のための努力を継続してきました。本審査を迎え、100年近く前の先達の掲げた理想と70年以上前の第二次世界大戦への反省を胸に、国連を始めとする国際社会及び市民社会と連携し、引き続きすべての人の人権の保護・促進に貢献していく決意を改めて表明します。

議長、人種差別撤廃委員会委員の皆様、ここで政府報告でも取り上げた我が国の最近の主な取組をいくつか説明いたします。

まず、我が国では、近年特に社会的関心を集めているいわゆるヘイトスピーチ問題に対処するため、2016年6月に、「本邦外出身者に対する不当な差別的言動の解消に向けた取組の推進に関する法律（ヘイトスピーチ解消法）」が施行されました。同法律は、本邦外出身者に対する不当な差別的言動は許されないことを宣言するとともに、更なる人権教育と人権啓発などを通じて、国民に周知を図り、その理解と協力を得つつ、不当な差別的言動の解消に向けた取組を推進すべく、制定されたもので、本邦外出身者に対する不当な差別的言動の解消に向けた取組について、基本理念を定め、国等の責務を明らかにするとともに、基本的施策を定め、これを推進することを目的としています。我が国は、同法の趣旨を踏まえ、いわゆるヘイトスピーチが許されないことについての啓発活動や、被害相談に対応するための体制の整備、外国語人権相談の利便性向

上を図るための取組、その他ヘイトスピーチの解消に向けた取組を実施しています。差別意識を生じさせることにつながりかねない言動については、我が国は、人権擁護の観点から注視し、引き続き、相談体制の整備や啓発活動等、ヘイトスピーチの解消に向けた取組を適切に推進していきます。

次に、我が国は、先住民族であるアイヌの人びとの人権を尊重した総合的政策を確立するよう積極的な施策に取り組んでいます。なかでも、アイヌ文化復興等に関するナショナルセンターとなる「民族共生象徴空間」については、2020年4月に一般公開するため、北海道白老町に、その主要施設となる「国立アイヌ民族博物館」、「国立民族共生公園」等の整備や開業準備を政府が中心となって進めています。この民族共生象徴空間は、我が国が将来に向けて先住民族の尊厳を尊重し差別のない多様で豊かな文化を持つ活力ある社会を築いていくための象徴という、重要な意義を有する国家的なプロジェクトとして、長期的視点に立って取り組むべき政策です。我が国は、引き続き、アイヌの人びとの文化の振興やアイヌの伝統等の知識の普及・啓発、アイヌの人びとの生活の向上を図るための施策等を推進していきます。

今回の政府報告作成に当たっては、多くの関係府省庁の関与を得たほか、外務省ホームページを通じて市民社会から幅広く意見募集を行うとともに、NGOをはじめとする市民社会との意見交換会を開催いたしました。この他、政府報告の提出前に限らず、提出後にも、ご意見したいと希望される方には、可能な限り時間を設け意見を拝聴しました。政府としては、人権尊重の促進に向けた民間レベルでの活動の重要性を認識しており、今後とも市民社会との対話に意を用いていく考えです。

議長、人種差別撤廃委員会委員の皆様、日本は島国であり、閉鎖的・排他的であるというステレオタイプがあるかもしれません。しかし、近年、我が国を訪問する外国の方々は急増しています。前々回審査が実施された2010年には約861万人だった訪日外国人数は、前回審査が実施された2014年には、約1,341万人となり、昨年2017年には、約2,869万人まで増加しました。首都・東京のみならず、日本各地で訪日外国人の方が温かく迎えられ、そして、我が国を訪問した外国人の多くはリピーターになっています。また、さまざまな出自の日本国民がスポーツ等で活躍している姿を、国民は自然な形で喜び、応援しています。

ご存じのとおり、我が国は、2020年に東京オリンピック・パラリンピック競技大会を開催する予定です。オリンピック憲章・オリンピズムの根本原則に

は、「スポーツをすることは人権の1つである。すべての個人はいかなる種類の差別も受けることなく、オリンピック精神に基づき、スポーツをする機会を与えられなければならない」とあります。我が国としては、このオリンピック憲章を尊重し、憲法及び本条約の前文の精神を踏まえ、人種、民族等も含めいかなる差別も許すことなく、今後も人権の保護・促進に貢献するべく、たゆまぬ努力を行っていく所存です。

　また、人種差別撤廃条約に関する今回の重要な審査において、我が国代表団は、委員の皆様の関心事項に対し誠意を持って最大限の回答を行う用意があります。有意義な議論が行われることを希望します。ありがとうございました。

　引き続き、日本の第10回・第11回定期報告書に関する委員会の問題リストに関する口頭での回答を行います。まず、問題リストの6及び8で言及のあったヘイトスピーチの解消に向けた取組について説明します。

〈ヘイトスピーチ〉

　2016年に施行されたヘイトスピーチ解消法第5条に規定されている差別的言動に関する相談体制の実施に関して、法務省は、2017年4月から「外国語人権相談ダイヤル」及び「外国人のための人権相談所」の対応言語を6カ国語（英語、中国語、韓国語、フィリピノ語、ポルトガル語、ベトナム語）に拡大しました。また、従来、全国10カ所に設置していた「外国人のための人権相談所」を、全国50カ所の法務局・地方法務局に拡大するなど、相談体制のより一層の整備に努めています。

　また、メディア及びインターネット上におけるヘイトスピーチへの対処に関して、人種差別を含む不当な差別や偏見の解消に向けて、講演会の開催や啓発冊子の配布などのさまざまな啓発活動を行っています。その一環として、インターネット上で外国人を排斥する趣旨の言動が行われていることも踏まえ、法務省のホームページに「外国人の人権」に関するページを設けるとともに、インターネット上の検索サイト等に外国人の人権に関するバナー広告を実施するなどしました。

　また、全国の法務局において、被害者から被害申告を受けた場合、速やかに該当するインターネット上の人権侵害情報を確認し、被害者自らが被害の回復・予防を図ることが困難な事情がないか検討したうえで、そのような事情がない場合は、被害者に対し、プロバイダ等への当該侵害情報の削除依頼等の具体的な方法について助言するなどの「援助」を行っています。

一方、被害者自らが被害を回復することが困難な事情が存在すれば、必要に応じて被害者や関係者から事情を聴くなどの調査を行うとともに、法令・判例に照らして違法性を判断し、違法性が認められる場合には、法務局においてプロバイダ等に対して当該情報の削除を要請しており、2017年中においては、計568件の削助要請が行われるなど、被害者の適切な救済が図られています。

　総務省は、インターネット上のヘイトスピーチ等に対するプロバイダ等による適切な対応を促進するために、民間事業者団体による「違法・有害情報への対応等に関する契約約款モデル条項」の策定を支援しています。

〈アイヌの人びと〉

　次に、問題リストの9で言及のあったアイヌの人びとの権利の保護・促進のための措置について説明します。

　2008年6月に採択された国会決議を受けて内閣官房長官の下に設置した「アイヌ政策のあり方に関する有識者懇談会」が2009年7月に日本政府に提出した報告書において、国連宣言の関連条項を参照しつつ、アイヌの人びとが先住民族であるという認識に立ち、今後のアイヌ政策の理念や我が国及びアイヌの人びとの実情に応じた具体的政策が提言されています。

　同報告書を受け、政府は、2009年12月、アイヌの人びとの意見等を踏まえつつ総合的かつ効果的なアイヌ政策を推進するため、「アイヌ政策推進会議」を設置しました。同会議やその作業部会の構成員のうち、アイヌの委員は、1／3以上を占めており、アイヌの人びとの関与を十分得ながら施策を推進しています。政府は、引き続き、アイヌの人びとの意見をよく聴きながら、具体的政策を着実に実行していくこととしています。

　アイヌの人びとの生活水準に関しては、北海道の調査によれば、着実に向上しつつあるものの、なお北海道内の一般との格差は是正されたとはいえない状況にあり、政府は、北海道が進めている「アイヌの人たちの生活向上に関する推進方策」に対し必要な協力を行っています。また、北海道アイヌ集落における住民の生活改善、福祉の向上を図るための施設である生活館において、生活上の各種相談事業や人権啓発事業等を総合的に実施しています。

　アイヌの人びとの教育に関しては、2016年に北海道が策定した「第3次アイヌの人たちの生活向上に関する推進方策」により、教育の機会均等の観点から、経済的な問題で進学を断念することがないよう、アイヌの子弟を対象とした奨学金事業を行っており、政府はその経費の一部を補助しています。2017

年北海道アイヌ生活実態調査によると、高校への進学率は95.1％で、前回調査（2013年）と比べ2.5％増加、大学（短大を含む）への進学率は33.3％で、前回調査と比べ7.5％増加しており、教育へのアクセスの改善が図られています。

アイヌの人びとの雇用に関しては、企業の採用選考に当たって、応募者の基本的人権を尊重し、就職差別を未然に防ぐという観点から、応募者の適性・能力を基準とした公正な採用選考を行うよう、雇用主に対して指導・啓発を行っています。

アイヌの人びとの文化の保護・振興に関しては、2009年2月にユネスコが、アイヌ語を含む日本の8つの言語・方言が消滅の危機にあると発表したことを受け、政府は、アイヌ語の危機状況や保存・継承のための取組状況等を調査し、危機的な状況にあることを確認しました。この調査結果を受け、アイヌ語の音声資料を学習等に利用できる環境を整えるために、アーカイブ化を計画し、2015年度から、アイヌ語の音声資料のデジタル化と、アーカイブ作成支援を行っています。併せて、アイヌ語話者も登壇する、アイヌ語を含む消滅の危機にある言語・方言について周知する催しや、アイヌの方々も委員となっている、関連地域の行政担当者と研究者の情報共有等を行うための会議も行っています。

また、アイヌ文化の振興と国民理解の促進を図るため、公益財団法人アイヌ民族文化財団が実施する「アイヌに関する総合的な研究の推進」、「アイヌ語の振興」、「アイヌ文化の振興」、「伝統的生活空間を利用した伝承者育成事業」といった事業に対して支援を行っています。

アイヌの人びとの土地に対する権利に関して、我が国においては、何人も国内法に基づき土地に対する所有権その他の財産権が保障されており、アイヌの人びとも日本国民として、こうした権利をすべて等しく保障されています。なお、土地・資源の利活用によりアイヌ文化の総合的な伝承活動等を可能にするため、上記報告書は、アイヌの伝統的生活空間（イオル）再生事業の拡充等を提言しており、政府では、こうした提言を踏まえて着実に施策を推進しています。

〈技能実習制度〉

次に、問題リストの17で言及のあった技能実習制度の改善のための措置について説明します。

技能実習制度については、同制度に対する指摘・意見を踏まえ、技能実習の

適正な実施や技能実習生の保護を図るため、2016年11月、「外国人の技能実習の適正な実施及び技能実習生の保護に関する法律（技能実習法）」を制定し、同法は2017年11月施行されました。

同法においては；

①国の責務として、技能実習の適正な実施と技能実習生の保護を図るために必要な施策を総合的・効果的に推進することを明確に規定した上で

②技能実習生に対する人権侵害行為の禁止、罰則の整備

③技能実習生からの相談・申告への対応

④技能実習生に対する転籍支援の義務化

⑤監理団体や実習実施者に対する調査・検査等を行う外国人技能実習機構の設立等が定められ、これらにより技能実習生の保護を行っています。

また、2017年4月には、「技能実習の適正な実施及び技能実習生の保護に関する基本方針」を含む技能実習法関係政省令及び告示が公布されました。同基本方針は、技能実習の適正な実施及び技能実習生の保護を達成するための基本的な考え方を示しており、国及び外国人技能実習機構並びに監理団体及び実習実施者等は、同基本方針で示された留意点を踏まえた制度の運用・活用を行っています。

また、技能実習制度の監理団体に対する監督指導の実施に関して、労働基準監督機関においては、実習実施者において認められた労働基準関係法令違反について、監理団体の関与が疑われる場合は、その監理団体に対して厳しく指導を行っています。また、同機関においては、技能実習法に基づき、監理団体に対し立入調査を行うなどにより、実習実施者に対する労働基準法等の労働に関する法令に係る指導等の状況を確認することとしています。

〈人身取引〉

次に、問題リストの20で言及のあった人身取引に対する取組について説明します。

2017年7月、日本は、人身取引を含む国際的な組織犯罪に対処すべく、パレルモ条約（国際組織犯罪防止条約）及び人身取引議定書を締結しました。

政府は、人身取引対策に係る情勢に適切に対処し、政府一体となって総合的かつ包括的な人身取引対策に取り組んでいくため、2014年12月、新たに「人身取引対策行動計画2014」を決定するとともに、関係閣僚から成る「人身取引対策推進会議」を開催することとしました。

現在、関係省庁が連携し、具体的には、実態把握の徹底、人身取引の防止・撲滅、被害者の認知の推進及び保護・支援等を推進しています。

例えば、警察では、風俗営業等に係る不法就労事犯等の取締りを行うほか、匿名通報ダイヤルの運用、多言語で作成したリーフレット等による広報・啓発活動を通じて、潜在化しやすい情報を幅広く収集し、被害者の早期保護、被疑者の検挙に努めています。

婦人相談所においては、関係行政機関から人身取引被害者の保護要請を受け又は自ら認知した場合において、被害者の了承を得たうえで警察や入国管理局への通報を行うほか、人身取引被害者に対する衣食住の提供、夜間警備体制の整備など、保護中の支援の充実を図っています。

海上保安庁では、人身取引被害者を含む犯罪被害者等に対し、刑事手続の概要及び捜査状況、被疑者の逮捕、当地状況等、被害者の救済や不安の解消に資すると認められる事項の説明を行う等、犯罪被害者等の支援策を講じています。

また、法務省では、2005年、出入国管理及び難民認定法の改正により、外国人被害者に在留特別許可できる規定を新設するなどして、被害者保護を強化しています。

さらに、外国人被害者については、IOMへの拠出を通じ、母国への安全な帰国及び帰国後の社会復帰支援事業を実施しています。2005年5月以降2018年6月末までに、321人に対し帰国支援を提供しています。

今後とも、人身取引の根絶を目指し、政府一丸となって取り組んでいく所存です。

### 〈「慰安婦」問題〉

最後に、日本政府としては、人種差別撤廃条約は、日本が同条約を締結（1995年）する以前に生じた問題に対して遡って適用されず、慰安婦問題は、人種差別撤廃条約第1条1にいう「人種差別」には該当しないと考えており、慰安婦問題を同条約の実施状況に係る審査において取り上げることは適切ではないと考えますが、問題リストの14で慰安婦問題について言及があったところ、この機会に改めて説明します。

日本政府としては、慰安婦問題が多数の女性の名誉と尊厳を傷つけた問題であると認識しています。日本政府は、これまで官房長官談話や総理の手紙の発出等で、元慰安婦の方々に対し、心からおわびと反省の気持ちを申し上げてきました。

また、生存している元慰安婦とその家族に対する補償の提供に関して、日本政府としては、慰安婦問題を含む先の大戦に関わる賠償並びに財産及び請求権の問題については、サンフランシスコ平和条約、日韓請求権協定及びその他の条約により、法的には解決済みとの立場ですが、そのうえで、元慰安婦の方々の現実的な救済を図るため、元慰安婦の方々への医療・福祉支援事業や「償い金」の支給等を行うアジア女性基金の事業に対し、最大限の協力を行ってきました。また、これらの事業が実施される際には、現職の内閣総理大臣から元慰安婦の方々ひとりひとりに対し、「おわびの手紙」を送付しました。

　アジア女性基金は2007年3月に解散しましたが、日本政府としては、今後ともアジア女性基金の事業に表れた日本国民及び政府の本問題に対する真摯な気持ちに理解が得られるよう引き続き努力するとともに、慰安婦問題に関する日本の考え方や取組に対し、国際社会から客観的な事実関係に基づく正当な評価を得られるよう引き続き努力していきます。

　また韓国との間の慰安婦問題については、2015年12月には、日韓両政府は、多大な外交努力の末に合意に至り、慰安婦問題の「最終的かつ不可逆的」な解決を確認しました。

　日韓両国で約束し、国際社会も評価している日韓合意が、引き続き着実に実施されることが重要であると考えます。

　さて、日本の代表団は、この重要な条約実施の審査において委員の皆さまから出される問題や懸念に関して、誠実にお答えしたいと考えております。この審査が実り多いものになるよう願います。ご清聴ありがとうございました。

### ヌルディーン・アミール議長

　大鷹代表ありがとうございました。日本特別報告者のボスィート委員が話す前に、議長である私より、人種差別委員会の委員に新しくなられた洪恵子さんを日本政府が推薦してくださったことについてこの場を借りてお礼を申しあげます。洪委員はすでに委員会で本領を発揮してくださっており、このように優れた委員を日本が推薦してくださったことに感謝いたします。自国の審査には関与できないため洪委員は傍聴されます。

　もう一点申しあげます。委員会は日本政府に判定を出すわけではありません。どの委員であれ、その発言は、本条約に関係する問題を扱っている国際的な専門家の言葉として行われるものです。そのことをご理解くださいますようお願いいたします。ではボスィート委員よろしくお願いします。

#### マーク・ボスィート委員

議長ありがとうございます。まず、日本政府が第 10 回・11 回定期報告書を作成され、時間通りに提出されたことにお礼申しあげます。また、開会冒頭の発言と委員会が事前に送ったリスト・オブ・テーマへの政府回答を、事前に送付してくださり大変助かりました。また、日本の市民社会には、国内の人権状況に関する書面によるレポートを委員会に提出し、さらには審査の前に口頭にて質問に応じていただき、非常に助かりました。また、私も国際法学者の洪恵子さんが委員会に入ってくださったことを心より歓迎いたします。これより、国別特別報告者として政府報告に対する分析と意見を述べます。

〈国内法体系における条約〉

委員会は以下の課題への日々の取り組みに関する情報を歓迎します。

a. 憲法上の人種差別の定義を条約第 1 条に合わせる努力。
b. 前回総括所見の勧告に沿って人種差別を禁止する包括的な法律を採択する努力。
c. パリ原則に沿って国内人権委員会を設置する努力。国会で 2012 年に人権委員会設置法案が廃案になって以降、委員会の設置に向けた進展は緩慢に思える。

委員会はさらに以下の情報を歓迎します。

a. 条約第 4 条（a）（b）項の留保に関してとった措置。
b. メディアおよびインターネットにおけるヘイトスピーチをなくすためにとった措置とその影響。特に、メディアを通した人種差別および人種的暴力扇動の防止に関する放送法の実施とその影響に関する情報。
c. ヘイトスピーチや憎悪の扇動を広める公人および政治家に対する制裁に関する情報を含み、ヘイトスピーチおよびヘイトクライムの報告、調査、起訴および有罪判決の件数に関する情報。

議長、2016 年のヘイトスピーチ解消法の対象は日本に合法的に居住する人びとだけに限定されています。日本の法律に適って居住するマイノリティを除き、非常に限定されています。この限界を克服するために、締約国は速やかに包括的な差別禁止法を作るべきです。さらに重要なことは、締約国は、公務員によるあらゆる差別的発言を断固非難すべきであり、可能であれば、そのような公務員を解任すべきです。政府の定期報告書には 2009 年に起きた事件の訴追に関して述べてありました。複数の個人が拡声器を使って朝鮮学校の近くで

朝鮮学校排除を煽るためにヘイトスピーチを行い、逮捕、起訴されたと報告されていました。しかし、はっきりしないのは、これら個人はどの法規定のもと訴追されたのか、そしてそれら行為に対してどのような罰を受けたのかです。反レイシスト情報センターが出した 25 ページにわたるレポートには、国会議員および地方議員が行った差別的発言のリストが含まれており、それらはどれも罰を受けていません。

## 〈アイヌ民族〉

　アイヌの人口は約 16,700 人です。委員会は前回の総括所見において、アイヌ民族の状況改善を促す勧告を行いました。締約国はその定期報告書に、北海道アイヌ生活実態調査で示された格差と権利に関する情報を提供しました。締約国はまた、アイヌ語の危機とアイヌ民族の文化を学校で教えていることについて報告しています。しかし、アイヌ政策推進会議でのアイヌ民族の代表に関する情報はありませんでした。アイヌ民族の土地と自然資源に対する権利についての情報もありませんでした。職場、学校および公共サービスにおける差別の事例は報告されています。アイヌの人びとは国レベルでの社会福祉政策や教育支援助成、地方および中央政府におけるアイヌの代表、そして歴史的不正義に対する正式な政府の謝罪を求めてきました。

　委員会はアイヌ民族を先住民族として認めた全会一致の国会決議を歓迎しましたが、その法的効果や影響についてははっきりしません。アイヌ民族の状況改善のためにとった措置に関する情報が求められます。雇用、教育、生活水準、土地と自然資源の権利の保護、文化的言語的権利の実現、そしてアイヌ政策推進会議やその他の協議機関へのアイヌ民族からの代表者数などに関する情報を求めます。国はアイヌ民族の遺骨に関する調査を実施するべきです。そして公教育においてアイヌの歴史や文化を学ぶ機会を増やし、高等教育を受ける機会に対する権利を保障できるよう経済的支援を強化すべきです。

## 〈琉球・沖縄の人びと〉

　琉球は 160 以上の島々からなり、その最大である沖縄本島は 1879 年に日本に併合されました。前回の総括所見において委員会は琉球沖縄を日本の先住民族として認め、その権利を保護するために具体的な措置をとるよう勧告を出しました。今回の定期報告で、締約国は沖縄県の 2 市町議会による、沖縄の大半の人びとは自分たちを先住民族であるとは考えていない、その暮らしぶりは本

土の人びとと同じであると述べた決議文を参照しながら、琉球・沖縄人は先住民族であるという考えを拒否しています。しかしながら、琉球の先住民族の状況をみれば、委員会は、本土に移住した人びとを除き琉球諸島のすべての人びとを先住民族として認め、文化、伝統そして言語を保護すべきであると言わざるをえません。

〈部落民（120万人）〉

　前回の総括所見において、委員会は締約国に、部落の人びとと協議をして、部落民の明確な定義を採択して、条約下におけるその見解を変えるよう勧告をしました。委員会はまた、2002年の同和対策特別措置法終了後にとった具体的な措置と、特に部落民の生活状況に関する情報を提供するよう勧告しました。2016年12月に施行された部落差別解消推進法はもっぱら部落差別だけを扱った初めての法律です。その法律に基づき、国および地方自治体は部落差別を調査し、意識高揚の教育を実施し、相談体制を強化することになっています。しかし、部落の人権擁護団体は、多数の部落民にとって社会的経済的改善は達成されたものの、雇用、結婚、住居および不動産評価における広範な差別は根強く存在すると引き続き報告をしています。締約国はとりわけ、戸籍の違法な乱用に関するすべての事件を調査し、責任者を処罰すべきです。戸籍情報の違法な取得は部落の人びとを差別行為にさらしかねません。締約国はまた、部落民に対する差別を世系に基づく差別であると特定し、差別の被害者のために法制度を確立すべきです。

〈ムスリム〉

　警察は法に基づき公平、中立に任務を果たしている、外国出身のムスリムの監視はしていないという締約国の報告にかかわらず、委員会はムスリムの民族的プロファイリングの報告を受けました。締約国は法執行職員がムスリムの民族的および民族的人種的プロファイリングを絶対に頼りにしないよう対策を講じるべきです。

〈マイノリティ女性に対する暴力〉

　前回の総括所見で、委員会はマイノリティおよび先住民族女性に対する暴力の防止に関する勧告を行いました。今回の報告書で、締約国はこれら女性に対する暴力の防止に関する具体的な情報を提供していません。通報された事件あ

るいは起訴などに関するデータは何も含まれていませんでした。前回の総括所見でとりあげられた法律の差別的側面の見直しあるいは改善に関するデータは何も提供されませんでした。委員会は2015年第四次男女共同参画計画がマイノリティおよび先住民族女性に対する暴力の防止にどのような影響をもたらしたのかを知りたいです。マイノリティおよび先住民族女性の暴力事件の件数と、日本国籍者あるいは日本の永住資格保有者と結婚した外国女性が、離婚と同時に国外退去されないようにするためにとった措置についての情報を歓迎します。

### 〈「慰安婦」〉

　非常に繊細な問題は「慰安婦」に関する問題です。締約国の定期報告書はこの問題に関して沈黙を守っていました。しかし、リストオブテーマへの返答として、締約国がこの問題について述べていたのでよかったです。確かに事実が起きたのは戦時中であり、この条約が効力をもつよりずっと以前のことでした。しかし、被害の影響は消えることがありません。前回の総括所見で、委員会は、締約国が日本軍による「慰安婦」女性の権利侵害に関する調査を実施し、適切な賠償と誠意ある謝罪の表明、そして侮辱や事実の否定などの試みの非難を含む包括的で中立で、永続的な解決を追求するよう促しました。

　委員会は以下のことに留意しています。「2015年12月28日に日本政府と韓国政府はその問題に関する合意を結んだ」と発表しました。その合意は最終的で不可逆であると位置づけられ、日本政府は「慰安婦」問題は多数の女性の名誉と尊厳に対する大いなる侮辱であることを認め、日本政府は心からのお詫びと深い反省の意を表明しました。日本政府はまた、10億円を和解と癒しの財団に寄贈しました。それは1995年から2007年まで存在したアジア女性基金が民間からの寄付と日本政府からの助成金を集めて作った基金でした。合意は被害者中心のアプローチに欠けており、第二次世界大戦前および戦中に日本軍が犯した重大な女性の人権侵害であると正式に認めていないため、多数の市民社会組織や歴史家から批判されました。

　この二国間合意に言及した2016年の女性差別撤廃委員会による日本審査の総括所見も適切に考慮されるべきです。そこでは、「それは被害者中心のアプローチを十分とりいれていない。十分効果的な補償と賠償を被害者に提供すべきである」。委員会は、日本帝国軍が引き起こした性奴隷制度である「慰安婦」制度の生存者との相談なしに行われた合意の発表であると考えています。どの

ような場合であれ、公務員は「慰安婦」問題における日本政府の責任に関して、思慮のない発言をすることを慎むべきです。委員会はさらなる情報を歓迎しますし、権利侵害の側面からの調査並びに存命の「慰安婦」女性と彼女たちの家族に対する適切な賠償の支給をはじめ、「慰安婦」問題の解決に向けたさらなる努力を待ち望んでいます。

〈移住者への差別〉

　2017 年の日本における登録外国人労働者数は約 128 万人であり、前年比 18% 増でした。この傾向は続くと予想されています。前回の総括所見で、委員会は締約国に対し、雇用および住宅のアクセスにおける移住者に対する人種差別をなくす法律を制定するよう勧告をしました。定期報告書で、締約国は外国人を雇用する計画について基本的な情報を提供しています。例えば、介護施設、造船所あるいは製造業などでの雇用です。定期報告書は、居住支援協議会が外国人を含み民間人が住宅を確保できるよう支援していると述べています。しかし、日本で生まれ育ち、教育を受けた多数の人たちを含む永住外国人は、住宅、教育、医療そして雇用の機会へのアクセスの制限を含み、さまざまな形の根深い社会的差別を受けていると報告されています。

〈技能実習制度〉

　前回の総括所見で、委員会は締約国に技能実習制度を変えるよう勧告しました。このプログラムは人権活動家から広範な人権侵害を起こしているとして厳しく批判されてきました。定期報告書で、締約国は 2016 年 11 月に通過し 2017 年 11 月に施行予定の新しい技能実習法案に関する情報を提供しています。技能実習制度は外国人が入国して、事実上は労働者として働くことを可能にしています。改正法は技能実習生を受け入れる事業者を監督するための新しい機関を設け、違反した場合の罰則規定も設けました。技能実習プログラムは最長 3 年から 5 年に延長されました。技能実習生の数は 3 年間で 63% 増え、約 27 万 5,000 人となりました。2017 年 11 月に日本政府は日本の労働力不足を補うため、手始めとして 1 万人のベトナム人を 3 年間の技能実習プログラムのもと受け入れました。日本の NGO は政府の監督は不十分であるという見解を変えていません。改正法の実施がもたらす影響に関してさらなる情報をお待ちしています。

〈市民でない者〉

市民でない者の状況に関して、委員会は、法務省の委託で人権教育啓発推進センターが行った 61 ページからなる興味深い調査報告を受けとりました。調査に協力した 4,000 人以上の外国人住民のうち、40% が外国籍を理由として賃貸住宅への入居を拒否されたと答えています。30% はしばしば、あるいは時折、侮辱的あるいは差別的なことを言われると答えています。25% が同じ理由で雇ってもらえなかったと答えています。さらに、委員会が受けた報告によれば、外国人および外国人の風貌をした人が、ホテルやレストランなどの入口にある外国人お断りという表示により、入店を拒否されています。NGO は、そうした差別は大抵オープンで直接的であるにもかかわらず、政府はそうした規制を禁止する法律を設けていないと申し立てています。

　前回の総括所見において、委員会は、年齢要件により国民年金法から除外されてきた外国籍者、とりわけ在日コリアンに、年金制度加入を認めるよう勧告しました。委員会はまた、外国籍者が障害者基礎年金を受けることができるよう法律改正を勧告しました。定期報告書で、締約国は、国民年金法および国民健康保険法のもと、日本に居住する人は国籍に関係なく誰でもそうしたサービスを受ける資格があると述べています。さらに、国民年金法および健康保険法のもと、適用される事業体に雇用されている人は誰であれ年金および健康保険に加入できるとしています。そのため、委員会は国籍は年金の権利の除外に何も関係がないとする締約国に介入してよいものかどうか、迷います。

　第 10 回・11 回定期報告書において、締約国は公権力の参画に日本国籍を要件とすることは差別ではないと述べています。しかしながら、長年日本に住む外国籍者、とりわけ旧植民地出身者およびその子孫には、公的役職に就くための国籍要件を緩和できないでしょうか。また、生活が苦しい外国籍者は生活保護を受ける資格を認められるべきです。永住者に関して、委員会は、締約国に再入国許可取得の要件を外すよう促します。また、最高裁判所は、外国籍者を家庭裁判所の調停員に任用しないという慣行を変えるべきです。

〈在日コリアン〉

　日本には約 40 万人の韓国・朝鮮人が住んでいます。その大半は朝鮮が日本の植民地であったときに日本に住まざるを得なかった人びととその子孫です。その多くは、何世代にもわたり日本に住んでいるにもかかわらず、外国籍者です。地方選挙での投票も認められていませんし、国家公務員として働くこともできません。

前回の総括所見で、委員会は締約国に対して朝鮮学校への国の予算による資金援助を認め、子どもたちが教育において差別を受けないよう確保するよう勧告しました。定期報告書において締約国は、これら学校は資金を受けるために必要な学校運営に関する基準を満たしていないため、受給を許されていないと述べています。そして、北朝鮮出身の子どもたちは教育における差別を受けていない、なぜなら、子どもたちは日本の子どもと同じように公立小学校に入学し、無償の教育を受けることができるからだとも述べています。2017年7月17日、大阪地方裁判所は政府が高校就学支援金制度から大阪にある朝鮮高校を排除するのは違法であると裁定しました。裁判所は、そうした行為は朝鮮出身の子どもたちの教育の権利の妨害であると宣言しました。これは、就学支援金を受ける資格に関して争っている同様の訴訟のなかで最初にでた裁定でした。2010年の就学支援金制度開始時から公立高校は除外されていますが、政府は、北朝鮮との歴史的つながりゆえに朝鮮学校への助成金は誤用されるかもしれないという懸念より、朝鮮学校を除外してきました。朝鮮学校を高校就学支援金制度の適用内に含めるよう勧告しなくてはなりません。地方自治体政府は、権利の平等性と子どもの教育の権利を考慮して、朝鮮学校にも助成金を支給すべきです。

〈人身取引〉

　前回の総括所見において、委員会は、締約国が人身取引に関する特定的な法律を採択し、人身取引行動計画の一部として人身取引の根本原因に取り組み、被害者を支援し、加害者を起訴し、法執行職員を訓練し、人身取引に関する日々の情報、とりわけマイノリティグループからの被害者に関する情報を提供するよう勧告しました。締約国は定期報告書に人身取引の詳細な情報を提供していますが、人身取引に関する法律は採択されていません。締約国は2005年の刑法改正により人身取引は犯罪化されたとしています。2014年には人身取引行動計画が改定されました。しかし、改定がもたらした効果については分かりません。締約国によれば、人身取引の被害者数は減少しています。統計では検挙率は増えていますが、有罪判決の数はかなり低いです。

〈難民と庇護希望者〉

　庇護希望者に関して、まず日本は1981年に難民条約を批准したことを忘れてはなりません。2017年の日本における難民申請件数は2万件近くあり、増

加（80％増）を続けています。しかし認定件数は非常に低く、わずか0.7％、正確には11,000件処理された内19件でした。2016年末時点で、収容所に入れられたままの庇護希望者の数は430人であり、市民社会組織は、収容の最長期間を定めないまま難民申請者を収容し続けることは問題であると指摘しています。難民申請者は収入を得るために働いてはなりません。働かざるを得ない場合、ビザの有効期間までであれば雇用許可の申請ができますが、許可が出るまでの間、経済的に苦しい人は、政府の外郭団体である難民事業本部から少額の生活支援金を受けることができます。認定申請中あるいは不服申し立て申請中の人は社会保障の権利はありません。この状態は、難民申請者を混みあった政府のシェルター、違法な雇用、あるいはNGOの支援などに依存するしかないようにしています。仮放免された難民申請者が生活のために違法に働いたとしても、労働ビザがないために、労働基準も届かない劣悪な処遇に対して無防備にならざるを得ません。締約国は入国管理センターでの最長の収容期間を定め、すべての難民申請者に申請提出してから6カ月経っても働けない状況は是正すべきです。

　議長、最後に多数のNGOレポートに関して少し述べます。火曜日の午前、NGOとの非公式ミーティングをもちました。締約国による条約違反の問題を申し立てるNGOのレポートとして、とりわけ、日本弁護士連合会と人種差別撤廃NGOネットワークのレポートは非常に役立ちました。このレポートは、私が先ほどから参照しているように、委員会による前回の所見や勧告を適切に取り入れながらレポートを作成しています。一方、これらNGOが行っている申し立てを否定する一連のレポートを別のカテゴリーのNGOから受け取りました。それらレポートについて火曜日行った説明を繰り返しません。以上、決められた時間内で、委員会にうまくプレゼンテーションができたでしょうか。

### ヌルディーン・アミール議長
　ボスィート委員ありがとうございました。それでは次にクー委員にフォローアップ情報に関して総合的な見解を述べていただきます。

### グン・クー委員
　議長ありがとうございます。まず日本の代表団に歓迎のご挨拶を申しあげます。さらに締約国の報告書および先ほどの大鷹代表のご報告を心より歓迎いた

します。さらに、私の近くにおられる洪委員の委員会に対する貢献に感謝申しあげます。ボスィート国別報告者のすべてを網羅した完璧な報告のあと、私が日本のフォローアップ情報に関する評価を発表することは極めて難しいと感じています。ボスィート委員の報告にある課題を繰り返すことになるかもしれませんが、記憶を新たにしながら私に託された任務を遂行したいと思います。

〈フォローアップ勧告〉
　前回の日本審査による総括所見の日付は 2014 年 8 月 30 日でした。そのため私たちは 1 年後の 2015 年 8 月に締約国から勧告実施の中間報告を受け取るものと期待していました。しかし実際に届いたのはその 1 年後であり、 2 つの文書、 1 つは 2016 年 8 月にもう 1 つは 2016 年 11 月に分かれて送られてきました。委員会はこれら文書を第 91 会期に審査し、締約国に対する多数の提案および勧告をまとめました。フォローアップ勧告の課題は 3 つあり、すべて先ほどのボスィート国別報告者の報告で幅広くカバーされています。そのため、私は詳細なことはここでは申しあげません。
　第一に外国人およびマイノリティ女性に対する暴力の問題、第二に「慰安婦」問題、そして最後に部落問題です。第一の課題について、締約国の報告書では特に日本国籍者の配偶者である外国人女性が離婚した場合の国外退去の問題を扱っていました。報告書のパラグラフ 9 ～ 16 と 39 ～ 42 で扱っていますが、むしろ一般的な情報でした。国別報告者が述べたように、問題は十分満足いく形では対応されていませんでした。そのため、これからの対話においてもっと情報をいただきたいです。またこの問題に関して細かい技術的質問が 1 つあります。締約国は報告書の付録として情報を提出しており、そこに興味深い統計数字がたくさん入っております。その 1 つに、外国人（あるは市民でない者）で日本人の配偶者あるいは子どもの 2015 年現在の数字が 14 万人にのぼるとあります。この数字を解きほぐすのが難しいです。これら 14 万人は誰が構成しているのでしょうか。日本人の父親と外国籍者の母親をもつ子どもは日本人ですか。この数字は誰からなるのか知りたいです。
　他の 2 点である「慰安婦」問題と部落問題については詳しくは述べませんが、とにかく、部落に関して報告書はまったく述べていません。「慰安婦」問題についても報告本文には見当たりませんが、先ほどの日本代表の団長が冒頭の発表でふれました。これについても、これからの対話で話す機会があると思います。最後に、議長、この機会を利用して締約国に申しあげたいです。総括所見

は多数の問題を取りあげますが、フォローアップ勧告は締約国が1年以内に再度点検を求められているもので、それについて中間報告が送られてくるものと期待しています。この1年という期限は委員会にとって重要であるという私の提案を締約国が受け入れ、次回は考慮してくださいますようお願いします。ありがとうございました。

### ヌルディーン・アミール議長

クー委員ありがとうございました。では次に委員会からの質問に入ります。最初にニコラス・マルガン委員。

### ニコラス・マルガン委員

議長ありがとうございます。私も日本代表団に歓迎のご挨拶を申しあげます。ボスィート委員の包括的な報告に感謝いたします。私は条約第4条、前回の総括所見ではパラ10、締約国の第1回・第2回報告書ではパラ72〜74に関してまず述べます。

### 〈4条留保の撤回と一般的勧告35〉

締約国は条約第4条（a）（b）項を留保しています。しかし、委員会のヘイトスピーチに関する一般的勧告35のパラ23にはこの条項の委員会による解釈が次のように述べられています。標準的な慣行として、委員会は本条約において留保を行っている締約国に対してはそれを撤回するよう勧告すると。そこで質問ですが、日本は留保を撤回しますか。

一般的勧告35は次のようにも述べています。レイシストスピーチに関する条文の留保を維持する場合、締約国はなぜその維持が必要なのかについて、留保の性質と範囲、国内法や政策に与える影響の正確な説明、そして具体的な時間枠付きの留保の制限あるいは撤回の計画をつけて説明を求められる、と。一般的勧告35に沿って第4条の留保について説明していただけませんか。締約国の報告書では、憲法と両立する範囲において一定の行為を処罰することが可能であり、その限度において同条の求める義務を履行している。表現の自由は個人の人格的尊厳そのものにかかわる人権であるとともに、国民の政治参加の不可欠の前提をなす権利であり、基本的人権のなかでも重要な人権であると述べています。それについて異論はありません。一方、私は一般的勧告35に同意します。もう一度一般的勧告35を読み、何を述べているのかを検討してい

ただけませんか。一般的勧告35が勧告しているように、この留保の精確な効果についてお尋ねしたいです。あなた方の報告書では、人種的優越や憎悪に基づく意見や人種差別の扇動の表現を罰することは可能であると書かれています。報告書にはありませんが、人種的暴力や暴力の扇動を罰することも可能であると私は考えます。報告書では、憲法に抵触しない限りそうした行為を罰すると述べています。そうして、日本はその範囲において条約が求める義務を果たしていると考えておられます。しかし、あなた方の報告書を読んで思ったのは、そうした行為を刑法で規制することは表現の自由に反するのでしょうか。報告書のパラ129で、デモ・集会における人種差別的暴力及び憎悪の扇動、具体的には京都朝鮮第一初級学校の校長たちを標的にした事件において、犯人は威力業務妨害および侮辱罪で逮捕、起訴され、全員が有罪判決を受けたとしています。そこで私の質問ですが、何のために有罪判決を受けたのでしょう？何を根拠に？ 威力業務妨害と侮辱行為ですか。裁判官は判決に人種的偏見により悪化した犯罪であることを考慮に入れましたか。彼らは人種差別の扇動で有罪となりましたか。ヘイトスピーチ解消法は今後に向けたよい前進であるということは分かりますが、私たちが受けた別の情報によれば、ヘイトスピーチとヘイトクライムは日本にまだ広く存在しています。その情報では、このヘイトスピーチ解消法を含め、いかなる法律もヘイトスピーチやヘイトクライムを犯罪であるとしていません。これは正しいですか。この点より、第4条留保の精確な効果について説明していただけないでしょうか。

　犯罪は暴力を働いたから、あるいは、何らかの犯罪が被害者に対して行われたから罰せられます。しかし、この事件の犯行者たちは人種的偏見あるいは人種的不寛容を動機として犯罪を犯したことに対して起訴され、処罰されてはいません。間違っていませんね？ この点より、留保の精確な効果について説明していただけませんか。日本で、例えば、「朝鮮人を殺せ」などと言えば犯罪ですか、あるいは違法ですか。そうなったことはありますか。そのようなことが起きたら政府は何をするのでしょう？ そのような言葉は人種的暴力の扇動であることをご存知ないのでしょうか。そのような場合、表現の自由は制限されるべきではないのでしょうか。ボスィート委員が述べたように、私は、新しい法律は不当な差別的発言が外国から来た人びとに向けられることを解消するためだけのものであると理解しています。法律は教育と啓発活動そして相談制度について述べていますが、犯罪化はしていません。

〈外国人住民調査〉

　法務省により 2017 年 3 月に公表された外国人住民調査の報告を読みました。回答者の約 40％が入居差別を経験し、約 25％が雇用において差別を経験し、さらに、この 5 年間で約 30％が侮辱的なことを言われたと報告されています。これは深刻な差別の状況を表しています。この調査を毎年行うつもりでしょうか。

〈被害者救済と人権研修〉

　ヘイトスピーチあるいはヘイトクライムに関する行政記録あるいは統計数字はないようです。ヘイトクライムの被害者は国あるいは地方自治体から何らかの支援を受けられるのでしょうか。ヘイトクライムの通報を被害者は恐れていますか。もし恐れていればどのように被害者を助けますか。NGO あるいは地方自治体はヘイトクライムの被害者が通報できるよう何か支援をしていますか。裁判官、警察官、検事あるいはその他の公務員に、ヘイトスピーチとヘイトクライムに関する研修は行われていますか。私が受けた情報ではそうした研修はないようです。

　日本では教育がヘイトスピーチにどのような影響を及ぼすとお考えですか。在日コリアンは心配することなく民族服を着れますか。そうできるようなよい雰囲気はありますか。日本国籍取得のアクセスは何ですか。最後の質問として、在日コリアンが本名を名乗ること、二重国籍をもつことの困難さは何ですか。裁判官、学校の校長あるいは副校長、あるいは警察官に、韓国朝鮮出身の男性あるいは女性はいますか。ありがとうございました。

　　**ヌルディーン・アミール議長**

　マルガン委員ありがとうございました。続いてゲイ・マクドゥーガル委員お願いします。

　　**ゲイ・マクドゥーガル委員**
〈「慰安婦」問題〉

　議長ありがとうございます。私も日本代表団および団長の冒頭のご挨拶と報告を歓迎いたします。すでに同僚の委員が的を得た発表をしていますので、私はまだ取りあげられていないトピックスについて発言したいと思います。ただ、「慰安婦」の問題については若干意見を述べたいです。ご存じのようにこの問

題には歴史があります。私はこの25年この問題に取り組んできました。しかし、締約国には非常にシンプルと思える行為をとることに大きな躊躇があるようで、私はずっとそれが理解できずにきました。シンプルな行為とは被害者が、自分たちの尊厳を回復すると考える適切な謝罪と補償を行うことです。前回の総括所見で求めている通り、公正で永続的な解決の方法です。2015年12月の合意は明らかにそうとは思えません。両政府の合意は、特に、戦後処理において、人権侵害に関する個人の請求権も消滅したというのは正しくありません。この場合、未来志向は簡単なことです。すなわち、賠償、補償の計画作りと、このおぞましい事件に対する謝罪のレベルの決定に、被害者の意見が反映されることです。おぞましい事件であるということについて誰も異論はないはずです。事実について議論するのは止めましょう。それは今の問題ではありません。問題はこれら女性の尊厳です。この人権侵害を受けたのは他の国の女性たちであったことは周知の通りです。事実は、最悪のことが朝鮮の女性に対して行われたことです。私たちが議論しているヘイトスピーチや消えることのない憎悪、あるいは朝鮮人に対するヘイトスピーチを行った政府官僚が処罰されないことと同じようなことが行われたのです。そしてこれらの中心に「慰安婦」問題が存在しています。

　現在の日本社会において女性への暴力に反対する取り組みが行われていることに注目しています。とりわけ、沖縄と米軍基地から派生する状況に対する政府の態度、そして沖縄の女性に対する性暴力の問題への取り組みに注目しています。ここで私の発言はいったん終わります。

### ヌルディーン・アミール議長

ありがとうございました。では次にムリオ委員どうぞ。

### パストール・エリアス・ムリオ・マルティネス委員

議長ありがとうございます。私は2、3の異なる問題についてお尋ねします。

アイヌ民族に関して、締約国はアイヌ民族の生活実態を評価するために系統的な調査を7回行ってきました。私は特に2013年に実施された調査に注目しています。その調査は人種主義の問題とコミュニティがどう認識しているのかについて経年変化を示しています。実態を知るうえで重要な手段です。それを続けてこられた締約国にお祝いを申しあげます。しかし、調査によれば、アイ

ヌの人びとの33％が人種差別を受けている、とりわけ学校、雇用、結婚などにおいて差別を受けていると感じています。この調査結果に基づいてどのような措置がとられたのでしょうか、あるいは今後とる予定をしているのでしょうか。今後も人種差別に関連した数字の変化を調査に含める予定でしょうか。また、企業活動と人権についてお尋ねします。日本には国際的な企業が多数あります。これら多国籍企業は人権の保護においてどのような基準に依拠しているのでしょうか。日本企業が海外で事業展開するときにどのような基準を順守しているのでしょうか。ありがとうございます。

### ヌルディーン・アミール議長
ありがとうございます。次にリタ・イザック・ンディアエ委員お願いします。

### リタ・イザック・ンディアエ委員
〈日本滞在で知った日本の人種差別〉
議長ありがとうございます。私も日本代表団を歓迎いたします。国別報告者であるボスィート委員の優れた問題提起に感謝いたします。私は国連の専門家としてこれまで2回、日本を訪問する機会を得ることができました。最初は2年前で、マイノリティ問題の特別報告者として日本弁護士連合会から招待を受け、ヘイトスピーチに関するシンポジウムで国際人権基準を紹介しながら報告しました。日本でヘイトスピーチ解消法が採択される数カ月前でした。そして2回目は今年で、国連、IMADRそして部落解放同盟に招待を受けました。国連が世系に基づく差別に関するガイダンスツールを作成したため、大阪と東京で会議を開きました。この2回の訪問のときに、部落民、在日コリアン、先住民族、政府高官そして国会議員など、多くの方と会いました。岡本三成外務省政務次官（当時）とも意義深い話ができました。
私は次の3つの点についてできるだけ簡潔に述べます。1つはヘイトスピーチと日本社会の分断、2つ目は部落民の状況、そして3つ目は交差的形態の差別です。最初の問題について、私は残念ながら自らそれを体験しました。2年前の訪問では、私の訪問について日本の新聞が記事にしました。その後、私の個人的なソーシャルメディアに数百通のヘイトメッセージが送られてきました。公人としてそうしたことはあるので、私は気にしませんが。ネットでは簡単に友だちができるし、簡単に敵もできます。私は思いました、一般の市民が毎日このような憎悪にさらされ、日常ベースでこのようなことが起きれば、ど

れほど大変なことだろうか、と。SNS に送られたヘイトメッセージに対する
私の英語のメッセージを、ありがたいことに多数の日本の方々が自発的に日本
語に訳してくださり、私のメッセージは広く読まれました。SNS 上でのやり
とりは興味深く、比較的長い間続きました。すでに同僚の委員が述べたように、
ヘイトスピーチ解消法には抜け道がありますし課題もあります。ここでは詳し
くは述べません。誰かに対する憎悪や敵対心の感情から出てくる言葉は法律用
語ではヘイトスピーチです。また、誰が発したのか、どのような表現内容なの
か、発言者の意図は、その範囲や深度は、考えられる害はなど、ヘイトスピー
チとして判断するために必要な基準があります。そのような憎悪に満ちた公的
空間での発言が社会に与えるダメージを過小評価してはなりません。その一方
で、2016 年に川崎で、勇気ある在日コリアンと平和を愛するコリアン以外の
人びとが一緒になって、ヘイトデモをやめさせることができたように、ヘイト
の拡大と立派に闘う日本社会の別の面についてもふれておきます。そう言いつ
つも、残念ながら、この数年、日本では憎悪に満ちた外国人嫌悪のデモの頻度、
回数や規模が増加しています。

〈ヘイトスピーチ〉

　2015 年末に法務省が初めて行った調査によれば、2012 年から 2015 年に行わ
れたヘイトデモとプロパガンダのスピーチは合計 1,152 回ありました。平均 1
日 1 件の割合です。これにより日本政府は取り組みを強化しました。不寛容の
根本原因に取り組むには、非常に広範囲な行動と政策措置が必要なことは周知
の通りです。例えば、異文化交流、相互知識の相互作用、プルラリズムと多様
性の教育、そしてマイノリティや先住民族が表現の自由の権利を行使できるよ
うにエンパワーする政策など。この点より、代表団に 3 点質問があります。

1．日本の学校カリキュラムは、どのようにして、マイノリティや先住民族
　　がどれほど日本の文化、伝統、言語に貢献したのかを正しく教えていま
　　すか。
2．日本は、マイノリティが、メディアを通して、マイノリティ独自により、
　　マイノリティおよび国全体に影響を及ぼしている問題をマイノリティ独
　　自の解釈で伝えられるよう保障していますか。
3．日本は、マイノリティのメディア機関の登録や活動を促進していますか。
　　そうすればマイノリティはメディアにおけるヘイトスピーチにもっとう
　　まく対抗できます。

〈部落差別〉

　2番目の部落民に関する問題に移ります。まず、日本は残念なことに、その定期報告書に、また今日の口頭声明においても、部落の状況に関して何も情報を提供しませんでした。委員会の前回の総括所見にも懸念される問題として言及されているにも関わらず、また、課題リストにも含まれ、さらにはフォローアップ情報として指定されたにも関わらずです。日本は世系に基づいているにも関わらず、条約の適用から部落民を除外してきました。人種差別撤廃委員会一般的勧告29を想起し、世系に基づく差別は条約により完全にカバーされていることを改めて申しあげます。

　それにも関わらず、同和対策特別措置法の2002年の期限切れ以降、部落民が直面する社会経済的問題に対処する行政措置は一定取られ、部落差別解消推進法が2016年に採択されたものの、全体的に静かでした。他人の戸籍不正取得の問題に関して、刑事および行政罰が関係した調査会社、行政書士や法律家に課されてきました。しかし、部落民に対する偏見と差別は続いています。部落出身かどうかを確かめるために本人が知らない間に身元調査が行われています。この数年、部落地区の位置情報や住所、部落出身者の個人連絡先などの情報がインターネットにあげられています。そのため、私は、部落差別解消推進法が施行されたにも関わらず、部落民に対する差別は明確に禁止されていないことに懸念を抱きます。差別を行った者を処罰する法律条項はありません。平等な機会を保障するための行動計画や具体的措置もありません。部落差別に関する調査のために委員会が設置されると聞いていますが、その中に部落の人を入れるべきです。この点において、議長、私は日本代表団に5つ質問があります。

1．部落民から要請があるように現行の法律の不足を補うべく法改正を行い、平等な処遇を保障するためにより適切な条項を追加するつもりはありますか。
2．どのようにして、部落民、とりわけ部落女性が、部落の状況に影響を及ぼすような事柄などの意思決定のプロセスに効果的に参加できるようにするつもりですか。
3．戸籍の不正取得からどのように部落民を守りますか。
4．内閣府に部落問題に関する総合的な調整機関を設ける計画はありますか。
5．部落差別解消推進法は、部落差別をなくすために国は必要な教育と意識高揚プログラムを実施するとあります。この条項をどのように実施するかに関して追加の情報をいただけますか。

以上で私の発言は終わります。ありがとうございました。


### ホセ・フランシスコ・カリ・ツァイ委員
〈生活保護受給の権利〉

　議長、ありがとうございます。日本政府報告書は、生活保護に関して、日本にいるすべての人びとを保護するための行政措置であると述べています。これは日本国籍保持の有無に関わらず、生活上あるいは法律的に問題があれば誰にでも提供されるのでしょうか。外国人は同じように日本人が受給しているのに、受給が認められない場合、解決策を探すことはできますか。しかし、生活保護や法律扶助に関する法律のもとでは、こうした要請は日本人だけが認められており、外国籍者はそうした援助を申請できないように思えます。政府は外国人は生活保護を求める権利を有しないという決定を維持しています。締約国は、これは外国人に対するある種の恩恵であり、外国人の権利ではないとお考えでしょうか。

　日本の最高裁も外国籍者は生活保護法のもとでの保護の権利は有していないこと、そして法律のもとそのような支援を受ける権利は有していないことを確認しています。さらに、外国籍者が生活保護を受ける条件は日本人と同じではありませんし、先ほど述べたように、日本人は生活保護に関する決定に不服がある場合、補償を求めることができますが、遡求手段をもたない外国人の場合はそうはできません。

　外国女性が日本の男性と結婚した場合、永住資格への権利をもちますが、締約国の取り消し制度において、日本人の配偶者として在留資格をもつ多くの移住女性たちは、DV被害者となり配偶者から離れたりすれば、配偶者ビザが取り消されないか不安に思っています。在留資格取り消しについては検討すべきであると考えます。


〈在日コリアンの権利と差別的待遇〉

　日本政府は在日コリアンを民族的マイノリティであることを否定していますが、自由権規約 27 条の定義によれば、在日コリアンが民族的マイノリティであることは明らかです。締約国は、日本国籍者の権利の法的保護と同じように、在日コリアンなどの旧植民地出身者とその子孫の権利が保護される包括的な基本法を制定するつもりはありますか。在日コリアンの言語、文化、歴史を学ぶ

授業を学校で行うことを考えていますか。

　繰り返しの勧告に関わらず、日本は差別をなくす包括的な法律をもっていません。締約国は人種と民族に基づく差別の状況について、社会経済的指標の細分化されたデータとともに調査しなければなりません。それにより、日本国憲法だけに頼るのではなく、人種差別禁止の法律や条例により、差別禁止が確立されます。

　在日コリアンは地方選挙における投票権をもちません。締約国は、永住者、とりわけ旧植民地出身の住民に、少なくとも地方選挙での投票を認めるつもりはあるでしょうか。

　最後の質問ですが、在日コリアンの大半は日本で生まれ育ちそして生活しており、日本人と同様の義務を負っています。それにも関わらず、公務員や政府職員になれません。NGO レポートにあった一人の在日コリアンの教員の報告を読みました。日本の教育制度では、彼は校長や教頭になることができません。その人は、「私は教えることや教壇に立つことに関心があるので、校長になりたいとは思いません。しかし、私には校長になる権利はあります。だが、法律によれば、私はその役職に就くことはできません」と述べています。締約国は長年日本に住んできた三世あるいは次の世代の在日コリアンが公務員のポストに就けるよう、このような妨害を取り除くつもりはありますか。


### アレクセイ・S・アフトノモフ委員
〈再入国許可〉
　私の最初の質問は再入国許可に関してです。日本政府は朝鮮民主主義人民共和国など特定の人びとを認めていません。その結果、一部の永住者、その多くは日本で生まれた人びとですが、が差別を受けています。約3万人の人びとが国交樹立されていないことにより影響を受けています。私は政治的なことを話しているのではありません。よその国の政府を認めるか認めないかは当該国が決めることです。日本はしかし、パレスチナや台湾のパスポートは認めています。私が知る限り、これら政府と日本政府とは正式な外交関係はありません。このパスポートで日本の在留許可をもつ人は日本出国前に再入国許可をとる必要はありません。この問題に関して回答あるいは何らかの解決策をお聞きしたいです。

　次の質問は技能実習生のことです。代表団の口頭声明でも参照されましたが、中国からの技能実習生について情報をいただきたいです。またその他の国から

来ている技能実習生はどのようにしているのでしょうか。外国人労働者のための労働組合によれば、彼らは国を出る前に送り出し企業に多額のお金を支払い、借金を抱えて日本に来るようです。なぜそのようなことが起こるのでしょうか。

### ヤンドゥアン・リー委員

私は3点コメントをいたします。

### 〈4条の留保撤回〉

最初は条約第4条の留保に関してです。これは条約の最も重要な部分をなすものですが、それを締約国は留保していることは残念です。ヘイトスピーチ解消法が採択され、一定の進歩は見られますが、それはヘイトスピーチを含む人種差別を効果的になくすには十分ではありません。法律は、ヘイトスピーチをなくすための具体的な政策、行動計画あるいは措置を採択して、一定の予算を配分するよう政府に義務付けてはいません。またヘイトスピーチの現状を調査する義務を規定さえしていません。

さらに、日本ではヘイトスピーチの状況が依然として懸念されるものであるという報告を受けました。アジア出身者、とりわけ朝鮮人と中国人に対するデモやオンライン上でのヘイトスピーチはしばしば起きており、レイシスト集団による政党までできたと聞いています。代表団には、第4条の留保撤回を再検討されるかどうかについてお答えいただきたいです。また、ヘイトスピーチとヘイトクライムを防止し、そして訴追する効果的措置について情報を求めます。ヘイトスピーチやヘイトクライムの被害者への救済措置はあるのでしょうか。これが最初のコメントです。

### 〈技能実習生の人権侵害〉

次に、技能実習制度についてお尋ねします。2017年時点で日本には27万人以上のインターンがいると報じられています。2017年には技能実習に関する法律が改正されました。人権侵害について調査して訴追することはよいことですが、技能実習生の強制帰国に関しての処罰は含まれていません。技能実習生に対する人権侵害は依然として存在し、多くの深刻な問題が移住労働者を支援する団体から報告されています。例えば、低賃金、未払い賃金、長時間労働、権利を主張したり、労働条件について苦情を言った実習生が意思に反して帰国させられる事件など多数あります。日本に来る費用捻出のために多額の借金を抱えている実習生に、しばしばそのような強制帰国の脅しがちらつかされ、借

金を返すために自分の権利の主張をひっこめてしまいます。この報告について、代表団の意見をお聞きしたいです。これに対処する効果的措置に関する情報もいただきたいです。

〈「慰安婦」問題〉

　最後のコメントは、「慰安婦」に関することです。特に指摘する新しい問題点はありませんが、この点における私の同僚委員の意見を支持します。私たち委員会の勧告に関わらず、締約国から肯定的な措置は何もありません。私たちは締約国が国際社会の声に耳を傾け、この問題を適切に対処されることを強く望みます。

　　**鄭鎮星委員**

　日本におけるコリアンへの差別に関する議論を聞くと、正直なところたいへんストレスを感じます。バランス感覚をもって、感情的にならずにおこうと思いますが、すでに同僚委員が指摘したいくつかの問題について、私の意見を述べたいと思います。

〈「慰安婦」問題〉

　「慰安婦」問題に関しては、旧国連人権委員会、旧国連人権小委員会、さらには1990年代から、女性差別撤廃委員会、子どもの権利委員会、拷問禁止委員会など、いくつもの国連人権機関において、長い年月にわたり議論されてきました。ここでは一点だけ強調します。韓国の被害者が数の点においては最大ですが、これは単に日本と韓国の間だけの問題ではありません。マクドゥーガル委員が指摘したように、これは女性の尊厳の問題です。被害者はアジア、さらにはヨーロッパの多数の国にいます。日本政府の適正な措置を全世界が待ち受けています。それは世界の人権の発展、とりわけ女性の権利の発展に寄与するに間違いありません。前回、人種差別撤廃委員会は日本政府に対して、こうした事件への中傷や否定の試みを大目に見ないよう勧告をしました。しかし残念ながら、そうしたことが起きています。

〈朝鮮学校〉

　第二に朝鮮学校について話します。ボスィート委員が朝鮮学校の問題を取りあげ、いくつかの勧告を提案しました。私は彼の意見に全面的に同調します。

170　審査会場にて

ここで一点、簡単な質問があります。日本政府の報告書のパラグラフ175で、「なお、朝鮮学校に対する地方自治体の補助金については、都道府県や市町村が、自らの財政状況や、公益上や教育の振興上の必要性を勘案し、各々の責任と判断に基づき実施しているものと認識しており、国から、地方自治体それぞれの事情を踏まえずに、直接に地方自治体に対して補助金の再開又は維持を要請することは、適切でないと考えている。」とあります。しかし、ここにNGOが配布した文書があります。"北朝鮮学校への地方自治体政府による補助金に関して"というタイトルで、差出人文部科学省大臣馳浩のもと、北海道、東京、大阪を含むすべての都道府県に対して2016年3月29日付で出されたものです。通知書で、文科大臣は、学校は総連と北朝鮮に関係しており、北朝鮮の関連より公的性質をもつ補助金について慎重に検討するよう地方政府に要請しています。明らかに、この政府内文書は、政治的理由でそうした学校に補助金を拠出することを止めるよう求めています。朝鮮学校への補助金を止めた都道府県の数は、2015年の8から2017年には14と急上昇しています。政府内文書はこのような命令を地方政府に行うべきではありません。

〈ヘイトスピーチ〉

　すでに多くの同僚委員がヘイトスピーチについて話しましたが、私はオンラインのヘイトスピーチについて強調したいです。オンラインのヘイトスピーチはその効果から見て、他の形態でのヘイトスピーチよりもっと深刻です。ヘイトスピーチは大抵、偽の情報に基づき、効果的に組織されて流され、オンライン上で繰り返されます。彼らは、ご存じのように"ネトウヨ"と呼ばれています。オンラインに乗ったら、たちまち全世界に流されます。もっとも影響のある韓国も含まれます。ご存じのように、先月、YouTubeは極端なヘイトスピーチのために200以上の日本のチャネルをブロックしました。これに関して日本政府は何か手を打つ計画はありますか。素朴な質問をします。日本のヘイトスピーチ解消法は出身が日本以外の人を対象にしています。なぜ外国人だけに限定するのでしょうか。日本にいるヘイトスピーチ被害者すべてに適用されないのでしょうか。政府報告によれば、日本の人権機関はほぼすべてが法務省の管轄にありますが、日本はパリ原則に全面的に沿った国内人権機関を設置する計画はないのでしょうか。

〈被差別部落〉

最後に部落に関して、同僚委員が締約国の報告書で一切取りあげられていないことについてすでに指摘しました。いくつかの委員会の総括所見のパラグラフを読みます。2001 年の最初の総括所見において、委員会はパラグラフ 8 で次のように書きました、「本条約第 1 条に定める人種差別の定義の解釈については、委員会は、締約国とは反対に、「世系（descent）」の語はそれ独自の意味を持っており、人種や種族的又は民族的出身と混同されるべきではないと考えている。したがって、委員会は、締約国に対し、部落民を含む全ての集団について、差別から保護されること、本条約第 5 条に定める市民的、政治的、経済的、社会的及び文化的権利が、完全に享受されることを確保するよう勧告する」。次に 2010 年の総括所見では、パラグラフ 8 で、「委員会は、本条約に従った人種差別の包括的な定義を採用することを要請する。」と勧告しました。2014 年の総括所見では、締約国は委員会が以前の総括所見で指摘したにも関わらず、統一した部落民の定義をまだ採択していないことへの懸念を表明しました。これは人種差別撤廃委員会だけの意見ではありません。人権の促進と保護に関する小委員会（旧人権小委員会）が「職業と世系に基づく差別」という名称のもと、2004 年から 2006 年にかけてカーストに基づく差別に関する全体的な調査を行ったとき、日本における部落民の問題はカースト差別と類似していると明らかにしました。なぜ日本政府は国連の概念を受け入れないのでしょうか、その理由を知りたいです。以上です。

### ヌルディーン・アミール議長
　鄭委員ありがとうございました。あと 2 人の委員が質問を希望しています。では、ディアビー委員どうぞ。

### シディキ・ディアビー委員
　政府報告書のパラグラフ 126 において、表現の自由と意見の自由を述べていますが、現場におけるその実施や適用となったとき、さまざまな計画や法律が採択されているにも関わらず、若干の困難があるようです。とりわけ、ヘイトスピーチに関する 2016 年の法律がそうです。この法律ができたにも関わらず、ヘイトスピーチは続いています。日本におけるヘイトスピーチを監視し、さらには抑制するため、オンラインや報道を規制するような文書あるいはツールを取り入れたり実施する計画はあるでしょうか。
　次の懸念は沖縄諸島における琉球コミュニティです。日本政府は彼・彼女た

ちを先住民族として認めていません。人びとは島に存在する空軍基地による事故や危険な状況に悩まされ、苦情を申し立てています。実際に1959年、2004年、2016年、2017年と事故が起きています。これに関する統計数字はあるでしょうか。これら基地や施設の存在による影響を減らすために、ここの住民を保護する措置をとる計画はあるでしょうか。

　私たちはまた、政府代表の口頭による説明に留意しました。しかし同時にボスィート委員のプレゼンテーションで、1952年に日本の国籍をなくした人びとがいることが伝えられました。日本は1954年の無国籍に関する条約を批准するつもりはあるのでしょうか。最後に、日本にいるムスリムに対する民族的および宗教的プロファイリングに関してもっと詳しい情報を求めます。

### ヌルディーン・アミール議長

　ディアビー委員ありがとうございました。残念ながら時間がきたため、シェパード委員には明日一番に質問をしていただきます。本日はこれにて閉会します。

## 2日目（2018年8月17日午前）

### ヌルディーン・アミール議長

おはようございます。ただいまより、委員会の第2663会合を開催します。昨日は意義ある対話となりました。たくさんの質問が出され、その回答の準備に昨夜は遅くまで仕事をされたと思います。昨日時間がなかったために発言いただけなかったシェパード委員の質問から始めます。

### ヴリーン・シェパード委員

議長ありがとうございます。日本代表団の皆さま、前回の総括所見およびリストオブテーマに基づいて報告書を作成していただきお礼申しあげます。さらに日本のNGOsの皆さまにも貴重なレポートを提出し、審査に関わっていただいていることにお礼申しあげます。

〈マイノリティの教育の権利〉

歴史家として私は常に第5条の経済的、社会的及び文化的権利、そのなかでも特に教育への権利がどのように解釈され実施されているのかに関心があります。昨日、国別報告者のボスィート委員が教育に関してさまざまに質問をされ、同僚の委員の方々も質問をされましたので、私は繰り返しにならないように注意して質問をいたします。日本の共通コア文書のパラグラフ24に示されている高校進学率に見られるジェンダーの格差に注目しました。女子生徒で98.5％、男子生徒で98％です。これは高等教育であり義務教育の範疇ではありません。この点より知りたいのは、マイノリティおよび外国人の生徒に対する義務教育政策の適用はどうなっているのかということです。これら生徒たちは義務教育課程で日本語を適切に学ぶ機会を保障され、日本の教育制度において競争力をもつことができているのでしょうか。別の情報によれば、2010年の国勢調査で、7〜14歳の外国人の子どもの16％にあたる約1万3,000人の就学状況が「不詳」であることが判明しています。

小中学校への就学率や高校の中途退学率に関するデータは歓迎されますが、そのデータを民族別に分けることはできるでしょうか。そうすれば誰が中途退学しているのかが分かります。もしマイノリティの子どもたちが中退している

のなら、それは、日本の学校ではマイノリティの言語での教育が保障されていないことが理由かもしれません。


〈朝鮮学校〉

　朝鮮高校の生徒の就学支援金制度からの排除が、前回の委員会の勧告にも関わらず今も続いていることに懸念します。この問題が再検討され、生徒たちに対する便宜を図る必要条件が満たされ、支援が届くよう求めます。コリアンの学生たちの大学進学率が示しているように、彼・彼女たちにこうした便宜が保障されたら、学生たちは優れた学業をおさめるでしょう。

〈UNESCO 教育差別禁止条約〉

　締約国の報告書には、「日本政府は現在のところ、UNESCO が 1960 年に採択した教育における差別禁止条約を批准する予定はない」と示されています。教育における差別防止に関して、日本の教育基本法は教育への平等な機会を保障しており、人びとは教育の機会において差別されてはならないと規定しています。この教育の原則に沿って、日本政府は教育政策を実施しています。そのため、外国籍の住民も他の日本人と同様に扱われ、希望すれば義務教育を受けることも含め、平等な教育の機会を保障されていると考えます。そこで私の質問ですが、日本の教育基本法は UNESCO の教育における差別禁止条約と完全に一致しているのでしょうか。例えば、教育基本法の第 4 条は教育差別禁止条約の第 1 条の複製とはなっていません。あるいは人種差別撤廃条約の最後の項とも合致していません。UNESCO の教育差別禁止条約第 3 条は次のように規定しています。「この条約の意味における差別を除去し及び防止するため、締約国は、公共当局が教育機関に与えるいかなる形態の援助においても、生徒が特定の集団に属することだけを根拠とした制限又は優遇を許さないこと」。ということで、私は UNESCO 条約を再度見直されるよう求めます。

　あと 2 点述べます。まず一点は、私たちは女性差別撤廃委員会ではありませんが、委員会は差別の交差性について関心をもっています。他の同僚委員がすでに「慰安婦」問題に強い関心を示された通り、私も適切な補償が行われるよう求めます。あと一点は、締約国の報告書作成のプロセスにおける市民社会の関与です。2014 年の勧告に沿って、締約国は市民社会の関与の重要性を認めて作成されたことを称賛します。ありがとうございました。

### ヌルディーン・アミール議長

シェパード委員ありがとうございます。では、代表団にマイクを回します。

### 大鷹正人　外務省国連担当大使

議長ありがとうございます。昨日は委員の皆さまから134項目の質問をいただきました。昨日は夜を通して回答のための準備をしました。時間に限りがありますが、今日はできるだけすべてにお答えできるように努めたいと思います。

〈人種差別撤廃条約第4条（a）及び（b）留保の撤回〉

まず、昨日いろいろお話いただいたなかで、この条約の第4条の留保についての話がございましたけれども、現行法上、人種的優越又は憎悪に基づく思想の流布ですとか、人種的又は宗教的憎悪を扇動する行為等に関しては、それが特定の個人や団体の名誉を公然と害し、又は信用を害する内容であれば、刑法の名誉毀損罪、信用毀損・業務妨害罪等で処罰可能であります。そのほか、特定の個人に対する脅迫的内容であれば、刑法の脅迫罪、暴力行為等処罰に関する法律の集団的脅迫罪、そして常習的脅迫罪等により処罰可能です。

この条約の第4条（a）及び（b）の規定が定める概念には、さまざまな場面におけるさまざまな態様の行為を含む非常に広いものが含まれる可能性があると考えています。それらのすべてにつき現行の国内法制度を超える刑罰法規をもって規制することは、その制約の必要性や処罰範囲の明確性に問題があると考えています。これは我々が従前から申し上げていることですけれども、具体的には、合理性が厳しく要求される表現の自由への制約、これについては昨日も委員からさらにいろいろご指摘がございましたけれども、そういう問題がやはりあると考えていますし、それから、明確性が要請される罪刑法定主義といった日本の憲法の規定する保障と抵触するおそれがないのかどうか、それも大事なポイントになってくると思います。

こういった考えに基づいて、我が国としてはこの条約の締結に当たり、ご指摘いただいているような留保を付した次第です。

今の日本が、この留保を撤回して、正当な言論までも不当に萎縮させる危険を冒してまで追加的な処罰立法等の措置をとることを検討しなければならないような状況になっているとは考えていません。これらの事情に鑑み，御指摘の点については慎重に検討すべきものと考えている次第です。

〈包括的人種差別禁止法の制定及び「人種差別」の国内法への定義付け〉

　我が国では、憲法第14条第1項が人種による差別の禁止も含む法律の下の平等を明確に規定しています。これを踏まえ、日本としては、雇用、教育、医療、交通等国民生活に密接な関わり合いを持ち、かつ公共性の高い分野については、特に各分野における関係法令により広く差別待遇の禁止を規定しています。

　具体的にいくつか例示を申し上げると、まず、今申し上げた雇用なんですけれども、労働基準法第3条において、使用者は、労働者の国籍、信条又は社会的身分を理由として、賃金、労働時間その他の労働条件について、差別的取扱をしてはならない旨明確に規定されているところです。

　教育についても、教育基本法第4条において、すべて国民は、ひとしく、その能力に応じた教育を受ける機会を与えられなければならず、人種、性別等により教育上差別されない旨規定されています。

　医療についても、医師法、歯科医師法、薬剤師法等により、正当な事由がなければ、診療や調剤等の求めを拒んではならない旨規定しています。

　交通については、航空法、鉄道事業法等において、不当な差別的な扱いについて、禁止し又は是正できる旨規定しています。

　また、現行法上、外国人であることを理由にサービスの提供を拒否するなど、人種差別的行為があった場合には、民法の不法行為として損害賠償責任が発生し得る形になっています。

　さらに、例えば、人種差別思想の流布や表現について、それが特定の個人や団体の名誉・信用を害するときは、刑法の名誉毀損罪等により処罰可能となっております。

　法務省は、人種差別を受けた方々からの相談に応じています。人権侵害の疑いのある事案を認知した場合には、速やかに調査し、事案に応じた適切な措置を講じております。例えば、法律的なアドバイス等をする「援助」というもの、当事者間の話合いを仲介等する「調整」といわれるもの、人権侵害を行った者に対して改善を求めるための「説示」というもの、「勧告」、実効的な対応をすることができる第三者に対してする「要請」といったものもあります。そういった措置があるということを御理解いただけたらと思います。

〈沖縄〉

　続きまして、ここで沖縄の話をまとめてお答えしたいと思います。まず、先住民ということについてのご指摘がございましたけれども、沖縄に居住する日

本国民も沖縄県出身の日本国民の方々もひとしく日本国民であり、日本国民としての権利をすべてひとしく保障されております。

また、我が国においては、沖縄県に居住する方々や沖縄県の出身の方々を含め、何人も自己の文化を享有し、自己の宗教を信仰しかつ実践し又は自己の言語を使用する権利は否定されておりません。

沖縄の方々は長い歴史のなかで特色豊かな文化、伝統を受け継がれていると認識しています。しかし、日本政府として「先住民」と認識している人びとはアイヌの人びと以外には存在しないという立場でございます。

沖縄県出身者が「先住民族」であるとの認識が日本国内に広く存在するとは言えず、本条約上「人種差別」の対象には該当しないというのが日本の立場です。

むしろ、昨日も若干言及がございましたけれども、2015年12月には、沖縄県豊見城市議会で、「沖縄県民のほとんどが自分自身が先住民であるとの自己認識を持っておらず」、沖縄の方々を「先住民」とした国連の各種委員会の勧告を遺憾として、その撤回を求める意見書が可決されています。また、2016年6月には、同県石垣市議会で、「沖縄の人びとは先住民との指摘は当たらない」旨の勧告の撤回を求める意見書が可決されているという事実もございます。

さらに沖縄の関係で、昨日は米軍の事故による被害者に関する話がありましたので一言ふれますと、学校や住宅に囲まれている、市街地の中央に位置する普天間飛行場がございますが、その機能の一部を辺野古に移設させる政府の取組が進められております。今まさに進行中です。これはまさに、抑止力を維持しつつ、普天間飛行場の危険性を一刻も早く除去するための唯一の解決策として政府は取り組んでいる次第でございます。

さらに、沖縄の文化伝統の保護という話をいただきましたけれども、この点につきましても、日本政府は、沖縄を含む日本各地域におけるさまざまな特色豊かな文化、伝統に対する価値を認識し、敬意を払っております。そして沖縄の文化及び伝統についても国内法に基づき保存・振興を図っております。

高い若年者失業率等の課題がなお存在しておりますけれども、1972年の本土復帰以降講じられてきた社会資本整備を始めとするさまざまな施策によって、沖縄に入域する観光客数ですとか、あるいは就業者数が増加しております。このように、沖縄の社会経済状況は着実に改善しているのではないかと政府としては考えております。

〈部落差別〉

続きまして、同和問題につきまして昨日いろいろお話いただいておりますので、ここでまたまとめてお話しいたします。日本は、本条約の起草過程における経緯に照らし、本条約の適用上、"descent" は、過去の世代における人種若しくは皮膚の色又は過去の世代における民族的若しくは種族的出身に着目した概念を表すものであり、社会的出身に着目した概念を表すものとは解しておりません。その意味で同和問題は、同条約に規定する "descent" に基づく差別ではないとの立場です。このことは今までも縷々申し上げてきています。

　日本政府としては、同和地区の住民の方々は異人種でも異民族でもなく、疑いもなく日本民族、日本国民であると考えております。

　いずれにせよ、この条約の前文に謳われた精神を踏まえれば、社会的出身に基づく差別も含めいかなる差別も行われることはあってはならないことは当然と考えております。

　日本国憲法第14条1は、「すべての国民」に「人種、信条、性別、社会的身分又は門地により、差別されない」ことを保障しております。政府としては、日本国憲法が保障する法の下の平等の原則を最大限尊重し、今後とも社会的出身に基づく差別も含めいかなる差別もない社会を実現すべく全力を傾注してまいる所存です。

　この関係で若干他国の、カースト制についての報告があった云々という話をいただいておりますけれども、この点について若干ふれますと、今申し上げますように、この条約の適用対象につきましては、本条約の対象ではないという立場でございますので、それに基づいて、今回の我が国の政府報告におきましても、同和問題については記述しておりません。

　このように、同和問題は本条約の対象ではないと考えており、同問題について、日本が本条約上の報告を行う義務はないと認識していますが、委員会より情報の提供を求められる場合には、可能な限り対応していきたいと考えております。

〈慰安婦問題〉

　先ほどシェパード委員から言及があり、昨日も何人かの委員からも言及があった慰安婦の問題についてです。昨日、冒頭いろいろ申し上げたので、繰り返しは避けるようにいたします。いずれにしても、人種差別撤廃条約との関係或いは個人の請求権についての日本の法的な立場は昨日（冒頭ステートメントで）

申し上げたとおりです。

　そのうえで、昨日も申し上げた立場ですけれども、日本として慰安婦問題が多数の女性の名誉と尊厳を深く傷つけた問題であるとの認識に基づき、日本政府及び日本国民のお詫びと反省の気持ちをいかなる形で表すかにつき国民的な議論を尽くした結果、1995年7月19日、元慰安婦の方々に対する償いの事業を行うことを目的に、日本国民と政府が協力して「アジア女性基金」を設立するということに結びついたわけです。すでに高齢になられた元慰安婦の方々の現実的な救済を図るため、元慰安婦の方々への医療・福祉支援事業やいわゆる「償い金」の支給等を行う「アジア女性基金」の事業に対し、最大限の協力を行ってきました。また、これらの事業が実施される際には、現職の内閣総理大臣から元慰安婦の方々ひとりひとりに対し、「おわびの手紙」を送付しました。

　この関連で、この問題は、朝鮮人以外にも関わる問題ではないかとの指摘がありましたが、「アジア女性基金」は、元慰安婦の方々の現実的な救済のために政府拠出金それから国民基金を原資として事業を行ってきましたが、その対象は、具体的には韓国、フィリピン、台湾の元慰安婦に対するものでした。詳しくは申し上げませんが、償い金、あるいは福祉事業、その時点での内閣総理大臣からの「おわびの手紙」が代表になっています。

　また、今申し上げなかった国として、政府による元慰安婦の特定が困難である等としているインドネシアにおいては、高齢者のための福祉施設整備のための財政支援を実施し、オランダにおいては、アジア女性基金の開始当時、元慰安婦の認定が行われていないことを踏まえ、慰安婦問題に関し、先の大戦中心身にわたり癒やしがたい傷を受けた方々の生活状況の改善を支援するために、財政支援を行いました。このように、その他の国々に対しても、日本は可能な限りのことを行ってきているということを是非ともご理解いただければと思います。

　そして、もう1つあえて申し上げたいのは、韓国国内では日本政府による国家賠償を求める声があり、アジア女性基金の事業を受け入れる意思を示した元慰安婦は批判や圧力を受けました。

　そのような状況にありながらも、最終的には実際は61名の韓国人元慰安婦に対して「アジア女性基金」の事業を実施することができました。

　そしてこの事業を受け取った元慰安婦からは、日本政府及び日本国民に対してお礼の言葉が寄せられています。その意味で、日本政府と国民の気持ちが元慰安婦の方々に通じたと考えます。なお、61名という数字に関し、最近まで、

長い間公表することを控えていました。これは、事業を受け取った人びとの立場を配慮してのことです。

　さらに、この場であえて申し上げたいが、慰安婦問題に関し、否定したり、事実を歪曲するような発言があるのではないかとの指摘がありますが、日本は慰安婦問題を否定していないということを明確にしておきます。ただ、一部に不正確な情報や理解があるのではないかというのも事実ではないかと考えます。例えば、この慰安婦問題が世の中に注目されるに至った経緯は若干不幸な側面があったのではないかと考えます。特に、1983年、「私の戦争犯罪」という本のなかで、故人になった吉田清治氏が、「日本軍の命令で、韓国の済州島において、大勢の女性狩りをした」という虚偽の事実を捏造して発表し、当時、日本の大手新聞社の1つにより、事実であるかのように大きく報道されたことにより、この問題が注目を集め、同問題のイメージを作った大きな一翼となるとともに、国際社会にも広く流布されました。そういう意味で、非常にインパクトがありました。しかし、これは、後に、完全に想像の産物であったことが証明されています。この大手新聞社自身も、後に、事実関係の誤りを認め、正式にこの点につき読者に謝罪しています。この事実・経緯については、十分知られておらず、ある意味で無視・ネグレクトされていると感じます。ぜひ慰安婦問題に関し、客観的な見方をしながら議論や評価をしていかなければならないと思います。その意味で、有識者や学者によるいろいろな研究成果が発表され、英訳も進められているので、そういうものもぜひご覧いただければと思います。

　2015年12月に日韓両政府は、問題の解決のために多大な外交努力、お互いに相当の時間とエネルギーを割いて、その末に合意に至り、慰安婦問題の「最終的かつ不可逆的」な解決を確認しました。この日韓合意は、当時の潘基文国連事務総長を始め、国際社会が歓迎しているのみならず、多くの韓国人元慰安婦もこれを評価していると認識しています。

　実際に、合意に基づき韓国で設立された「和解・癒やし財団」は、日本が拠出した10億円を基に、元慰安婦の方々の名誉と尊厳の回復、心の傷の癒やしのための事業を実施しています。合意の時点で生存していた元慰安婦47名のうち36名が事業に賛成し、すでに34名が医療や介護といった支援を受けています。

　元慰安婦の方々の名誉と尊厳の回復，心の傷の癒やしを達成するためにも、日韓両国で約束し、国際社会と元慰安婦の方々も評価している合意が着実に実

施され、この問題を次の世代に決してひきずらせないことが極めて重要ではないかと思います。

昨日いろいろとお話いただいたなかで、一度だけ「sexual slavery」という表現が使われました。慰安婦を「性奴隷」と称することは事実に反するので不適切であるというのが日本の立場です。つまり、この表現については、日本として強く反対しています。

なお、この点は日韓合意の際に韓国側とも確認しており、日韓合意のなかでも、「性奴隷」という表現は一切使われていません。

〈国内人権機構の設置〉

続きまして、国内人権機構の話に移らせていただきます。人権救済制度の在り方については、これまでなされてきた議論の状況を踏まえ、適切に検討しているところでございます。

新たな国内人権機構の設置については、その権限や対象とする人権侵害の範囲に関するものを含むさまざまな意見があるのも事実です。国内人権機構の地位に関するパリ原則等に留意しつつ、これまでの議論や我が国の人権状況を踏まえ、引き続き検討が必要であると考えています。

そして、この国内人権救済制度の在り方について、検討を行っておりますけれども、まだ、その具体的な内容についてまでお話できる段階にはないというのが日本の現状であるとご理解ください。

〈人身取引対策〉

続きまして人身取引につきましても昨日ご指摘いただきましたので、少し長くなりますけれども、ここでまとめてお話いたします。日本は、2005年、その条約の議定書の第3条において人身取引に該当する行為を定義する「国際的な組織犯罪の防止に関する国際連合条約を補足する人の取引を防止し、抑止し及び処罰するための議定書」の締結のために、必要となる罰則の新設・整備を行う刑法改正を行いました。

これにより、日本においては、この議定書において定義される人身取引に該当する行為はすべて犯罪とされております。

外国人の人身取引被害者の保護については、出入国管理及び難民認定法の改正により、被害者に在留特別許可できる規定を新設する等して、被害者保護を強化しています。

また、大使館等と連絡を取りつつ、特段の支障がない限り婦人相談所等において保護がなされるよう、警察から都道府県警察に対し指示し、適正に処理してきております。

　このように、我が国は、既存の法律によってあらゆる形態の人身取引を犯罪化するなど前記議定書の要請を満たしており、人身取引に関する特別法を制定する必要があるとは考えておりません。

　なお、政府は、人身取引対策に係る情勢に適切に対処し、政府一丸となって総合的かつ包括的な人身取引対策に取り組んでいくため、2014 年 12 月、新たに「人身取引対策行動計画 2014」を決定し、関係閣僚から成る「人身取引対策推進会議」を開催することとしました。

　そして現在、この計画に基づき、この「人身取引対策推進会議」を中核として、関係省庁が連携し、取り締まり、被害者の保護・支援等の各種取組を実施しております。今後とも、人身取引の根絶を目指し、政府一丸となって取り組んでいく所存です。

　さらに、人身取引の予防、在留管理、入国管理の徹底という言い方もできますけれども、入国管理局では、本邦への入国目的に疑義のある外国人について、空海港における厳格な入国管理を徹底しています。また、在留管理も徹底して行い、人身取引の防止を図っております。

　そして取り締まりの面でも、日本の警察では、労働搾取・性的搾取等を目的とする人身取引に該当する事案を認知した場合には、関係機関と連携のうえ、取り締まりを徹底しております。

　入国管理局では、不法就労を強制されている人身取引被害者が少なくないことを踏まえ、関係機関と連携し、不法就労事犯を積極的に取り締まっております。

　さらに、広報啓発について申し上げますと、警察、法務省及び厚生労働省の主催によって、不法就労の現状に対する理解を深めるための経営者団体への説明会を実施しています。加えて、風俗営業等の営業所に対する立入調査活動等を通じて、雇用主等への広報啓発に努めております。

　さらに被害者保護につきましては、人身取引被害者に対しては、大使館や保護機関への連絡又は保護の要請等所要の措置を行うよう、警察から都道府県警察に対し指示を出しています。

　日本国内で行う就労等の活動に制限を受けない在留資格、永住者、定住者、日本人の配偶者等でございますけれども、そういった在留資格を有する外国人

については、生活保護法に準じた取り扱いをしております。したがって、人身取引被害者のうち保護が必要であると認められた者については、定住者の在留資格が付与された場合には、生活保護法に準じた取り扱いを受けることとなります。

入国管理局は、人身取引の被害者の立場に十分配慮し、被害者保護の観点から、在留期間の更新や在留資格の変更を許可しております。また、被害者が不法滞在状態の場合には、原則、在留特別許可を与えております。

国際的な取組のほうに目を転じますと、日本は 2005 年以降、IOM への拠出を通じ、我が国で認知された外国人被害者の帰国支援、そして社会復帰支援を実施してきています。具体的には、シェルターの提供、法支援、医療費支援の提供、教育支援、経済的支援、就労・就業支援等を行っております。

そして法務省は、人身取引を含む人権問題について人権相談に応じております。その相談において適切な助言をしたり、適切な機関を紹介しております。また、人権侵害の疑いのある事案を認知した場合は、人権侵犯事件として調査を行い、関係機関と連携・協力して当該事案に応じた適切な措置を講じることとしています。

例えば、法律的なアドバイス等をする、先ほども申し上げましたけれども、「援助」や「調整」、「説示」、「勧告」、「要請」等の措置があります。

さらに海上保安庁では、人身取引被害者を含む犯罪被害者の方々等に対し、刑事手続の概要及び捜査状況、被疑者の逮捕・当地状況等、被害者の救済や不安の解消に資すると認められる事項の説明を行うようにしています。そして、こういった形で犯罪被害者等の支援策を講じているということです。また、海上保安庁ウェブサイト及び「犯罪被害者等への支援について」と題したリーフレット、このウェブサイトとリーフレットにより、本支援策を広く周知しているところです。

医療についても一言申し上げますと、医師法に医師の応召義務が規定されています。一般的には外国人であること等を理由として診療を拒むことはできないと解されます。

さらに申し上げますと人身取引に対しては、関連部局が連携・協力して徹底的な取締りを行っておりますけれども、加害者に対する厳正な科刑の実現に努め、人身取引が潜在するおそれのある周辺事案に対しても、積極的に対応しております。

2014 年 6 月、警察庁、法務省、最高検察庁、厚労省及び海上保安庁から成

る人身取引対策関連法令執行タスクフォースを設置し、そして人身取引関連事案についての情報共有・連携を図っております。また、同年9月、同タスクフォースにおいて、人身取引事犯の適用法令、具体的適用例等をまとめた「人身取引取締りマニュアル」を作成し、警察、入国管理局、検察、労働基準監督署及び海上保安庁において、捜査等に活用しているというのが現状です。

### 〈難民認定申請者〉

　さらに難民認定についてのご指摘・ご質問もございましたので、それについて一言ふれたいと思います。難民認定申請者ですけれども、1983年より、政府が委託している財団を通じて、生活に困窮する難民認定申請者に対して生活費、住居費、医療費を支給しております。

　4カ月の保護期間の終了時に依然として生活に困窮している方に対しては、期間を延長して保護を実施しております。

　そして就労許可ですけれども、難民である可能性が高い場合や、本国の情勢等により人道上の配慮を要する可能性が高い場合は、判明後速やかに就労可能な在留資格を付与しております。

　それ以外の場合でも、難民認定申請者の9割以上を占める正規在留者については、濫用・誤用的な難民認定申請を除き、申請から6〜8カ月後に、就労可能な在留資格を付与しております。

　そして難民等救援業務を受託している実施団体において、難民に関する国民や社会の理解促進のため、ウェブサイトやパンフレット等を通じた広報を行っております。また、難民理解講座、出前講座の実施、国際協力イベント等への出展、シンポジウム・ワークショップ・セミナー・スタディーツアー等の広報啓発イベントを実施しております。

　法務省は、外国人に対する偏見や差別の解消を目指して、ポスターの掲出、講演会・研修会の開催、インターネット上のバナー広告といったさまざまな人権啓発活動を、地方公共団体や民間団体等と連携し、年間を通じて全国各地で行っております。

　また、人権相談等を通じて人権侵害の疑いがある事案を認知した場合は、人権侵犯事件として調査し、事案に応じた適切な措置を講じております。

　例えば、先ほども申し上げたような「援助」「調整」「説示」「勧告」「要請」等の措置がこちらでもございます。

〈民族宗教的プロファイリング〉

　次に民俗宗教的プロファイリングについてふれた委員がいらっしゃいましたので、これについても一言申し上げます。日本の警察は、法律の規定に基づき、公平中立に職務を執行しており、民族的・宗教的プロファイリングに該当し得る活動は行っておりません。

　警察は、新たに採用された者や昇任した者に対し、警察学校において、人権尊重に関する教育を行っています。また、犯罪捜査や留置業務に従事する者に対し、警察学校における専門教育や職場における研修会等により、被疑者等の人権に配意した適正な職務執行を期するための教育を行っています。

〈ユネスコの教育差別防止条約の締結〉

　次に、条約についてもいくつかふれていただきましたので、申し上げます。

　先ほどシェパード委員からユネスコの教育差別防止条約についてお話いただきました。教育の差別防止について、日本においては、すでに教育基本法において、すべての国民は教育上差別されないとして教育の機会均等を定めております。我が国はこれを基本原則として、教育施策を進めているところです。我が国に居住する外国人の方々に対しても、希望する者については義務教育の機会の保障といった日本人と同様の取扱いを行っております。

　そしてこのお話いただいた条約の締結については、我が国国内法との関連や国内施策等の状況を精査したうえで、この条約の緊急性と必要性の観点も踏まえて、総合的に判断する必要があると考えています。その意味で慎重な検討が要求されると考えておりますけれども、現時点で具体的な締結の予定はまだ私どもとしては考えておりません。

〈無国籍者の地位に関する条約の締結〉

　さらに昨日、無国籍者の地位に関する条約についてもお話がございました。

　この条約は、1954年に作成されたものですけれども、原則として、外国人を含むすべての者を対象としている市民的及び政治的権利に関する国際規約及び経済的、社会的及び文化的権利と重複する部分が見受けられます。2つの非常に重要な条約のことですけれども、それと重複する部分が見受けられるということです。

　本条約を新たに締結する意義があるか、我が国がすでに締結している国際約束との整合性を踏まえ、本条約の定める権利の性質等をしっかり精査したうえ

で慎重に検討する必要があると考えています。

### 杉浦正俊　外務省人権人道課

〈地方参政権〉

　永住者の方々について、地方自治体レベルの参政権を認めるべきではないかとボスィート委員や他の方からもご言及いただきました。1995 年の最高裁判決において憲法 15 条第 1 項公務員の選定罷免権の規定は、権利の性質上日本国民のみを対象としており、その権利の保障は在留外国人には及ばないという点、憲法 93 条第 2 項地方公共団体の機関の直接選挙における住民ということについては地方公共団体の区域内に住所を有する日本国民を意味し、在留外国人に対し地方選挙権を保障したものとは言えない。この 2 点が最高裁判決の結論です。なお、この判決におきましては一定の外国人への地方選挙権付与が憲法上禁止されたものではないという考え方も示されています。永住外国人に対する地方参政権付与につきましては日本の民主主義の根幹に関わるような問題で、国会等での議論の行方に十分注意を払っていきたいと考えています。

〈再入国許可〉

　有効な旅券を所持しない者への再入国許可のお話をボスィート委員、それに関連するご質問もいくつかいただきました。旅券所持者につきましては、旅券を発給した国や国籍、身分事項を証明するということで他国の官憲、オーソリティに対して保護を要請しています。旅券をもっておられない方についてはそういう保証がないということですから原則としては入国を認めないということが一般的な国際慣習です。我が国においても有効な旅券を所持しない方については出入国の場合に旅券に代わる証明書を所持することを法令上求めています。外国政府等の発給した有効な旅券または旅券に代わる証明書を所持しない者が再入国許可に基づき出入国する場合には旅券に代わる証明書として再入国許可証を交付して、身分事項と日本に在留していること、我が国出国後もこの許可証に記載されている再入国期間内に入国する場合には日本に再入国することは可能となっています。こうした規定は国際慣習法上も必要な措置であると考えています。

　再入国の規定についてご指摘のあった「みなし再入国許可」についても同様の考え方です。

　有効な旅券を所持している特別永住者の方々、朝鮮籍の方を含む、有効な旅

券をおもちであれば適応されるということになりますが、有効な旅券をおもちでなければ適応されないという制度です。

　有効な旅券ということでアフトモノフ委員から質問いただきましたが、有効な旅券でご指摘のあった通り、北朝鮮の旅券は日本国政府の承認した外国政府ではありませんのでその旅券ではないということです。そのうえで、入管法上は一部の地域の権限ある機関が発行した旅券に相当する文書についても有効な旅券と認めうるということになっています。当該地域と我が国の関係を踏まえて出入国関係事務簡素合理化という目的で認めており、ご指摘のあった台湾・パレスチナの旅券についてはそういった形で認めています。

　なお、この規定を適応していない主体は北朝鮮に限ったものではなく、人種差別的な取り扱いではございません。

〈入居差別〉

　入居等の差別についてご質問いただいたのでお答えします。今回多くの方から指摘を受けている法務省の住民調査の関係で現状把握を務めているところです。賃貸住宅の入居者選択は平等に行うということで、公的住宅については関連法令におきまして募集方法・資格・選考について公正な手続き、条件を定めています。民間住宅に関しては、空き家や空室を活用して外国人等住宅確保に困難がある方について入居を拒まない賃貸住宅を登録し、住宅のセーフティーネットを作っています。またこういうことに協力してくれた方々には住宅の改修や入居者負担の軽減等居住支援を行っており、円滑な入居を促進しています。

〈教育および雇用〉

　教育についてお答えします。移民の定義は難しいところですが、日本に来られた外国人の方々のお子さんを含めて、公立の義務教育を希望される場合は無償で受け入れているということは先ほど申し上げた通りで、政府が提供している教育学校でなく私立の外国人学校に行かれたい場合、選択は自由です。

　雇用について、差別解消ということで、雇用主に対して就職の機会均等、平等な就職の機会を確保するための指導・啓発を行っています。我が国の事業に使用される労働者であれば国籍等に関わらず労働関係法令はすべて適応されています。

　医療については国籍等に関わらず平等に適応しているところです。

〈ビジネスと人権〉

　ムリオ委員から質問いただいた日本企業の人権尊重についてということですが、まず政府としては、国連のビジネスと人権に関する指導原則、OECDの多国籍企業行動指針にコミットしており、経団連では「すべての人びとの人権を尊重する経営を行う」ということを企業行動憲章という形で定めています。これらに加え、現在政府はステークホルダーと意見交換を行いながらビジネスと人権に関する国別行動計画を策定しています。そして、このような取組を通じて日本企業の活動における人権の保護・促進、人種に関わるもの含めて人権の保護・促進を今後とも図っていく考えです。

　続いて、関係省庁のほうから答えさせていただきます。部落について、先ほどの大鷹からの発言以外の部分について、ボスィート委員からご質問いただいているところ、イザック委員からもいただいてます。こちらについて法務省からお答えします。


　**杉原隆之　法務省**
〈部落差別解消推進法〉

　部落問題と本条例については先ほど団長から説明があったところです。部落差別解消推進に関する法律における部落あるいは部落差別の定義についての質問について説明します。

　法務省としては、部落差別解消の推進に関する法律にいう部落差別については、同和問題に関する差別を念頭に置いているところです。そのうえで同和問題とは、日本社会の歴史的過程で形作られた身分差別により、日本国民の一部の人びとが長い間、経済的・社会的・文化的に低い状態に置かれることを強いられ、今なお日常生活のうえでさまざまな差別を受けるなどしているという、我が国特有の人権差別であるということです。そのうえで法務省として部落差別等の同和問題についてどのように対応しているのか補足的に説明します。

　法務省としては、同和問題に関する差別意識解消に向けた取組をしっかりと進めていく必要があると考えています。このような認識のもと、啓発活動、人権相談、さらには人権審判事件の調査・処理を通じて被害の救済や予防を図ってきたところです。

　部落差別解消の推進に関する法律ですが、2016年12月に施行されました。繰り返しになりますが、この法律では国や地方公共団体の責務が明確化され、教育や啓発、相談体制の充実などについて闡明されているところです。政府と

しては、これらの施策を充実させるため、部落差別の実態にかかる調査を行うべく準備を行っているところです。

　後ほど説明するヘイトスピーチの問題と同様に、国民一人ひとりが差別を許さないという意識を持つことが最も重要と考えています。そして粘り強く啓発活動を行っていく必要があると認識しています。この様な認識のもと法務省として啓発冊子を配布する、あるいは YouTube を活用した啓発動画を製作するなどさまざまな形で分かりやすく啓発活動を行っているところです。

　部落差別解消の推進に関する法律の施行後ですが、この法律の趣旨を踏まえて、同和問題に対するこれまでの法務省の取組を引き続き実施していくこととしています。併せてこの法律の周知、相談体制の充実を図っているところです。先ほど部落差別の実態にかかる調査について説明しましたが、今後はこの調査結果等を踏まえより効果的な施策を模索する考えです。

〈インターネット上の部落差別〉

　インターネット上に「差別を助長・誘発する目的で、特定の地域を同和地区であるとする書き込みがある」といった情報に接した場合には、法務省としてプロバイダ等に対して情報の削除を要請するなどの適切な対応を取っています。

　また、同和問題に関連して、戸籍に対する不当なアクセスに対するご指摘もありました。2007 年に戸籍法が改正され、不正な手段で他人の戸籍証明書を取得した者に対して刑罰が科されることになりました。また、請求書が偽造された場合、文書偽造の罪によっても処罰されることとなっています。捜査当局においてはこれらの刑罰法規を適応し、戸籍情報への不当なアクセスに対して適切に対処しているところです。

**杉浦正俊　外務省**

　続いて、ボスィート委員だけではなくマルガン委員、イザック委員、リー委員、鄭委員、ディアビ委員から質問がありましたヘイトスピーチについてお答えしますが、通訳の関係で、部落問題は "racial discrimination" ではないということは先ほど大鷹から申し上げたので、その点は通訳のところで修正したいと思います。部落の関係で委員から、社会・経済的な発展について認識いただいたことについては感謝しています。ヘイトスピーチについて我々の見解をお答えします。では、法務省からお願いします。

190　審査会場にて

**濱田武文　法務省**

〈ヘイトスピーチ解消法〉

　法務省からヘイトスピーチに関連した質問についてお答えします。たくさんのご質問をいただき、また、示唆深いご指摘もいただいたと思っており、誠にありがとうございます。

　まず、ヘイトスピーチ解消法が施行されましたが、その対象が、本邦外出身者に限られていることという点についてお話しします。そもそもヘイトスピーチのような差別的言動は許されないということは当然です。この法律の国会審議におかれても、本邦外出身者に対する不当な差別的言動以外のものならいかなる差別も許されるという理解は違う・誤りだということが併せて決議されました。いずれにしても法務省では、ヘイトスピーチなどといった差別的な言動が誰に対するものでも許されないものだということを認識しています。この認識に基づいて各種啓発活動を行っているほか、人権相談を通じて事案に応じた適切な措置を講じているところです。また、ヘイトスピーチ解消法について禁止規定や処罰規定がないことなどについての指摘にお答えします。

　この法律は2016年に国会審議を経て制定されました。処罰規定を設けない理念法として成立したものです。法務省ではこの法の施行を踏まえてヘイトスピーチが許されないことについての啓発活動・相談に対応するための体制の整備・外国人人権相談の利便性向上といった取組を図ってきました。まずは国会で審議されて成立した理念法に書かれた理念に基づいて、ヘイトスピーチ解消に向けた取組を適切に推進していくつもりです。

〈ヘイトスピーチに関連した刑事事件〉

　捜査機関においては憎悪的・人種差別的な表明については、刑事事件として取り上げるものがあれば法と証拠に基づいて適切に対処しています。ヘイトスピーチに関しても、名誉毀損罪・侮辱罪・業務妨害罪・脅迫罪・強要罪などの刑法による犯罪が成立しえます。京都における刑事裁判ですが、4人の被告人に対して威力業務妨害罪などの犯罪でいずれも執行猶予付きの懲役刑が言い渡され、その判決が確定したものと承知しています。

〈ヘイトスピーチ解消法の施行の影響〉

　2016年に法が施行され、ヘイトスピーチは許さないということについての啓発活動・相談対応・外国人人権相談の利便性向上のための取組や、各種啓発

活動を行ってきました。この法律が施行されたことそのものが報道でも大きく取り上げられ、その際に法律の趣旨なども広く報道され説明されました。こういったことが契機となり、特定の民族や国籍の人びとを排斥する差別的言動、いわゆるヘイトスピーチが許されないものだということが社会のなかで認識されつつあるものと考えています。

〈ヘイトスピーチ被害相談窓口・救済〉

　人権擁護に携わる行政機関として法務省に人権擁護局が設けられています。そしてそのハブ機関として法務局が全国に設置されており、法務局の支局もあわせて合計311カ所の窓口があります。さらに、全国に約1万4,000人の人権擁護委員という方々がいます。人権擁護委員は法務大臣が委嘱した民間のボランティアの方々で、法務省・法務局と協力して人権相談に応じています。こういった相談からヘイトスピーチも含めて人権侵害の被害の申告を受けた場合、救済手続きを開始し、関係者の事情聴取などの調査を行ったりします。そしてその結果を踏まえて説示や勧告といった、先ほど団長が説明したような措置を講じています。

〈ヘイトスピーチに関する統計・調査〉

　ヘイトスピーチを含む差別的言動に関する調査については、ヘイトスピーチ解消法の施行前に行った実態についての聞き取り調査や、この委員会にも英訳を提出しましたが、2016年に行った外国人住民調査、昨年度人権擁護に関する世論調査などを政府で行い、そのなかでヘイトスピーチにもふれながら調査してきたところです。現在はヘイトスピーチ解消法の施行からまだ2年という段階であるうえ、昨年の世論調査では、ヘイトスピーチデモが行われているその存在を知らなかったり、知っていても関心がなかったりする国民が一定数いることが明らかになったことなどから、政府としてはこの法律の周知や趣旨に基づいた教育や啓発活動に注力していきたいと考えています。そしてもちろんこれらの活動と並行してヘイトスピーチ等の人権侵害に関するより効果的な状況把握の方法も模索してまいりたいと考えています。

　　**杉浦正俊　外務省**

　続いて、メディアを通じた人種差別的な扇動ということで、放送法の関連の質問がありましたので総務省からお答えし、インターネット上のものも法務省

からお答えいただきます。


**岸本万里英　総務省**
〈放送法〉

　放送事業者は放送法の規定を通じて放送番組が公安および善良な風俗を害すること等のないよう適切に放送を行うこととなっています。具体的には、放送法の規定により、放送事業者は国内放送の放送番組の編集にあたっては公安および善良な風俗を害しないこと、報道は事実を曲げないですること等とされています。政府としては、放送事業者はこれらの放送法の枠組みのなかで自主、自立により放送番組を編集することによって重要な社会的役割を果たしてきたものと認識しています。以上です。


**濱田武文　法務省**
〈オンライン上のヘイトスピーチ〉

　政府は、プロバイダ等含む通信関連事業者団体の民間団体が作成したインターネット上における不当な差別行為などを禁止事項として規定する「違法有害情報への対応等に関する契約約款モデル条項」の策定の支援を行いました。

　インターネット上の人権侵害情報について、全国の法務局において被害者からインターネット上で人権侵害を受けたという被害申告を受け付けています。その場合速やかに該当するインターネット上の人権侵害情報を確認し、被害者に対して、プロバイダ等への侵害情報の削除依頼の具体的な方法などについて助言を行ったりします。一方、被害者自らその被害を回復することが困難な事情がある場合は必要に応じて被害者、その他の関係者から事情を聞くなどの調査を行い、その侵害情報の違法性の判断をし、違法性が認められた場合には法務局においてプロバイダ等に対して当該情報の削除の要請をすることもあります。

〈裁判官、警察官、その他公務員へのヘイトスピーチに関する研修〉

　人種差別を含む人権問題についてはそれぞれの担当機関・部署において、公務員や裁判官を対象にした研修が広く実施されています。対象となるものは一般の国家公務員や地方公務員をはじめ、教員・警察職員・裁判官・矯正施設・人権擁護機関・入管職員・検察庁職員等があげられます。

ヘイトスピーチにいろいろご質問いただきましたが、差別的言動を予防する方策はどういうものがあるのかという指摘もありました。

　先ほども言いましたが、ヘイトスピーチは人びとに嫌悪感を与え、また差別意識を生じさせることにつながりかねません。対立をあおる原因にもなり許されないものです。こういった言動を解消していくためには社会全体の人権意識を高め、差別的言動は許されないという認識が国民の間で広く深く浸透することが重要だと考えています。法務省では、人種などの違いを理解し、自然に受け入れ、互いに認め合うことのできる社会の実現を目指して、外国人の人権を尊重しようという啓発活動の協調事項を掲げ、講演会を開催したりポスターや漫画などの冊子を使った啓発活動、ドラマ仕立ての啓発動画を製作し公開する等行っています。こうしたポスターや漫画や動画は法務省のホームページからも誰もがアクセスできます。委員の皆様の机の上にいくつかの資料を置かせていただいています。ポスター、これは日本語で「ヘイトスピーチゆるさない」と書かれています。そして、ヘイトスピーチは許されないことだということは大人にも子どもにも分かりやすく伝わることが重要だと考えています。そこで、漫画を作成し広く配布しています。個人的な思いとして漫画は日本の誇るべき文化と考えていますが、子どもは大好きです。こういったものを使って、ヘイトスピーチがどういったものか、なぜ許されないのかといったことを広く啓発しているものです。お手元に英語版のリーフレットを置かせてもらっています。これは外国人の方が相談できる窓口について説明しているものです。電話での相談の仕方、相談窓口の場所等の説明がされています。このリーフレットは全国の入管や大使館などに置かせてもらっています。そして青い冊子「人権の擁護」というのがあります。これは法務省の人権擁護機関で行っている人権擁護活動について分かりやすく説明しているものです。英語版も作成して外国人の方にもご理解いただけるように取り組んでいます。

　こういう形でわが国ではソフトアプローチという形でヘイトスピーチを含めた差別の撲滅を目指しているところです。ヘイトスピーチを含めたあらゆる差別をなくすにはどうしたらいいのかはとても難しい問題です。方法論として、法律に禁止規定や罰則を設けるという選択肢があることはご指摘の通りです。ヘイトスピーチ解消法ができた国会の議論のなかではそういった選択肢が存在することも承知のうえで議論がなされてこの理念法が成立したという経緯があります。政府としては、今ご説明した通り、まずは大人にも子どもにも分かりやすい形で粘り強く地道な啓発活動を続けることが、遠回りに見えますが実は

最も重要なことだと考えています。今後もより効果的な方法を不断に追求し続ける所存です。以上です。

### 杉浦正俊　外務省
〈ヘイトスピーチ解消法〉

　ヘイトスピーチ解消法については何人かの委員から1つのステップということで評価いただいてますが、ただ今の説明でどれくらい政府がこれについて実施を努力しているかお分かりいただけたかと思います。

　続いて、ヘイトスピーチの関係で、公人・公務員が発言した場合に制裁すべきという質問がありましたが、先ほど説明があったように、そういったものについては一部刑法で処罰することができます。公人・公務員ということで除外されているわけではありません。捜査機関においては憎悪的・人種差別的な表現について刑事事件として取り上げるべきものがあれば、法と証拠に基づいて事案に応じて厳正に対処しており、していくということです。

　朝鮮学校について複数の委員から質問いただいています。ここでいう朝鮮学校とは話題になっているもので、すべてのコリアンスクールが対象外ということではありませんが、対象外になっている朝鮮学校について文部科学省からお答えします。

### 山本剛　文部科学省
〈外国人の子どもの教育の権利〉

　まず前提として、外国籍の子どもたちの教育を受ける権利をいかに保障しているかについての前提を申し上げますが、団長からも答弁していますが、外国籍の子どもについては公立の義務教育小学校への就学を希望する場合、国籍や在留資格に関わらずすべて無償で受け入れを行っており、実際約7万5,000人の外国籍の子どもたちが日本の公立義務教育学校で学んでいます。それに対して国は、公立学校への就学を促進するための支援や児童・生徒の母国語の分かる支援員の派遣等をはじめとした支援体制の整備・充実にかかる取り組みを行い、外国籍の子どもへのきめ細やかな支援を行っています。また、それらの子どもが外国人学校への入学を希望されるという場合にはその選択権があり、外国人学校に通うことも可能です。日本国内には法令上各種学校と認定されている126校の外国人学校があります。

国の高校就学支援金制度の話ですが、この制度は対象となる生徒の国籍を限定していません。日本国内に在住しているすべての外国籍の生徒についても対象とするもので、支援の内容についても日本国籍の生徒とまったく同じです。外国人学校に通う場合であっても法令で定められた各種学校の認定を受けており、かつ高校の課程に類する課程をおくと認められるものであれば支給対象となる旨法令で定められています。この就学支援金制度は学校が生徒に代わって支援金を受領し、生徒の授業料に充てる仕組みになっています。そのため、学校において就学支援金の管理を適切に行う体制が整っていることが求められます。そうしたことから、学校の運営が法令に基づき適切に行われていることが指定の基準に盛り込まれています。

〈朝鮮学校〉

　今回指摘いただいた朝鮮学校への就学支援金制度の適応についてですが、当時の法令にのっとり定められた審査基準のうち、法令に基づく適正な学校運営が行われているかという点について十分な確証が得られないため、審査基準に適合すると認めるに至らなかったことから不指定の処分が行われたものであり、あくまで法令の審査基準に沿って判断したものであり、朝鮮学校に通う生徒の国籍や政治・外交上の理由から制度の対象外とするものではありません。また今後朝鮮学校が法令で定める要件を満たせば就学支援金制度の適応対象となります。

　なお、朝鮮学校の就学支援金に関する裁判については国内5カ所で行われており、地方裁判所の判決が出た4カ所のうち大阪以外の3カ所では国側の主張が認められています。これらの裁判は4カ所すべてで控訴され、国内において係争中の段階です。

　国の就学支援金とは別に、朝鮮学校に対し地方自治体が独自の判断で補助金を交付する制度も設けられています。この地方自治体による補助金について2016年3月に文部科学大臣から地方公共団体に発出された通知は、補助金の適正かつ透明性の執行の確保を助言する趣旨であり、特定の学校への補助金を停止したり減額したりすることを促すものではありません。いずれにしても、自治体が独自に創設している補助金については地方の実情に応じ自治体自身の判断にとって適切に執行されることになります。

〈大学入学資格〉

外国人学校卒業者については個々人が学力面で一定の要件を満たすことにより大学入学資格を取得できるとの扱いになっており、制度改正により手段の多様化を行っています。例えば1999年には外国人学校で学ぶ児童・生徒について、大学入学資格検定の受験による大学入学資格の取得を可能にしておりますし、2003年には大学それぞれによる個別審査において個人の学習歴などを適切に審査して、高校卒業と同等以上の学力があると認められるものについては大学入学資格を認める等の制度の緩和を行ってきているところです。以上です。


**杉浦正俊　外務省**

アイヌの人びとについても多く質問いただきましたが、内閣官房から時間の許す限りお答えします。


**杁山広樹　内閣官房**

〈アイヌ政策〉

まず、教育の充実・雇用の安定・生活の安定等生活向上にかかるプログラムの策定状況とアイヌの人びとの状況に関する包括的な実態調査の実施状況についての質問がありました。前者について、北海道において実施しているアイヌの人たちの生活向上に関する推進方策が策定されています。現時点においては第3次、3回目の更新となっており、期間は2016年～2020年までの期間となっています。これまでと同様に、アイヌの人びとの社会的・経済的地位の向上を図り、社会の実現に向けた取組を推進していくところです。また、生活実態調査について、直近の調査の年度は2017年度です。この調査も周期的に行われている調査です。先ほど言った推進方策について、この実態調査でのアンケートの結果、着実に効果が上がっているという結果を得られています。したがって、今後とも北海道はじめとする地方公共団体が政策向上施策を実施し、国としてはその取組を後押しできるよう支援していきたいと思います。


**大鷹正人　国連担当大使**

質問いろいろとありがとうございました。時間の制限上ここで一旦質問を止めなければなりませんので議長にバトンタッチさせていただきます。


**ヌルディーン・アミール議長**

委員からの質問に、限られた時間に最大限答えてくださりありがとうございます。ここで答えられなかったことがあれば、審査終了から 48 時間内であれば、書面により回答を提出できます。国別報告者であるボスィート委員がそれも考慮に入れながら、総括所見案を作成します。ではここで、3 人の委員から発言を受けます。最初にアフトモノフ委員お願いします。

### アレクセイ・S・アフトモノフ委員
〈部落民〉

質問への回答ありがとうございました。あらためて質問が 1 つあります。

代表団から部落民について回答をいただきました。それについて詳しくお尋ねするつもりはありません。部落民とは何かについてはここにいる皆が知っています。人種差別撤廃委員会は、条約第 1 条の人種差別の根拠である「世系」にはそれ自体に独自の意味があり、人種や民族的、種族的出身と混同されてはならないという立場を取っています。この見解は委員会の一般的勧告 29 で明確にされています。一般的勧告 29 では、「世系」は、その適用において差別禁止の他の理由を補完する意味と範囲を有すると書かれています。また、世系に基づく差別は、社会階層制度に基づく特定のコミュニティに属する人びとへの差別や、それら人びとが世襲的な身分により平等に権利を享有することを妨げるような類似の仕組みを含むと明記されています。私は日本政府の主張や議論にじっくり耳を傾けました。それについては感謝しています。しかし私にはまだ疑問が残ります。2016 年に施行された部落差別解消推進法は非常に興味深いですが、この法律には予算措置が伴いません。予算がなければ何をすることもできません。この点について情報提供をお願いします。

〈関連する条約の批准〉

もう一点、私たちは日本に家事労働者の適切な仕事に関する条約への批准を求めましたが、日本政府は同条約への批准も、また雇用及び職業についての差別待遇に関する ILO 第 111 号条約の批准もまだです。この条約は人種差別撤廃条約にとっても重要です。次回の定期報告書のなかで、批准するのかしないのか、また批准しないならばそれはなぜか、日本政府の考えについて説明してください。これらの条約は私たち委員会の仕事を補完するものです。

### ニコラス・マルガン委員

〈ヘイトスピーチ、許さない〉

　日本政府代表団に対しその努力とヘイトスピーチに関して回答をいただけたことに感謝します。報告のあった法務省のポスターを含む意識啓発活動やトレーニングおよび教育といった締約国の取組は、とても良い政策や行動であると思います。しかし、例えばポスターには「ヘイトスピーチ、許さない」とありますが、ヘイトスピーチをどのように許さないのかが分かりません。なぜかというと、締約国の報告書には、人種的優越または憎悪に基づく思想の流布や人種差別の扇動と、さらに私の理解では人種的暴力と暴力の扇動も、憲法と両立する範囲において処罰することが日本では可能であると書かれています。しかし、締約国の回答からは条約第4条の実施のためにどのような処罰がなされ、どのようにヘイトスピーチが許されないのかよく分かりません。

〈4条留保と刑罰化〉

　締約国の回答は、刑法における規定がないためにヘイトスピーチは犯罪とみなされないということだと理解しています。第4条は、締約国が（人種主義ヘイトスピーチを）法律で処罰すべき犯罪であると宣言することを規定しています。昨日述べたように、日本は、締約国として条約の義務を履行しており、憲法の保障と抵触しない限りにおいて第4条に規定する義務を履行していると考えておられるようです。しかし私には、どのように履行されているのか分かりません。第4条で規定された義務を履行していると締約国が見なしている判決、制裁や有罪判決などの例を教えていただけますか。日本の司法制度において第4条が適用された事例はありますか。私が昨日言及した締約国の報告書における事例は第4条と関係あるとは思えません。

　受け取った情報によると、暴力やその他の犯罪がなされたら処罰されるが、その犯罪における人種主義に基づく偏見や不寛容または動機は処罰や訴追の内容に含まれません。締約国の回答によると第4条は日本で適用されていません。締約国が言及した民法の名誉毀損罪は第4条にどのように基づくのでしょうか。これらのスピーチは許容されるべきではないとあなた方はおっしゃいますが、第4条にのっとってそれらを許容しないために締約国はどのようなことをしているのでしょうか。締約国は法律には罰則規定がないとおっしゃいました。人種的暴力の扇動が処罰された例はありますか。京都の裁判所が出した有罪判決について発言がありましたが、それが締約国の報告書で挙げられた例なのかどうか分かりません。もしそうなら、どのように実施されたかが不明です。

〈法執行官のトレーニング〉

　ヘイトスピーチに関する裁判官およびその他の公務員に対するトレーニングについて締約国は言及されましたが、どのようなトレーニングなのでしょうか。私の国スペインにおいても、人種主義的動機に特化したトレーニングを受けていない警察官が、人種主義的動機を理解せずに犯罪捜査をしていることがありました。特定の研修を受けた場合を除いて、第4条の実施となる犯罪ではなく通常の犯罪として登録された事件が多数ありました。裁判官が人種主義的ヘイトスピーチについて言及した有罪判決でも、その裁判官が特定のトレーニングを受けていない限り、法規を適用しないこともありました。そうしたことより、締約国はどのようなトレーニングを行っているのかが見えてきません。

　また、教育に重点を置いていると締約国は回答されました。教育は長期的に見て最も強力な手段であり、素晴らしいことです。しかし、それは条約第4条ではなく第7条に準ずるものです。もう1つの問題として、なぜ外国籍の教員は管理職に就くことができないのでしょうか。確かに日本語は難しいでしょう。明文化されていないものの、規定として日本国籍が求められていると理解していますが、締約国の理解も同様でしょうか。議長、ありがとうございます。

**ホセ・フランシスコ・カリ・ツァイ委員**

　代表団の回答を聞きましたが、まだいくつかの問題が残っていますし、いくつかの質問を繰り返さなくてはならないようです。もし代表団の回答を私が十分理解せずに質問をしているならば、お許しください。

　マルガン委員の発言にも関連しますが、私たちが受け取った報告書によれば、ヘイトスピーチ解消法の施行後、ヘイトスピーチが増加したとあります。なぜヘイトスピーチが増加したのか、またこの問題の根っこに何があるのかについて調査をする予定はありますか。

〈アイヌ民族〉

　アイヌ民族についてお尋ねします。おそらく2017年と思いますが、アイヌの調査によれば、人口は1万3,000人で世帯数は5,500でした。それより前の調査から1,309世帯、1,668人減少しています。前回の日本の報告書によれば生活保護率は減少し続けており、中等教育及び大学教育に関しては進学率が上昇しているとあります。政府が言及している2013年の調査ではアイヌの子どもたちの92.6%が高校に進学するものの、大学にはわずか25.8%しか進学しない

とあります。また、政府は、高校進学率が近年は減少していると述べています。何がそのような減少を引き起こしているのでしょうか。また、アイヌの子どもたちが高校に進学する機会があると示すことができますか。マルガン委員が外国人教員についても話されたので、私もその点について質問をしたかったのですが、省略します。ありがとうございます。

### パストール・エリアス・ムリオ・マルティネス委員
〈勧告実施のフォローアップ〉

　政府の報告書には、人種差別撤廃条約や委員会の総括所見に関して周知のために努力をしたことが示されています。そこで私がお聞きしたいのは、国際組織から出された勧告のフォローアップのためのメカニズムを日本政府はもっているのかという点です。例えば人種差別撤廃委員会の勧告についてはどうでしょうか。国際組織から出された勧告の効果的な実施を確保するために、制度化された委員会組織をもつなどしている国もありますが、日本政府もそのような選択を検討しておられるかお聞きしたいです。もしかすると、すぐに回答できるような質問ではないかもしれませんが。

### 鄭鎮星委員
〈「慰安婦」問題〉

　ほんとうは繰り返したくありませんが、「慰安婦」問題について再び取りあげざるを得ないと思います。五つの点を指摘したいと思います。第一にアジア女性基金です。この基金は徹底した事実究明をせずに作られました。第二に、法的責任の認知がなく、従って政府レベルでの公式な謝罪もありませんでした。アジア女性基金の活動の結果として起きた最も深刻なことは、アジア女性基金が被害者一人ひとりに個人的にアプローチしたことです。被害者の大多数及び市民社会グループは上記の理由からアジア女性基金に反対しました。そのためお金を受け取ったことを隠そうとした被害者との間に混乱と対立が生まれました。被害者はとても貧しかったので、お金の受け取りを簡単に断ることはできませんでした。アジア女性基金は被害者の尊厳を再び深く傷つけたのです。

　第三に吉田清治問題があります。彼の語った話が正しかったと示す明らかな証拠はありません。しかし同時に間違っていたと示す明らかな証拠もありません。いずれにしろ、真実かどうかの問題が出てきてから、韓国の市民社会グループは吉田清治の著作の参照や使用はしていません。吉田清治の本の他に、「慰

安婦」の悲劇的な状況を示す非常に多くの文書、写真、ビデオ、そして証言があることを代表団の皆さんはご存じだと思います。

第四に、2015年の韓日外相合意についてです。ボスィート委員も昨日指摘されたように、多くの国連機関がこの合意を"被害者中心のアプローチではない"と批判しています。このなかに、「最終的かつ不可逆的な解決」とあります。私は法律の専門家ではありませんが、「いまだにあらたな事実が発見され、ご存命の被害者が合意に反対しているような人権問題に関して、そのような解決はありうるのか？」と問いたいと思います。

第五に性奴隷という用語についてです。1990年代から国連人権機関は「性奴隷」という用語を使用しています。韓国でこの問題に取り組んできた市民団体は1992年に国連人権保護促進小委員会がこの問題を提起して以降、英語名としては「Korean counselor for the women drafted for military sexual slavery by Japan」（日本語では韓国挺身隊問題対策協議会と訳されている）を使用しています。

〈朝鮮学校〉

朝鮮学校について。私は十分な説明がなされなかったと思います。代表団の一人の方が、朝鮮学校が日本政府の規準に従わなかったと言われました。より詳細な理由と、またどのような規準に従っていないのかを説明していただきたいです。高等学校等就学支援金制度からの朝鮮学校の除外は政治的理由からではないとおっしゃいました。しかし日本政府の報告書の「児童・生徒等に対する嫌がらせ等の行為」のパラグラフ79のなかで拉致問題が言及されています。昨日も言及しましたが、代表団は「朝鮮総連」が朝鮮学校の教育に力点を置いていると発言されました。この点についてより明確な説明をしていただけますようお願いします。

**マーク・ボスィート委員**

日本代表団にさまざまな資料を配布していただきありがとうございます。日本語の資料は読めないので分かりませんが、英語の資料については感心しています。部落差別やアイヌの人びとを含め、多くの問題が取り扱われています。すべてを読んでいないので全面的な評価はできませんが、良い印象を受けました。日本では漫画が主流だと聞いています。このような媒体を利用することは意識高揚に役立つと思いますし、歓迎します。議長、私からは三点、意見を述

べます。

〈ヘイトスピーチ〉

　第一に、ヘイトスピーチについてです。2016 年に新しい法律が施行された
ことは良いことだと思います。しかし市民社会から得た情報によれば、まだ日
本にはヘイトスピーチの問題があります。実際これについては代表団も否定し
ていません。つまりこのような法律へのニーズがあるわけです。ですがこの法
律自体に、指摘されたようにいくつかの問題、欠陥があります。この法律の対
象は外国にルーツを持つ人びとに限られています。私にはなぜそのように対象
を限定する必要があるのか理解できません。侮辱やヘイトスピーチはマイノリ
ティに対しても起こりうるもので、マイノリティも保護のために法律を援用で
きるようになるべきです。また、特定されていない集団はこの法律による保護
を受けることができません。そのためこの法律は改善が必要であると私は思い
ます。

〈「慰安婦」問題〉

　私が述べたかった第二、第三の点は鄭委員によって指摘された「慰安婦」問
題です。政府がこの問題に関するさらなる情報を提供しますと言ってくれたこ
とに感謝します。私たちはこの問題がセンシティブな問題であることを十分理
解しています。政府代表団の法的主張にも留意しています。しかし他の委員が
指摘したように、これはまさに人間の尊厳の問題です。マクドゥーガル委員が
指摘したように、政府間レベルの取組はこのような問題に対する解決策として
適切ではないと思います。また鄭委員からも指摘があったように、事実を矮小
化あるいは否定するような言説が時々流されますが、それは到底受け入れられ
るものではありません。私はまたこの情況においてどうして「性奴隷」という
言葉が不適切だと言われるのか、理解できません。

〈朝鮮学校〉

　最後に朝鮮学校についてです。朝鮮学校の問題と北朝鮮との間に何か関係が
あるかのような言い方がなされることがあります。北朝鮮との関係が難しいも
のであることは理解しています。しかし、それは朝鮮学校の子どもたちのせい
ではありません。また、拉致問題も子どもたちとはまったく関わりのないこと
です。しかもこれらの学校の生徒の大半が韓国にルーツがある、あるいは韓国

籍であるとも聞きました。補助を受けている学校とそうでない学校があると聞きましたが、この区別について正当な理由があるようには思えません。朝鮮学校は補助を受けて然るべきだと思います。というのも、私たちはこのような問題を歴史的文脈のなかでとらえなければならないからです。そして歴史的文脈は、このような学校で学びたいと思う子どもたちから就学支援金を奪うべきではないという主張の正当性を十分証明しています。ありがとうございます。

### リタ・イザック・ンディア委員

　ありがとうございます。詳細な回答を用意してくださった政府代表団にお礼申しあげます。時間に限りがあるのでお答えいただいたことに、さらに詳細に踏み込んだ質問をするつもりはありません。民族間の軋轢を解決し、また部落民への差別を是正するにあたり非常に重要なことは、差別を受けているコミュニティの声が代表され、またそのコミュニティが意思決定のプロセスに参加することです。日本国籍をもたない人びとが公職に就けないという事実は大きな懸念を抱かせます。放送番組の審議機関があること、また部落民の相談窓口を設置したことも認識しています。ですが、マイノリティや先住民族、また世系に基づく差別を受けている人びとが意思決定に参加することをどのように確保するのかを知りたいです。皆さんが言及された政策を効果的に実施するには、それらの人びとが意思決定に参加することが非常に重要だと私には思えるからです。

### 〈複合差別とマイノリティ女性〉

　ここで、複合差別／交差的差別について述べたいです。ボスィート委員がマイノリティ女性に対する暴力について話されましたが、この点についていくつか追加で問題点を述べます。マイノリティ女性の状況についていくつかの調査報告を受け取りました。そのうちの1つ、2016年のコリアン女性たちが行った調査によれば、悪化するヘイトスピーチによる子どもたちへの影響が心配で、多数の女性が不安を抱えていることが分かりました。他の調査では、さまざまな形態のコリアンへの憎悪と心理的な苦痛の間に関連性があることが明らかになっています。調査対象となったコリアン女性の40％が国籍に基づく差別を経験したことがあり、ほぼ100％が性に基づく差別を経験しています。部落女性については、2005年に1,500人の部落女性を対象に独自のアンケート調査を行いました。その結果、識字率、雇用、差別、DVの分野でマジョリティの女

性たちとの間に開きがあることが分かりました。

アイヌ女性の2004年の調査では、わずか36%の女性しか高校に進学しておらず、その理由として貧困、学校管理者やクラスメイトの差別的態度を挙げています。さらに、移住女性は暴力を受けても在留資格の取り消しを恐れて警察に通報するのを拒否しているという報告を受けました。さらに歴史的な理由から日本国籍をもたない在日コリアンの障害者の方の社会保障へのアクセスに不平等があるという情報も受けました。

これらに関して、政府代表団の皆様にお尋ねします。どのようにして複合差別に苦しむ人びとにしっかりと注意を向けようとするのか、複合差別がもたらす困難を把握するために、性別、民族、障害の有無、年齢、その他の要素で細分化されたデータをどのように収集するのか、また日本社会におけるさまざまな被差別集団が平等に権利、尊厳、アクセス、機会、待遇を享有できるようにするために、現在どのような救済措置があるのでしょうか。

また、細かいですがDVと家族に関する事柄について述べたいことがあります。最高裁判所が日本国籍をもたない弁護士を調停委員として任命することを拒否していると理解しています。調停委員は訴訟に持ち込むことなく民事や家庭内のトラブルを解決するために非常に重要な役割を果たします。しかし、この役職もまた公的なものとされ、日本国籍をもたない人を排除しています。裁判手続きの外にある調整的な役割を鑑み、日本国籍をもたない人も調停委員に任命されるよう、日本政府にはその立場と法律を再考することを推奨します。

### ヌルディーン・アミール議長

ここで日本政府代表団に15分間、時間を差しあげます。その間で、今出された質問への回答を用意してください。お答えいただいた後、ボスィート委員が今回の審査について暫定的な総括所見を述べます。繰り返しになりますが、もしすべての質問に回答ができない場合は、これから48時間以内に書面にて提出することができます。ボスィート委員がそれを参考にしながら総括所見案を作成し、委員会が貴国の審査の総括所見を採択いたします。

### 大鷹正人　国連担当大使
〈世系の解釈〉

議長、ありがとうございます。残された時間は非常に限られているため、できるだけ簡潔に、皆さんから見て重要な、そしてまた我々から見て重要と思わ

れる質問に、可能な限りお答えします。まず、「世系」の用語に関して、人種差別撤廃条約第1条の解釈について述べます。委員の皆さんが指摘された通り、「世系」に関して委員会の勧告が出ています。しかし、私たちが繰り返し強調してきたように、日本は条約批准を検討するときに、この問題について十分に協議しました。そして、条約を締結し、批准したときに「世系」の解釈を示し、その立場を宣言しました。その解釈は今も変わらないものと理解しています。多国間条約の解釈は微妙です。しかしこれはぜひとも理解されるべき立場であります。もちろん、時は過ぎ行きます。時の経過とともに物事は変化しますし、もちろん私たちもその変化に対して常にオープンでなくてはなりません。しかし、これはそんなに単純な話ではありません。こうした事柄については注意深く検討しなければなりません。もちろん我々は勧告を考慮しますが、私が先ほど述べたように、日本政府が条約を批准した時に表明した解釈が、私たちが採用する解釈です。次に条約の第4条への留保について私の同僚から少し述べさせていただきたいと思います。

### 杉浦正俊　外務省
〈4条留保の撤回〉

　ありがとうございます。ご存じのように、我が国はこの条約に批准した際、第4条（a）項及び（b）項を留保しています。そのため我が国は本条約のもとにおいて、いわゆるヘイトスピーチやヘイトクライムを刑罰化する法的な義務は負っていません。しかし、我々はいわゆるヘイトスピーチ解消法の施行を含む現在の法律や政策に関する情報を提供しております。我々が第4条(a)項(b)項が求める義務の実施について議論しないのはそのためです。留保をしているので、そのような義務は生じませんが、我が国においては多くの法律や政策が施行されています。このことを委員の皆様にご確認いただきたいと思いました。

〈「慰安婦」〉

　「慰安婦」につい何点か述べます。まず一点目は、被害者主体のアプローチについて多くの指摘がなされたと思います。私は、我々がこの問題を元「慰安婦」の尊厳に関する問題と捉えており、日本政府及び日本国民が韓国政府と協力してこの問題の解決策を見つけたいと望んでいることを、何度も明確に示してきたつもりです。そして我々は最大限の努力をしてきました。私は二つの重要な出来事、すなわち1995年のアジア女性基金の設立と2015年12月の両国

合意について言及しました。これらは我々にとって大きな一歩でした。そして我々の究極の目標は元「慰安婦」の方々に手を差し伸べ、我々の謝罪の気持ちを伝え、元「慰安婦」の方々に何らかの形で支援したい、それらが実現されることでした。これが非常に明確な目標でしたし、我々は最大限の努力をしました。私が現段階で言えるすべてのことです。

　一方で、我々は起きた事実について科学的であらねばなりません。先に述べた通り、いくつかのメディアや著者のせいで、過去に起きたことについて誤解が生じたり誤った情報が流れました。そのようなことは起きなかったと示す明らかな証拠はありませんし、それは証明されていません。もちろん、過去にある事象が起きなかったことを証明するのは非常に難しいことです。しかし少なくともある事柄が起きたと主張する人物たちは、偽証があったことを認めています。この点は重大な注意が払われるべきです。性奴隷という表現に関してですが、この表現には強く反対することをもう一度ここで繰り返します。国連機関、国連組織でもしこの表現を使われる方がいれば、我々は繰り返し我々の立場とこの表現への反対の意を表明したいと思います。これは適切な表現ではありません。

〈朝鮮学校〉

　第三に日本にある朝鮮学校について述べたいと思います。私はこの「朝鮮学校」という表現について注意を払っています。というのもこの「朝鮮学校」というのは学校のカテゴリーを表すものではないからです。我々は生徒の民族や民族構成に基づく特定的で具体的な学校の話をしているのではなく、他の組織の影響下にあると見られる学校の話をしています。私たちはこの基金を適切に使いたいだけです。考慮されているのはこの点だけです。この問題について民族的（人種的）要素はまったくありませんし、政府から拠出された資金が適切に利用されていると確信がもてるようになれば、状況は完全に異なるものになるでしょう。

〈ヘイトスピーチ〉

　これは非常に繊細な問題ですし、もし表現の自由の担当者、例えば特別報告者に聞けば、表現の自由の規制のあり方や優先についてまた違った視点を提供してくれるでしょう。日本は表現の自由を優先させていることに誇りをもっていると考えています。この立場は単に政府のものであるだけでなく、日本国民

の基本的な立場でもあります。その立場にのっとったうえで 2016 年に我々はヘイトスピーチの問題にどう対処すべきかについては全面的な議論を行いました。国会での何時間にも及ぶ議論の後、我々はこの問題をどうにかしなくてはならないという結論に達しました。しかし、皆さんに知っていただきたいのは究極の目的は人種差別に基づくヘイトスピーチの根絶であるということです。この点はパンフレットにも明確に記されています。だからヘイトスピーチは許さないのだという強いメッセージがあります。マルガン委員がどのようにその目標を達成するのか？　とご指摘されたと思います。さて、それはこれからのことです。ですが、2016 年に我々が大きく一歩踏み出したんだということ、そしてそれは他の人からすると別の見方ができるかもしれませんが、ボトムアップの手法なんだということを認識していただきたいと思います。我々は人びとから始まり、人びとを巻き込みたいと思っています。人びとに理解してもらい、啓蒙し、ヘイトスピーチは間違った行為であると教育したいと思っています。我々が配布した漫画の最も重要なテーマは「あなたが発した言葉によって人を傷つけることがあるのだ」ということを理解することがすべての差別にとって大切だということです。私たちはここから始めています。我々の努力が効果的かどうかを見極めるために少し時間をいただきたいです。ですが、ボトムアップの手法、人びとから始めることが最善の手法だと私は確信しています。

　他にもまだ述べたい点があるのですが。ここで終わります。

### ヌルディーン・アミール議長

　ここで日本審査の特別報告者に 5 分間の時間を差しあげます。ボスィート委員お願いします。

### マーク・ボスィート委員

　私は 5 分もいりません。報告書で、また私たちの質問に対して口頭で情報を提供してくださった代表団に感謝いたします。ほぼ詳細な回答をいただきました。代表団による回答に委員会が同意するかどうかは別にして、これら回答も検討しながら私たちは総括所見を採択します。

　また日本の市民社会組織に感謝します。日本には多様性に富んだ活力ある市民社会があると言えます。市民社会グループは私たち委員にアプローチをし、非常に効果的、系統的に意見を述べてくれました。私たち委員は市民社会から受けた意見も参考にいたします。私たちはこのすべての過程が人種差別撤廃

条約を尊重するうえで非常に有意義であったと考えています。議長、ありがとうございます。私に与えられた残りの時間を代表団に使ってください。

### ヌルディーン・アミール議長

ありがとうございます。では代表団、どうぞ。

### 杉浦正俊　外務省

この5分間を最大限活用して、人事院から公務員に関する質問にお答えします。その後、アイヌの教育と遺骨の返還について内閣官房室よりお答えします。

### 酒井裕希　人事院
〈外国人の公務就任　地裁調停委員・学校教員〉

日本国籍を持たない方の公務就任について回答いたします。公権力の行使または国家意思の形成の参画に携わる公務員となるためには日本国籍を有するという原則は法定されているわけではありませんが、公権力の行使また国家意思の形成への参画に携わる公務員となるためには、日本国籍を必要とすると解されているところであり、それ以外の公務員となるためには必ずしも日本国籍を必要としないこととされています。公権力の行使、国家意思の形成への参画に携わらない国家公務員については、日本の国籍を有しない者を任用することも可能とされており、医師、看護師等の職種において日本の国籍を有しない者を採用した事例があるものと承知しています。また、試験研究機関の公務員等については特別の法律により、日本の国籍を有しない者の任用が認められているなど、日本国籍を有しない者の公職への参画はすでに一定程度促進されているものと考えております。地方公務員への任用に関してもこの原則を踏まえて適切に対処し、この原則の範囲内で外国人の採用機会への拡大に努めていただきたい旨、各地方公共団体にお伝えしてきているところです。

家庭裁判所の調停委員につきましては、裁判官とともに調停委員会を構成して活動を行うものであり、公権力の行使または国家意思の形成への参画に携わることから、その就任には日本国籍が必要と考えております。公立学校の教諭につきましては、校長の行う学校の運営そのものに参画することにより、公の意思の形成に携わることを職務としていると認められることから、日本国籍を有することが必要と解されています。一方、公立学校の講師については必ずしも学校の運営そのものに参画せず、公の意思の形成への参画に携わることを職

務としていないと解されることから、日本国籍を有しない者にも任用の道が開かれており、1992年度の教員採用試験から全国すべての都道府県で国籍による任用制限は撤廃されております。

### 杁山広樹　内閣官房

　アイヌに関する質問2点に対してお答えします。1点目は、アイヌ遺骨の保管状況の調査と集約、地域返還についてです。まず、大学における保管状況については2017年に公表しています。博物館における保管の調査結果については2016年に公表しています。いずれも文部科学省から公表した事案です。続きまして、アイヌ遺骨の今後の返還あるいは集約については、今現在、手続きについての検討を進めています。可及的凍やかに取組を推進していきます。

　2点目は先ほど追加のご質問があったアイヌ人口の減少についてですが、要因として考えられるのはアイヌの方々の高齢化、移住の移転、そして、個人情報に伴いアンケートの実施に協力いただけないなどが考えられます。また、高等教育へのアクセス権について、先ほどもふれましたように、前回の調査結果よりも確実に効果があがっております。その効果の要因としては、教育の充実の点でアイヌの子どもたちが経済的な問題で進学を断念することがないよう、奨学金事業を北海道で行っており、その経費の一部を国で補助しています。したがって、外国人教員の雇用についての問題が要因ではありません。

### 大鷹正人　国連担当大使

　委員の皆様に非常に有意義な会議を開いてくださったことにお礼申しあげます。顔を合わせて話し合いをするのは常に良いことです。委員の皆様の意見をしっかりと聞かせていただきました。我々の意見も聞いてくださりありがとうございました。次にお会いできることを楽しみにしています。そして6時間にも及ぶ会議を通訳してくれた通訳者の皆さんに感謝いたします。不可能ともいえる難しい役目を果たされました。最後に、我々は48時間の時間をいただきました。これから帰国の途につきますが、我々代表団の士気は高く、48時間を厳守して締め切りまでに残りの回答をお送りすることをお約束します。意義深い会議に感謝いたします。

テープ起こし：末永貴実、松原瑞帆、阿部藹
翻訳：小森恵、阿部藹

# 人種差別撤廃委員会委員プロフィール

| 名前 | 言語 | 国 | プロフィール | 備考 |
|---|---|---|---|---|
| シルビオ・ホセ・アルバカーキ・E・シルバ | ポルトガル語 英語 フランス語 スペイン語 | ブラジル | 職歴： ◆外務省人権特別事務次官 学歴： ◆ブリュッセル自由大学　国際政治学修士 ◆リオ・ブランコ高等教育機関卒業 | |
| ヌルディーン・アミール | フランス語 アラビア語 英語 スペイン語 | アルジェリア | 職歴： ◆N.S.A. アルジェ法学・外交文書ドラフティング教授（アルジェリア） ◆アルジェ大学 政治学教授（アルジェリア） ◆元政府外交官（1962年-2002年） 学歴： ◆社会学学士（アルジェ大学） ◆政治学博士（パリ第一大学） | 議長 |
| アレクセイ・S・アフトノモフ | 英語 フランス語 ロシア語 スペイン語 他7カ国語 | ロシア連邦 | 職歴： ◆ロシア国立大学人道学教授 ◆国家・法律研究所 シニア調査員兼所長（ロシア科学アカデミー） 学歴： ◆法学博士（ロシア化学アカデミー国家・法律研究所） ◆法学博士（モスクワ国立国際関係研究所） ◆国際法学部卒業（モスクワ国立国際関係研究所） | |
| マーク・ボスィート | 英語 フランス語 オランダ語 | ベルギー | 職歴： ◆ベルギー憲法裁判所 所長兼判事 ◆人種差別撤廃委員会メンバー（2001-2003） ◆国連人権委員会ベルギー代表、副議長、議長（1986-1989） 学歴： ◆政治学博士（ジュネーブ大学） ◆法学博士（ゲント大学、ベルギー） | 日本審査 国別報告者 |

| | | | |
|---|---|---|---|
| ホセ・フラン シスコ・カリ・ ツァイ | スペイン語 英語 カチケル語 | グアテマラ | 職歴： ◆在ドイツ大使館グアテマラ大使 ◆グアテマラ外務省 人権ディレクター ◆グアテマラ副大統領への先住民族・国 際責務関係コンサルタント（2007） 学歴： ◆法・社会学部卒（マリアノ・ガルベス大学） ◆イムリッチ・フリッシュマン博士職業 技術研究所修了 | |
| 鄭 鎮星（チュ ン・チンスン） | 英語 コリアン 日本語 | 韓国 | 職歴： ◆ソウル国立大学社会学部教授 ◆国際移住機関（IOM）研究・トレーニン グセンター理事 ◆韓国国連人権政策センター共同代表 ◆韓国最高裁判所 公務員倫理委員会委員 ◆憲法裁判所諮問委員会委員 ◆外務省外交政策諮問委員会委員 学歴： ◆シカゴ大学社会学博士 ◆ソウル国立大学社会学修士 ◆ソウル国立大学社会学学士 | |
| ファティマ・ ビンタ・ビ クトワール・ ダー | 仏語 英語 スペイン語 中国語 フラニ語 ディウラ語 | ブルキナファソ | 職歴： ◆元外交官 学歴： ◆パリ大学 国際関係学科 政治科学終了 ◆法学修士（パリ大学） | |
| シ デ ィ キ・ ディアビー | フランス語 英語 スペイン語 | コートジボワール | 職歴： ◆コートジボワール人権委員会副議表 学歴： ◆法学博士 | |
| リタ・イザッ ク・ンディア エ | 英語 | ハンガリー | 職歴： ◆元マイノリティ問題に関する国連特別 報告者 学歴： ◆ピーター・パズマニー・カソリック大 学法学修士 | |

| 氏名 | 言語 | 国 | 経歴 | 役職 |
|---|---|---|---|---|
| 洪 恵子 | 日本語<br>英語 | 日本 | 職歴：<br>◆南山大学 国際法教授<br>◆難民審査参与員<br>学歴：<br>◆コロンビア・ロースクール客員教授<br>◆上智大学 法学部 国際関係法修士<br>◆上智大学法学部法律学学士 | |
| グン・クート | 英語<br>フランス語<br>トルコ語 | トルコ | 職歴：<br>◆ボガジチ大学政治科学・国際関係学部准教授（トルコ）<br>◆欧州議会反人種差別・不寛容欧州委員会メンバー<br>学歴：<br>◆政治科学学士（ボガジチ大学）<br>◆政治科学修士（ニューヨーク州立大学）<br>◆政治科学博士（ニューヨーク州立大学） | |
| ヤンドゥアン・リー | 中国語<br>英語<br>ロシア語 | 中国 | 職歴：<br>◆在サモア前中国大使<br>◆中国国際法ソサエティーメンバー<br>◆中国外交ソサエティーメンバー<br>学歴：<br>◆コロンビア・ロースクール修士<br>◆中国外交学院学士<br>◆北京外国語大学学士 | 副議長 |
| ニコラス・マルガン | スペイン語<br>英語 | スペイン | 職歴：<br>◆人種主義・不寛容スペイン監視センター前代表<br>学歴：<br>◆マドリッド・コンプルテンセ大学法学学士<br>◆マドリッド・カルロス第三大学移民と開発研究 | |
| ゲイ・マクドゥーガル | 英語 | アメリカ | 職歴：<br>◆フォードハム大学ロースクール名誉教授<br>◆元マイノリティ問題に関する国連独立専門家<br>◆元国連人種差別撤廃委員会委員<br>◆グローバル・ライツ前代表<br>学歴：<br>◆ロンドン・スクール・オブ・エコノミクス法学修士<br>◆イェール・ロースクール法務博士<br>◆ベニントン・カレッジ卒業 | 副議長 |

| | | | | |
|---|---|---|---|---|
| イェムヘル ヘ・ミント・ モハメド | アラビア語 フランス語 | モーリタニア | 職歴：<br>◆総理大臣事務総局法律ディレクター弁護士<br>学歴：<br>◆ノウアクチョット大学国際公法修士<br>◆イスラム・イスラム法研究高等機関<br>◆ガストン・バーガー大学国際公法博士準備過程<br>◆公共政策パリ国際機関卒業 | |
| パストール・ エリアス・ム リオ・マル ティネス | スペイン語 | コロンビア | 職歴：<br>◆国際人権コンサルタント<br>◆政府機関ディレクターおよびアドバイザー（1994-2009）<br>学歴：<br>◆弁護士（環境法専門）、人権（ディプロマ） | 副議長 |
| ヴリーン・ シェパード | 英語 スペイン語 | ジャマイカ | 職歴：<br>◆西インド諸島大学社会史教授<br>◆西インド諸島大学ジェンダーと開発研究地域機構ディレクター<br>◆アフリカ系の人びとに関する国連作業部会元メンバー<br>学歴：<br>◆ケンブリッジ大学歴史学博士<br>◆西インド諸島大学歴史学修士<br>◆西インド諸島大学歴史学学士 | |
| ユン・カム・ ジョン・ユン・ シック・ユエ ン | 英語 フランス語 ハッカ語 | モーリシャス | 職歴：<br>◆モーリシャス最高裁判所裁判長<br>◆アフリカ人権委員会委員<br>◆アフリカ障がい者の権利作業部会チェアー<br>学歴：<br>◆法学修士（リーズ大学、イギリス）<br>◆パリ第2大学フランス法修了 | |

# 日本政府代表団リスト

| | | |
|---|---|---|
| 伊原　純一 | 在ジュネーブ国際機関日本政府代表部特命全権大使 |
| 岡庭　健 | 在ジュネーブ国際機関日本政府代表部副代表大使 |
| 大鷹　正人 | 外務省国連担当大使 |
| 杉浦　正俊 | 外務省総合外交政策局人権人道課長 |
| 中込　正志 | 在ジュネーブ国際機関日本政府代表部公使 |
| 大槻　広美 | 在ジュネーブ国際機関日本代表部一等書記官 |
| 土屋　美奈江 | 在ジュネーブ国際機関日本代表部一等書記官 |
| 久保田　友子 | 在ジュネーブ国際機関日本代表部一等書記官 |
| 酒井　裕希 | 人事院人材局企画課主査 |
| 朳山　広樹 | 内閣官房アイヌ総合政策室参事官補佐 |
| 岸本　万里英 | 総務省情報流通行政局放送政策課総務事務官 |
| 杉原　隆之 | 法務省大臣官房秘書課国際室長 |
| 渡部　吉俊 | 法務省大臣官房国際課国際政策担当専門官 |
| 藤山　翔 | 法務省大臣官房国際課国際政策第三係長 |
| 清水　勇一 | 法務省大臣官房国際課法務事務官 |
| 濱田　武文 | 法務省人権擁護局局付 |
| 山本　剛 | 文部科学省大臣官房国際課課長補佐 |
| 神定　舞 | 文部科学省初等中等教育局初等中等教育企画課国際企画調整室係長 |
| 藤本　絢香 | 厚生労働省大臣官房国際課国際労働・協力室国際労働第一係長 |
| 西田　理恵 | 外務省総合外交政策局付検事 |
| 大和田　沙紀 | 外務省総合外交政策局人権人道課主査 |

〈敬称略〉

# ■ 人種差別撤廃委員会日本審査 NGO・非政府系関係組織参加者リスト

| | | |
|---|---|---|
| マイノリティ宣教センター | デビッド・マッキントッシュ | David MCINTOSH |
| 部落解放同盟 | 李嘉永 | Kayoung LEE |
| 在日本朝鮮人人権協会 | 朴金優綺<br>柳愛純<br>厳康秀 | Wooki Park KIM<br>Aesun RYU<br>Kangsu OM |
| 在日本大韓民国民団 | 李根苕<br>趙學植<br>金昌浩 | Keun Chool LEE<br>Hak Shik CHO<br>Changho KIM |
| 外国人人権法連絡会 | 師岡康子 | Yasuko MOROOKA |
| 移住者と連帯する全国ネットワーク | 安藤真起子<br>高谷 幸 | Makiko ANDO<br>Sachi TAKAYA |
| 反差別国際運動 | 小森 恵<br>小松泰介 | Megumi KOMORI<br>Taisuke KOMATSU |
| 兵庫在日外国人人権協会 | 韓裕治<br>孫敏男 | Yoo-chi HAHN<br>Minnam SOHN |
| かながわみんとうれん | 李智子<br>大石文雄<br>笹尾裕一 | Jija LEE<br>Fumio OHISHI<br>Hirokazu SASAO |
| 年金制度の国籍条項を完全撤廃させる全国連絡会 | 李幸宏<br>鄭明愛 | Haeng Kwing LEE<br>Myong ae JONG |
| 女たちの戦争と平和資料館 | 渡辺美奈 | Mina WATANABE |
| 参議院議員 | 有田芳生<br>糸数慶子 | Yoshifu ARITA<br>Keiko ITOKAZU |
| アジア・太平洋人権情報センター | 藤本伸樹 | Nobuki FUJIMOTO |
| 日本弁護士連合会 | 須田洋平<br>北村聡子<br>吉井正明 | Yohei SUDA<br>Satoko KITAMURA<br>Masaaki YOSHII |
| ジャーナリスト | 石橋 学<br>島崎ろでぃ | Gaku ISHIBASHI<br>Rody SHIMAZAKI |
| 研究者 | 前田 朗<br>前田弓恵 | Akira Maeda<br>Yumie Maeda |

# ■ 日本審査に関する新聞報道（ヘッドラインのみ、一部）

横浜の在日 3 世「教員任用に差別」、国連委で報告へ
　神奈川新聞　2018 年 8 月 14 日

ヘイト対策法など焦点　国連人権差別撤廃委が日本を審査
　朝日新聞　2018 年 8 月 16 日

日韓合意では解決せず　国連委が慰安婦問題討議
　東京新聞　2018 年 8 月 16 日

ヘイト対策法など焦点　国連人権差別撤廃委が日本を審査
　朝日新聞　2018 年 8 月 17 日

日韓合意、解決にならず　国連委、慰安婦問題討議
　共同通信　2018 年 8 月 17 日

国連人種差別撤廃委で 4 年ぶり対日審査　慰安婦問題が議題に
　産経新聞 2018 年 8 月 16 日

日本政府釈明「時代遅れ」有田芳生氏、ヘイト対策で批判
　産経新聞 2018 年 8 月 18 日

日本の差別対策「不十分」
　東京新聞　2018 年 8 月 23 日

日本のヘイト対策「限定的で不十分」　国連委が強化勧告
　朝日新聞　2018 年 8 月 30 日

慰安婦問題、持続的解決を　沖縄住民の安全対策も―国連委、日本政府に勧告
　日経新聞　2018 年 8 月 30 日

# 審査の結果
## 総括所見が示すこと

NGOからの審査参加者　2018年8月16日　　　写真＝島崎ろでぃー

### ■審査の結果─総括所見が示すこと

　このパートでは審査の結果に関する文書やエッセイを紹介する。
①人種差別撤廃委員会日本政府報告書総括所見の日本語監訳版
②審査に参加した NGO 関係者による各勧告の読み解きと提言
③2018 年 1 月まで人種差別撤廃委員会議長を務めたアナスタシア・クリックリー
　さんによる日本における人種差別撤廃取り組みへの提言を含めたスピーチ。

# 第10・第11回日本政府報告に関する総括所見

仮訳／ CERD/C/JPN/CO/10-11
配布：一般
2018 年 9 月 26 日
オリジナル：英語
人種差別撤廃委員会

1. 委員会は単一の文書として提出された日本の第10・第11回合同定期報告書（CERD/
C/JPN/10-11）を、2018 年 8 月 16 日と 8 月 17 日に開催されたその第 2662 回お
よび第 2663 回会合（CERD/C/SR.2662 and 2663）において検討した。委員会は、
2018 年 8 月 28 日に開催されたその第 2676 回会合（CERD/C/SR.2676）において、
本総括所見を採択した。

## A．はじめに

2. 委員会は、締約国の第10・第11 回定期報告書の提出を歓迎する。

3. 委員会は、締約国の大代表団との率直で建設的な対話に感謝の意を表明する。委
員会は、報告書の審査において提供された情報と、対話において提出された追加
の書面による情報に対して代表団にお礼を述べたい。

## B．肯定的側面

4. 委員会は締約国による以下の立法上および政策上の措置を歓迎する。

    (a)   2014 年の人身取引対策行動計画の採択と、人身取引対策推進会議の設置、

    (b)   2015 年 12 月 25 日の第 4 次男女共同参画基本計画の採択、

    (c)   2016 年 6 月の本邦外出身者に対する不当な差別的言動の解消に向けた取
組の推進に関する法律の採択、

    (d)   2016 年 12 月の部落差別の解消の推進に関する法律の採択、

    (e)   2017 年 11 月の外国人の技能実習の適正な実施及び技能実習生の保護に
関する法律の採択。

## C．懸念と勧告

前回の総括所見

5. 委員会は前回の総括所見（CERD/C/JPN/CO/7-9）からのいくつかの勧告が実施さ

れないままであることを懸念する。

6．委員会は締約国が今回および前回の総括所見に含まれる勧告の実施を確保するよう勧告する。


**人種差別に関する法的枠組み**

7．委員会は、前回の勧告（ibid., paras 7-8）にもかかわらず、憲法の人種差別の定義が未だ条約第1条と一致していないこと、そして、締約国内に人種差別を禁止する包括的な法律が何もないことを遺憾に思う（条約第1条、2条）。

8．委員会は、締約国がその人種差別の定義を条約第1条第1項と一致させ、民族的もしくは種族的出身、皮膚の色および世系という事由を含めることを確保するよう求めた前回の勧告を再度表明する。委員会はまた、締約国は条約第1条および第2条に沿って、直接的および間接的な人種差別を禁止する具体的で包括的な法律を採択するよう促す。


**国内人権機関**

9．委員会は、人権委員会設置法案の採択のプロセスが2012年に中断され、それ以降、国内人権機関の設置において何も進展がなされなかったことを懸念する。

10．締約国が2017年普遍的定期的審査において、国内人権機関の設置に向けた取り組みを加速化させるという勧告のフォローアップを受け入れたことに留意し、委員会は、締約国が人権の促進及び保護のための国内機関の地位に関する原則（パリ原則）に従って、人権を促進し、かつ保護するという広範な権限をもつ国内人権機関を設置するよう勧告する。


**第4条に対する留保**

11．委員会は、締約国が第4条（a）項および（b）項に対する留保を維持し続けており、そのことが条約の全面的実施に影響を及ぼしかねないことを遺憾に思う（第4条）。

12．表現の自由への正当な権利を保護しつつ人種主義的ヘイトスピーチと効果的に闘うための多様な措置の概要を述べている、人種主義的ヘイトスピーチと闘う一般的勧告35（2013年）を想起し、委員会は、締約国が条約第4条に対する留保を撤回する可能性を検討し、この留保の正確な効果に関して委員会に情報を提供するよう勧告する。


**ヘイトスピーチとヘイトクライム**

13. 委員会は、2016年6月の本邦外出身者に対する不当な差別的言動の解消に向けた取組の推進に関する法律（「ヘイトスピーチ解消法」）の採択を含む、締約国がとったヘイトスピーチに対処する措置を歓迎する。しかしながら、委員会は以下について依然として懸念する。

    (a) 法律の適用範囲はあまりにも狭く、"日本に適法に居住する"人びとに向けたヘイトスピーチに限定されており、締約国の民族的マイノリティには非常に限定された救済措置しか提供できていないこと、

    (b) 法律通過の後でさえ、締約国において、特にデモ参加者が在日コリアンなどの民族的マイノリティ集団に対する暴力的なヘイトスピーチを使う集会などにおいて、ヘイトスピーチと暴力の扇動は続いていること、

    (c) インターネットとメディアを通じたヘイトスピーチ、ならびに公人によるヘイトスピーチと差別的発言の使用が続いていること、ならびに

    (d) そのようなヘイトクライムは常には捜査・訴追されず、公人および私人は人種主義的ヘイトスピーチとヘイトクライムへの責任を負わないままであること（第4条）。

14. 委員会は、前回の勧告（CERD/C/JPN/CO/7-9、para. 11）を再度表明し、その一般的勧告35（2013年）を想起し、締約国に以下を勧告する。

    (a) ヘイトスピーチ解消法を、適切な保護範囲をもつものとし、あらゆる人に対するヘイトスピーチを対象に含め、民族的マイノリティに属する人に十分な救済を提供することを確保するよう改正すること、

    (b) 法的枠組みと被害者の救済へのアクセスを強化するために、ヘイトスピーチ解消法で対象とされていないヘイトクライムを含む人種差別の禁止に関する包括的な法律を採択すること、

    (c) 表現と集会の自由に十分に考慮しつつ、集会中に行われるヘイトスピーチおよび暴力の扇動の使用を禁止すること、ならびに加害者に制裁を科すことを確保すること、

    (d) 自主規制的な機構の設置を含む、インターネット上およびメディアにおけるヘイトスピーチと闘うための効果的措置をとること、

    (e) 次回の定期報告書において、メディアにおいて広がっている人種差別および人種主義的暴力への扇動の防止に関する放送法などの措置の実施および効果について、詳細な情報を提供すること、

    (f) 警察官、検察官および裁判官を含む法執行官に対して、とりわけ、かかる犯罪の背景にある人種的動機を特定し、苦情を登録し、ならびに事件を捜査および訴追するための適切な方法を含む、ヘイトクライムとヘイ

トスピーチ解消法に関する研修プログラムを実施すること、

(g) 政治家およびメディア関係者を含む、私人あるいは公人によるヘイトクライム、人種主義的ヘイトスピーチおよび憎悪の扇動を調査し、適切な制裁を科すこと、

(h) 被害者の民族的出身および民族別に細分化した捜査、訴追および有罪判決に関する統計を次回の定期報告書で提供すること、

(i) 具体的目標と措置および適切なモニター活動を備えた、ヘイトクライム、ヘイトスピーチおよび暴力の扇動を撤廃する行動計画を制定すること、

(j) 特にジャーナリストおよび公人の役割と責任に焦点を絞りながら、偏見の根本的原因に取り組み、寛容と多様性の尊重を促進する啓発キャンペーンを実施すること。

## アイヌの人びとの状況

15. 委員会は、締約国によるアイヌの人びとの権利を保護し、かつ促進するための最近の取り組みに留意しつつ、以下の点について懸念する。

(a) 雇用、教育および公共サービスへのアクセスにおけるアイヌに対する差別の事案が引き続き報告されており、一部の改善にもかかわらず、アイヌの生活水準と北海道のその他の住民のそれとの間に格差が依然として残っていること、

(b) アイヌの言語と文化を保存するためにいくつかの取り組みが行われているが、アイヌの人びとの土地と自然資源への権利、ならびに言語的および文化的遺産が十分に保護されていないこと、

(c) 諮問諸機関におけるアイヌの割合は依然として低く、アイヌ政策推進会議委員のわずか三分の一だけがアイヌであること（第5条）。

16. 委員会は、先住民族の権利に関する一般的勧告23（1997年）を想起し、締約国に以下を勧告する。

(a) 雇用、教育、および公共サービスへのアクセスにおけるアイヌに対する差別を撤廃するために取り組みを強化すること、

(b) 「アイヌの人たちの生活向上に関する推進方策（第三次）」などの現行の取り組みの実施および効果のモニタリングを確保すること、ならびに、次回の定期報告書においてアイヌの生活水準を改善するために取った本措置およびその他の措置に関する情報を提供すること、

(c) アイヌの人びとの土地および自然資源への権利を保護するための措置を採択すること、ならびに、彼・彼女たちの文化および言語への権利を実

現するための取り組みの強化を継続すること、

(d) アイヌ政策推進会議およびその他の諮問機関におけるアイヌの代表の割合を増やすこと。

## 琉球・沖縄の人びとの状況

17. 委員会は、前回の勧告（CERD/C/JPN/CO/7-9、para. 21）およびその他の人権メカニズムからの勧告にもかかわらず、琉球・沖縄の人びとが先住民族として認識されていないことを懸念する。委員会はまた、沖縄本島におけるアメリカ合衆国の軍事基地の存在による、沖縄の女性に対する暴力の報告について、および報告されているところによれば、民間人の居住地域を巻き込んだ軍用機の事故に関連して琉球・沖縄の人びとが直面している課題について懸念する。（第5条）

18. 委員会は、締約国が琉球の人びとを先住民族として認識することに関して、その立場を再検討すること、および彼・彼女たちの権利を保護するための措置を強化するよう勧告する。委員会は、締約国が、琉球・沖縄の女性を暴力から保護すること、ならびに彼女らに対する暴力の加害者の適切な訴追と有罪判決を確保することを含む、琉球・沖縄の人びとの適切な安全と保護を確保するよう勧告する。

## 部落民の状況

19. 委員会は、2016年の部落差別の解消の推進に関する法律の採択を歓迎する一方、部落民の定義が、この法律にも、他のいずれにも存在しないことを遺憾に思う。委員会は、雇用、住宅および結婚において部落に対する差別が継続していることを懸念する。委員会はまた、部落民に関する戸籍データおよび情報への違法なアクセスおよびインターネット上での公表が、彼・彼女たちをさらなる差別にさらすおそれがあることを懸念する。委員会はさらに、部落差別解消推進法の実施のために割り当てられる資源に関する情報が欠如していることを懸念する。（第5条）

20. 条約第1条第1項の文脈における世系）に関するその一般的勧告29（2002年）に留意し、委員会は、締約国に以下を勧告する。

(a) 部落の人びとと協議し、部落民の明確な定義を採択すること、

(b) 部落民に対する差別を世系に基づく差別と認めること、

(c) 締約国の次回定期報告書において、部落差別解消推進法を実施するためにとられた措置、およびその影響について、さらなる情報を提供すること、

(d) 雇用、住宅および結婚における部落の人びとに対する差別を撤廃する努力を強化すること、

(e) 2002年の同和対策に関わる特別措置立法の失効以後、部落民の社会経済

6

総括所見

的状況を改善するために取られた措置について、情報を提供すること、

(f)　その権利に影響を及ぼすあらゆる政策および措置について、部落の人びととの協議を行うことを確保すること、

(g)　部落民の戸籍データを機密扱いとし、戸籍データの濫用事案を捜査し、および訴追すること、ならびに加害者に制裁を科すこと、

(h)　部落差別解消推進法の実施について、十分な予算を提供すること。

## 在日コリアンの状況

21.　委員会は、日本に何世代にも渡って居住する在日コリアンが外国籍者のままであり、地方選挙において選挙権を有していないこと、および、公権力の行使または公の意思形成の参画にたずさわる国家公務員に就任できないことを懸念する。委員会はまた、特定の朝鮮学校が高校就学支援金制度の支援を受けていないと報告されていることにも懸念する。委員会はさらに、多くのコリアン女性が国籍とジェンダーに基づく複合的および交差的形態の差別に苦しみ、子どもたちに対するヘイトスピーチを理由とする不安に苦しんでいると報告されていることに懸念する。

22.　市民でない者に対する差別に関する一般的勧告 30（2004 年）に留意し、委員会は、締約国に対し、日本に数世代に渡り居住する在日コリアンが地方選挙において選挙権が認められるよう確保すること、および、公権力の行使または公の意思形成の参画にたずさわる国家公務員に就任できるよう確保することを勧告する。また、委員会は、コリアンの生徒たちが差別なく平等な教育機会を持つことを確保するために、高校就学支援金制度の支援金支給に関して朝鮮学校が差別されないことを締約国が確保するという前回の勧告（CERD/C/JPN/CO/7-9, para. 19）を再度表明する。委員会は、コリアンの女性と子どもたちが複合的形態の差別とヘイトスピーチから保護されることを確保するよう締約国が努めることを勧告する。

## ムスリムに対するプロファイリングと監視

23.　委員会は、法執行官による外国出身のムスリムに対する民族的または民族・宗教的プロファイリングと監視の継続が報告されていることに懸念する（第5条）。

24.　刑事司法制度の運営および機能における人種差別の防止に関する一般的勧告 31（2005 年）に留意し、委員会は、締約国が警察による外国出身のムスリムに対する民族的または民族・宗教的プロファイリングおよび監視を終結させ、プロファイリングと集団監視に関するすべての申し立てに対して徹底的で公正な調査を行い、責任ある人物の責任を追及し、再発防止の保障を含む効果的な救済措置を提

供するよう勧告する。

### 女性に対する交差的な形態の差別と暴力

25. 委員会は、民族的出身、民族性およびジェンダーに基づく外国人、先住民族およびマイノリティ女性に対する交差的な形態の差別が報告されていること、そして、彼女たちが貧困を克服しようとするなかで、また教育、医療および雇用へのアクセスにおいて、様々な個別の障害に直面していることに引き続き懸念する。彼女たちは、彼女たちおよび家族に対するスティグマやヘイトスピーチのために、しばしば不安と精神的苦痛に見舞われる。委員会はまた、外国人、先住民族およびマイノリティ女性に対する暴力が継続的に報告されていること、第四次男女共同参画基本計画（2015 年）に基づくものを含む、これらの女性への暴力に対処するために取られた措置に関する情報の欠如、そして、そのような暴力の加害者の捜査、訴追および有罪判決に関するデータの欠如について懸念する。さらに委員会は、出入国管理及び難民認定法第 22 条の 4 が、夫によるドメスティック・バイオレンスの被害者である外国人女性が、在留資格が取り消されることを恐れ、虐待的な関係から離れて支援を求めることを妨げるおそれがあるという前回の懸念（ibid., para. 17）を再度表明する。

26. 人種差別のジェンダーに関連する側面に関するその一般的勧告 25（2000 年）、および市民でない者に対する差別に関する一般的勧告 30（2004 年）を想起し、委員会は締約国に対し以下の通り勧告する。

    (a) 交差的な形態の差別に苦しむ女性たちに熱心に注意を向けることを確保し、これらの女性たちが直面する個別の諸課題をよく理解して対処できるよう、関連する統計を収集すること、

    (b) 外国人、先住民族およびマイノリティ女性が、特に彼女たちの状況に影響を及ぼす場合において、意思決定のプロセスに参加する権利と機会を有するよう確保すること、

    (c) 外国人、マイノリティおよび先住民族の女性に対する暴力を防ぐために、そうした暴力の加害者の適切な事件受理、捜査、訴追および有罪判決などを含む、遅滞のない措置をとること。委員会は、外国人、マイノリティおよび先住民族の女性に対する暴力を防ぐために、第四次男女共同参画基本計画（2015 年）に基づく具体的な措置に関する情報、ならびに被害者の民族別に細分化した、告訴・告発件数、ならびに捜査、訴追および有罪判決の件数を含む、告訴・告発された女性に対する暴力犯罪に関するデータを、次回の定期報告書に含めるよう要請する。締約国はまた、

在留資格の喪失することや退去させられることを恐れて、外国人女性が
虐待的な関係に留まらざるをえないという効果を有することのないよう、
その法律を改正すべきである。

## 慰安婦

27. 2015 年の大韓民国との最近の合意を含む、「慰安婦」問題を解決する努力に関して締約国が提供した情報に留意する一方で、委員会は、これらの努力が十分な被害者中心のアプローチをとっていないこと、存命の慰安婦は適切に相談を受けていないこと、そして、第二次世界大戦以前および大戦中に、日本軍によってこれらの女性になされた人権侵害についてこの解決は明白な責任を規定していないことが報告されていることに懸念する。委員会はまた、慰安婦に関する政府の責任を矮小化する一部の公人の発言と、そうした発言がサバイバーに与える潜在的な否定的影響を懸念する。

28. **委員会は、締約国が、被害者中心アプローチを伴い、あらゆる国籍の慰安婦を包摂し、これらの女性たちに対する人権侵害において締約国が果たした役割について責任を受け入れた、慰安婦問題の永続的な解決を確保するよう勧告する。委員会は、次回の定期報告書において、生存する慰安婦とその家族に対応する十分な施策を含む、慰安婦問題の解決を達成するための努力について詳細な情報を要請する。**

## 移住者の状況

29. 委員会は、移住者および締約国で生まれ、育ち、教育を受けたその子孫が、住居、教育、医療および雇用の機会への制限されたアクセスを含む、染みついた社会的差別にいまだ直面していることが、引き続き報告されていることに懸念する。

30. **委員会は、締約国が移住者に対する社会的差別の根本的原因を解決する措置をとり、住宅、教育、医療および雇用の機会への平等なアクセスを差別なく保障する措置をとるよう勧告する。**

## 外国人技能実習制度

31. 委員会は、2017 年 11 月の技能実習の適正な実施及び技能実習生の保護に関する法律の施行、および技能実習制度を改定するための措置を歓迎する一方、それでもなお、政府の監督が不十分であり、法律の実施と影響に関する情報が不足していることを懸念する。

32. **委員会は、締約国に対し、技能実習制度が、技能実習の適正な実施及び技能実習**

生の保護に関する法律の遵守を確保するために適切に規制され、政府によって監視されるよう確保することを勧告する。委員会は、次回の定期報告書において、この法律の実施と影響に関する情報を要請する。

市民でない者の状況

33. 委員会は、以下の点について懸念する。

    (a) 報告されているところによれば、市民でない者が、外国籍者であるということを理由に、住宅及び雇用を拒否されていること、

    (b) 報告されているところによれば、外国籍者及び外国人風の容貌を有する個人が、ホテル及びレストランなど、通常は一般に提供している民間所有の一部の施設の立ち入りおよびサービスが、「Japanese only」（外国人お断り）という標識の掲示などを通じて拒否されていること、

    (c) 市民でない者、とりわけ在日コリアンが、年齢要件を理由として、依然として国民年金制度から排除されていること、

    (d) 締約国が、依然として、障害基礎年金の受給資格を市民でない者に付与するように立法を改正していないこと、

    (e) 市民でない者、ならびに長期在留外国人およびその子孫が、日本国籍を有していないということを理由に、公権力の行使または公の意思形成の参画にたずさわる公務員の地位から依然として排除されていること、

    (f) 他の永住外国人にはそのような許可は不要である一方、一部の永住外国人はたとえ一日でも出国する場合、出国前に日本への再入国許可を得なければならないこと。

34. 委員会の一般的勧告30に留意し、委員会は、締約国が以下を行うよう勧告する。

    (a) 差別なしに、市民でない者および外国籍者に対する住居および雇用へのアクセスを確保すること、

    (b) ホテルおよびレストランといった、民間所有の施設によって行われる、外国人であること、または外国人風の容貌を有することを根拠として、それらの者に対し一般に利用可能なサービスを排除するという差別的標識の掲示および慣行を禁止する立法を制定し、実施すること、

    (c) 市民でない者が国民年金制度に包摂されるよう確保すること、

    (d) 市民でない者に障害基礎年金の受給資格を認めるよう立法を改正すること、

    (e) 市民でない者、特に長期在留外国人およびその子孫もまた、公権力の行使また公の意思形成の参画にたずさわる公務員の地位にアクセスできる

6

総括所見

ようにすること、

(f) 他の永住外国人と同じ方法で日本を出入国できるよう、一部の永住外国人に対する出国前の許可要件を撤廃すること、

(g) 無国籍者の地位に関する条約、および無国籍者の削減に関する条約を批准すること。

## 難民および庇護申請者

35. 委員会は、報告されている締約国の極めて低い難民認定率（11,000件の申請のうち19件）に懸念を表明する。また、庇護申請者の収容に期限を設けることなく無期限収容していることについても懸念する。さらに委員会は、難民の地位の申請者が通常は仕事もできず、社会福祉も受けられず、過密状態の政府のシェルターに委ねられたり、あるいは虐待や労働搾取を受けやすい環境に置かれていることについて懸念する。

36. 難民および避難民に関する、条約第5条についての一般的勧告22（1996年）を想起し、委員会は、すべての庇護の地位の申請が十分に考慮されるよう、締約国が確保することを勧告する。委員会はまた、締約国が入管収容について最長期限を設けることを勧告するとともに、庇護申請者の収容が最後の手段として可能な限り最短の期間で用いられるべきであり、収容の代替措置を優先する努力がなされるべきであるとする前回の勧告（CERD/C/JPN/CO/7-9, para. 23）を再度表明する。委員会は、締約国が庇護申請者に対し、その申請を提出してから6か月を経過した後には、就労を許可するよう勧告する。

## 人身取引

37. 締約国が提出した、2014年の人身取引対策行動計画の改訂を含む、人身取引に対処する努力に関する情報に留意する一方、委員会は、マイノリティ女性および少女が、依然として締約国における人身取引の被害、特に性的搾取を被っているとする報告に懸念する。委員会はまた、締約国が人身取引を犯罪化する特定の法律を採択していないこと、ならびに逮捕数および有罪判決数が少ないことを懸念する。

38. 委員会は、締約国が人身取引と闘う努力を強化することを勧告する。また、締約国が人身取引を犯罪化する特定の法律を採択すること、ならびに加害者を徹底的に捜査し、訴追し、かつ処罰するよう確保することを勧告する。委員会は、締約国に対し、人身取引の防止、特にマイノリティ女性および少女の人身取引の防止における、人身取引対策行動計画の効果に関する情報を提供すること、ならびに

230 審査の結果

被害者の国籍によって細分化した、人身取引の加害者に対する捜査、訴追および有罪判決の数に関するデータを提供するよう要請する。

## D．その他の勧告

### 他の文書の批准

39. あらゆる人権の不可分性に留意して、委員会は、締約国に対し、未だに批准してない国際人権文書、特に拷問及び他の残虐な、非人道的な又は品位を傷つける取扱い又は刑罰に関する条約選択議定書、死刑の廃止を目的とする市民的及び政治的権利に関する国際規約第2選択議定書、すべての移住労働者及びその家族構成員の権利の保護に関する国際条約、雇用及び職業に関する差別に関する国際労働機関（ILO）第111号条約（1958年）、ならびに独立国における先住民族及び種族民に関するILO第169号条約（1989年）を含む、人種差別の被害を被っているコミュニティに直接的な関連性を持つ規定を有する諸条約の批准を検討するよう求める。

### ダーバン宣言および行動計画のフォローアップ

40. ダーバンレビュー会議のフォローアップに関するその一般的勧告33（2009年）に照らして、委員会は、人種主義、人種差別、外国人排斥および関連する不寛容と闘う世界会議（2001年）において採択されたダーバン宣言および行動計画に対し、2009年4月に開催されたダーバンレビュー会議の成果文書を考慮に入れて、締約国が効果を持たせるようにすることを勧告し、ならびに締約国に対し、この点に関しする情報を、次回の定期報告書に含めるよう要請する。

### アフリカ系の人びとのための国際の10年

41. 総会決議68/237に照らして、委員会は、締約国が次回定期報告書において、アフリカ系の人びとのための国際の10年の枠組みにおいて採択した具体的措置に関して、アフリカ系の人びとに対する人種差別に関する委員会の一般的勧告34（2011年）を考慮に入れて、正確な情報を含めるよう勧告する。

### 市民社会との協議

42. 委員会は、締約国が、次回定期報告書の作成において、かつ本総括所見に対するフォローアップにおいて、人権の保護に携わる市民社会組織、特に人種差別と闘うために取り組んでいる組織と継続して協議し、かつその対話を促進することを勧告する。

## 条約第14条に基づく宣言

43. 委員会は、条約第14条に規定される、個人通報を受理しかつ検討する委員会の権限を認める選択宣言をおこなうよう、締約国に奨励する。

## 条約第8条に対する改正

44. 委員会は、第14回条約締約国会合において、1992年1月15日に採択され、総会がその決議47/111で支持した条約第8条第6項の改正を、締約国が批准するよう勧告する。

## 共通コア文書

45. 委員会は、締約国に対し、2012年に発出したそのコア文書（HRI/CORE/JPN/2012）に代えて、2006年6月に開催された第5回人権条約機関の委員会間会合で採択された国際人権諸条約に基づく報告に関する調和的ガイドライン、特に共通コア文書に関するそれ（HRI/GEN/2/Rev.6, chap. I）にしたがって、共通コア文書を提出するよう奨励する。総会決議68/268に照らして、委員会は、締約国に対し、かかる文書について42,400語の制限を遵守するよう求める。

## 本総括所見のフォローアップ

46. 条約第9条第1項およびその手続規則第65条にしたがって、委員会は、締約国に対し、この総括所見採択後1年以内に、上記パラグラフ10および32に含まれる勧告の実施に関する情報を提供するよう要請する。

## 特に重要なパラグラフ

47. 委員会は、上記パラグラフ14、22、および34に含まれる勧告の特別の重要性について、締約国の注意を促すことを希望し、これらの勧告を実施するために取られた具体的措置について、次回定期報告書において詳細な情報を提供するよう、締約国に要請する。

## 情報の普及

48. 委員会は、その提出の時点で、締約国の報告書がすでに公に入手可能かつアクセス可能な状態にされていること、およびそれらの報告書に関する委員会の総括所見が、公用語で、および適切な場合には、その他の共通に使用される言語で、同様に公表されるようにするよう勧告する。

**次回定期報告書の作成**

49. 委員会は、第71会期で委員会が採択した報告ガイドライン（CERD/C/2007/1）を考慮に入れて、かつ本総括所見で提起したすべての点に対処して、締約国が、2023年1月14日までに、第12回ないし第14回合同定期報告書を単一の文書として提出するよう勧告する。総会決議68/268に照らして、委員会は、締約国に対し、定期報告書について21,200語の制限を遵守するよう求める。

翻訳：人種差別撤廃NGOネットワーク（ERDネット）

# 総括所見を読む

## 2018 年審査はどのように行われたのか

### 小森 恵（反差別国際運動）

　2018 年 8 月の人種差別撤廃委員会による日本審査は、初回の 2001 年、2010 年、2014 年に続き 4 回目の審査となった。日本には人種差別を禁止する法律はなく、人種差別や人権侵害の被害を救済する国内人権機関もない。日本において人種差別の標的となっているコミュニティは、被差別部落、アイヌ民族、琉球・沖縄の人びと、在日コリアン、移住者、難民など幅広いが、2016 年に施行された「ヘイトスピーチ解消法」と「部落差別解消推進法」以外、マイノリティに向けられた差別に直接向き合った法律や制度はない。そのため、マイノリティコミュニティにとって人種差別撤廃条約は重要な文書であり、委員会による定期的な審査は公けの空間で国の対処を促すことができる重要な機会となる。

　人種差別撤廃 NGO ネットワーク（ERD ネット）はそうした機会を活かして、国際人権と国連人権制度の側面から人種差別撤廃の課題に取り組む横断的なネットワークである。2007 年の結成以降、これまで 3 回の審査に被審査国の NGO の代表として関わってきた。2018 年の審査においても、前回審査（2014 年）の勧告実施を当事者および市民社会組織の立場から点検し、現状に基づいた情報提供と提言を行った。その事前には、2014 年審査のフォローアップ勧告に関する NGO フォローアップ情報の提出（2015 年）、政府報告書作成のための外務省主催の市民との意見交換会の参加（2016 年 8 月）、ERD ネット主催の政府報告書に関する関係全省庁との意見交換会（2017 年 12 月）などを経て、2018 年 7 月に ERD ネットとして NGO レポートを提出し、続く 8 月の審査にチームを組んで傍聴・参加した。ジュネーブでは、日本弁護士連合会の代表、在日

本大韓民国民団の代表および国会議員（糸数慶子参議院議員、有田芳生参議院議員）と連携をとりながら、日本のNGOとして委員会との非公式ミーティングやロビー活動を行った。2010年よりERDネットのコーディネーターとして審査に関わってきたことを背景に、今回の審査についていくつか特徴的な側面から報告をしたい。

## 条約対象をめぐる政府の異なる独自見解

　他の国連人権条約諸機関と同様、人種差別撤廃委員会も前回勧告がどのように実施されたのかということを中心に審査を進める。前回2014年審査ではヘイトスピーチに関する画期的な勧告が出た。同時に、委員会として初めて「慰安婦」問題を取り上げ、被害女性の尊厳と人権の回復に焦点を絞った勧告が出た。

　総括所見には常にフォローアップ勧告が含まれる。時間的な緊急性や重要性をもつ内容の勧告に指定されるもので、総括所見から1年後にその問題をめぐる状況や実施について締約国は委員会に情報を提供しなくてはならない。前回総括所見では、「慰安婦」の問題、移住女性への暴力、そして部落民の状況に関する勧告がフォローアップ勧告に指定された。移住女性を除き、「慰安婦」も「部落民」も、ともに政府は条約対象外であると主張している。前者については生起したのは条約採択より以前であること、後者については人種差別の根拠である「世系」は部落を含まないという理由からだ。

　2年後の2016年、条約対象ではないと主張しながら、政府はフォローアップ情報を提出した。「慰安婦」に関してはその前年2015年の日韓合意をフル稼働させた報告であり、部落民に関しては、独自の「世系」解釈論を展開した。翌2017年に、期日より半年遅れで、今回の審査の対象となる定期報告書が提出された。そこには、「慰安婦」および「部落民」について、一行たりとも情報は含まれていなかった。

　さらに琉球・沖縄を先住民族と認知して勧告を出してきた委員会と、日本の一県であり先住民族ではないと否定してきた政府の立ち位置は、平行線をたどったままであった。おまけに、政府は、上記のフォローアップ情報提出の際、「先住民族としての委員会の認知を撤回するよう求める」石垣市と豊見城市の議会決議を付録として提出していた。

　公式に出す締約国の報告書に上記3つの問題は含まれなかったものの、今回の審査においても委員会はすべて取り上げ、関連する勧告を出した。人種差別

撤廃 NGO ネットワークに集まる当事者や関係 NGO による審査への働きかけが効を奏したことは言うまでもない。

### より具体的になった勧告内容

今回で4回目を迎えた審査は、委員会にとっても NGO にとってもその幅と奥行きを深めたものになった。初回審査から17年という年月において、市民社会組織が国際人権と国連の制度を駆使した活動で経験と実績を積んできたこと、そして、委員会も日本の課題がどこにあるのかをより的確にかつ総合的に捉えるようになったことが背景にある。さらには、自由権規約審査あるいはUPR（普遍的定期的審査）などを通して、日本の人権状況に関する包括的なデータが国連に蓄積されたきたことも関係している。

そのため、ヘイトスピーチの勧告や部落差別の勧告に見られるように、日本政府がその重い腰をあげざるを得ない行動、あるいはハードルの低い措置を具体的に示して促し、次回報告書に入れるよう勧告している。また、NGO がより正確で客観的な情報を提供するようになったため、懸念や勧告に、日本で運用されている行政のプロセスや法律が的確に引用される頻度が高まった。それでも、なかには誤った引用が含まれていることがあり、冷や汗が出そうになる。今回の総括所見ではそれはほとんどなかった。

### 反人権団体の進出と市民スペースの確保

今回のもう1つの特長は、反人権団体による審査への積極的な参加であった。

委員会には提出要件さえ満たせば、どのような NGO でもレポートを提出できる。提出したレポートは非公開と指定しない限り半永久的に委員会のウェブサイトの然るべきページに掲載される。これら団体からのレポートは、前回の2本から今回は5本に増え、審査傍聴の参加者は前回の無から10人近くに増えた。レポートの目的は、アイヌ民族の先住民族否定、「慰安婦」問題を含む歴史的事実の否定や修正、琉球・沖縄バッシング、在日特権、「偽装」難民説……枚挙にいとまがない。ERD ネットが網羅している課題の多くをこれら団体のレポートも真逆から取り上げている。それら報告に共通する決定的なマイナス要素は、条約の条文を根拠とした議論は行っていないことである。またレポートの目的が締約国の条約実施の責任を問うのではなく、人種差別を受けているコミュニティの攻撃になっていることも特筆すべきだ。

レポートを出せば、審査会場での委員会との対面のミーティングに参加して

発言の機会をもつことができる。さらに、委員へのロビー活動もより効果的にできる。人権 NGO がこれまで行ってきたことが、これら団体も行うようになったのだ。人権の専門家や研究者などからなる委員会がこれら人種主義団体の言動に惑わされることはないと思うが、私たち人権 NGO は会場での行動に一定のブレーキをかけざるを得なくなった。1 つはむやみな衝突は避けたいこと、もう 1 つは写真を撮られ、彼らのプロパガンダのためにいいように使われるかもしれないことだ。事実、これは 2014 年の自由権規約委員会や 2016 年の女性差別撤廃委員会の審査で行われ、実害が出ている。

日本審査の報告者となったボスィート委員（ベルギー）は、審査最後のあいさつで、日弁連と私たち ERD ネットの NGO レポートが貴重な情報となったと高く評価してくれた。そして、異なる群の NGO レポートも多数受け取ったと付け加えた。

国連は世界の縮図。世界あちこちで見られる市民社会スペースの締めつけは、国連においてもじわじわと感じられる。締めつけを行うのは政府だけではない。自国政府のお先棒を担ぐ反人権団体もその役を果たしている。

人権 NGO の成長が強く感じられた審査であったが、その一方で予想外の動きが出てきて警戒感を高めることになった審査でもあった。

(こもり めぐみ)

# ヘイトスピーチ・ヘイトクライムに関する2018年勧告

**師岡康子（弁護士・外国人人権法連絡会）**

### 実のあった審査と勧告の全体像

　前回2014年の人種差別撤廃委員会の日本審査でヘイトスピーチの法規制を求める勧告が出たことも後押しとなり、2016年、日本で初めての反ヘイトスピーチ法、かつ、初めての反人種差別法といえる「本邦外出身者に対する不当な差別的言動の解消に向けた取組の推進に関する法律」（通称ヘイトスピーチ解消法、以下、「解消法」）が成立した。しかし、同法は禁止規定もない理念法に止まり効果も極めて不十分であった。そのため、今回、NGOは、法改正や新法制定の必要性の勧告を獲得目標とした。

　今回の審査において、ヘイトスピーチ・ヘイトクライムについて、日本政府報告書審査の報告者のボシィート委員をはじめとする多くの委員が前回同様強い関心を持ち、質問も多くでた。

　なかでもマルガン委員から、解消法には「許されない」と書かれているが、どうやって許さないのか？　解消法後もヘイトスピーチが続いているのではないかとの同法の欠陥の本質をついた質問がだされた。政府代表からは、解消法は2016年にできてまだ2年、効果については時間がほしいとの回答がなされた。この回答は、解消法の効果がまだ十分に出ていないことを認めたもので、かつ、今後より効果を出すよう取り組むとの趣旨であり、至極当然に聞こえるが、この程度のことも、これまでのNGOによる対政府交渉では出されていなかった。解消法前文に書かれている、被害当事者の多大な苦痛と社会の分裂は日々進んでおり、「喫緊の課題」として「解消」することが目的の法律なのに、「もう」2年も経ったのにあまりにも効果が少ないのが問題である。時間がほしいというなら、その前提として、いつまでにどのようにヘイトスピーチをなくすか、との方針と計画を示すことが最低限必要である。この政府の回答は、今後、方針と計画の策定を求める要請の際の有効な根拠の一つとなるだろう。

　審査の結果出された勧告は、ヘイトスピーチ・ヘイトクライムに関し、前回と比べて質量ともに増強された。「ヘイトスピーチとヘイトクライム」

との標題がつけられたパラグラフにおける具体的な勧告の項目の数が前回の5項目に比して今回は10項目と倍増し、その内容もさらに具体的で実効性あるものとなった。

　また、標題がつけられたパラグラフ（13及び14）以外でも、「在日コリアンの状況」（パラ21及び22）や「マイノリティ女性に対する複合差別」（パラ25及び26）に関するパラグラフのなかでも、ヘイトスピーチがターゲットとされた人びとに不安と苦痛をもたらしているとの具体的な指摘がされたことも意義がある。

　以下で具体的な勧告のポイントを見ていこう。

### ヘイトスピーチとヘイトクライム（パラ13及び14）

　まず、ヘイトスピーチ解消のための包括的取組に関しては、パラ14 b項及び i 項に注目すべきである。b項は、「ヘイトクライムを含む人種差別の禁止に関する包括的な法律」採択を求め、 i 項は、目標と措置、監視を備えたヘイトクライム、ヘイトスピーチ撤廃に向けた行動計画制定を求めている。解消法案の前、2015年5月に、NGOの支持を受けて野党議員7名が共同で提出した人種差別撤廃施策推進法案は人種差別撤廃基本法の性格を有し、これらの要素を有していた。しかし、それに対する対案として与党から出された解消法案では、これらの要素がすべて削除されていたのである。解消法は、ヘイトスピーチ解消のための包括的な政策を法制度化する基本法ではないため、施行後2年経っても、いつどのように解消されるのかまったく先が見えない状況となってしまっている。野党法案は廃案になったが、本勧告で改めて人種差別撤廃基本法が条約上の義務の実施のため不可欠であることが明確になったといえる。

　次に、パラ13 a項及び同14 a項が民族的マイノリティに対し十分な救済措置を提供せよと勧告していることも、法的枠組みとして重要である。解消法には禁止規定も被害者のための救済措置も、救済を求めるための手続規定もないため、結局救済を求めるマイノリティ当事者にとっては、法制定前と同じく民事もしくは刑事裁判をするしかなく、事実上泣き寝入りを強いられている。法務局に相談する制度はあるが、強制力がなく、また、不特定の集団に対する場合は相談の対象からも排除されている。政府から独立した専門的な第三者機関による救済制度の創設が不可欠である（パラ9及び10）。

続いてパラ 13 a 項及び同 14 a 項で、解消法における保護の対象が、在日外国人のうち「適法に居住するもの」（2条の定義）という条件への明確な批判が入ったのは意義が大きい。解消法案が出たときから、NGO も弁護士会もこのままでは委員会から条約違反と勧告される、削除すべきと厳しく指摘してきたが、それが正しかったことが裏付けられた。解消法改正が勧告されているが、法改正がなされる前であっても、現在各地で取り組まれているヘイトスピーチ関連の条例制定の取組において、今回の勧告を活用し、同要件を入れないよう求めるべきであろう。

　解消法後も横行するヘイトデモに対しては、改めてパラ 14 c 項で、それらを禁止し、加害者に制裁を科すよう明確に勧告された。

　また、インターネットを含むメディアにおけるヘイトスピーチ対策については、これまでも毎回勧告がなされてきたが、今回の勧告はより具体的であるところに特徴がある。パラ 14 d 項では、「自主規制的な機構の設置」との具体的な提案を含む効果的措置を求める勧告が出た。現在与野党議員がネット対策を検討中であるが、その後押しとなる。また、同 e 項では　メディアにおけるヘイト防止のための措置の実施と効果について「詳細な情報を提供すること」を求めており、日本政府が次回の報告を免れないような表現となっている。

　この点は、公人によるヘイトスピーチ対策についても同様であり、毎回この問題が指摘されてきたが、今回の勧告では「調査し、適切な制裁を科すこと」（パラ 14 g 項）を求めており、「調査」とあるのだから、政府は少なくとも調査してその結果を次回報告しなければならないとの縛りがかかっているといえよう。

　さらに、今回はヘイトクライム対策について、かなり具体的な勧告がはじめて出されたことも特徴である。パラ 14 f 項では、警察官、検察官及び裁判官を含む刑事司法の執行官に対し、犯罪の人種的動機を特定し、苦情を登録し、事件を捜査および訴追するための適切な方法を含む、ヘイトクライム及び解消法に関する研修プログラムを実施することを求めている。日本にはヘイトクライム規定がないばかりでなく、刑事司法関係者の間でも、ヘイトクライムとは何か十分に認識されておらず、ヘイトクライム研修は皆無といえる現状であるから、このような具体的な研修内容まで求める勧告は大きな意義がある。

　加えてパラ 14 h 項では、ヘイトクライムについて、「被害者の民族的

出身および民族別に細分化した捜査、訴追および有罪判決に関する統計を次回の定期報告書で提供する」ことが勧告された。これまで政府は、人種差別撤廃委員会に対する報告書において、ヘイトクライムについては動機の悪質性の判断の際に加重することにより対処可能であると一般論を述べてごまかしてきた。しかし、NGO の側から、これまで少なくとも在日外国人に対する偏見が動機のヘイトクライムについて、その動機の悪質性ゆえに加重処罰された刑事事件は一件もないと報告したことが功を奏したものと評価しうる。この勧告は、アメリカでヘイトクライム規制法ができる前にまずヘイトクライム統計法が制定された（1995 年）ことなども背景に、ヘイトクライム規制の最初のステップとしての統計法の制定を促しているとも解しうる。

　最後に、前回と同じく、偏見の根本的原因に取り組む啓発を行うよう勧告されているが、特に「ジャーナリストおよび公人の役割と責任に焦点をしぼりながら」と強調されている。この点、NGO が、2018 年 2 月の朝鮮総連本部銃撃事件などのヘイトクライムや深刻なヘイトスピーチについて政府などの公的機関が沈黙し、むしろ黙認していることを強く批判していることも下敷きとなっていると思われる。

### 4条ａｂ項留保撤回について（パラ 11 及び 12）

　4条はヘイトスピーチ・ヘイトクライムに対し、原則として刑事規制を求める規定であり、マイノリティへの暴力、戦争やジェノサイドへと進むことを阻止するための条約の要である。日本は 4 条の a 項 b 項に留保をつけているため、委員会はこれまでの 3 回の審査でいずれも留保の問題を取り上げてきたが、政府は検討中、と繰り返すのみで、実際は何も「検討」すらしないまま放置してきた。

　今回の勧告でも取り上げられたが、「留保の撤回を検討し、その詳細な効果に関して情報を提供するよう勧告する」となった。これまでのように、国が具体的に検討することから逃げられないように表現が工夫されている。

　以上より、今回の勧告は、国などの公的機関やメディアなどに対し、より具体的な行動を求めるものとなった。よって、あとは、日本の市民社会がこれらを活用し、具体的な行動を実践させることが求められている。

（もろおか　やすこ）

# 日弁連の提出課題に関する日本審査とその評価

### 須田洋平（弁護士）

　私は、日本弁護士連合会（日弁連）の人種差別撤廃条約に関するワーキンググループ（人種 WG）の事務局長の立場で、人種 WG の吉井正明座長及び北村聡子副座長と共に、2018 年 8 月に実施された国連人種差別撤廃委員会（委員会）による日本の政府報告書審査に参加した。日弁連は、日本最大の NGO として、委員会のカバーする人種差別問題について、日本に関連する限りあらゆるテーマを守備範囲としている。そのため、今般の政府報告書審査に向けたカウンターレポートにおいて、日弁連はヘイトスピーチ、朝鮮学校に対する無償化除外や補助金の停止、アイヌ問題、技能実習生を含む幅広いテーマについて取り上げた。他方、日弁連は、移住者と連帯する全国ネットワーク、反差別国際運動を含む NGO 連合（人種差別撤廃 NGO ネットワーク：ERD ネット）と伝統的に協力関係にあり、今般の政府報告書審査においても協働した。政府報告書審査に先立ち、政府報告書に取り上げられていない課題や政府の取り組みが不十分な課題について委員会の委員らに報告し、日本政府に対して審査の場で指摘、質問をし、日本政府に対して人権状況の改善を促すよう求めるロビー活動を行うことは極めて重要である。日弁連は、かかるロビー活動において、ERD ネットと役割分担をしながら、効率的に活動した。具体的には、日弁連がカウンターレポートにおいて取り上げたテーマのうち、ERD ネットが専門的にロビー活動を行うテーマについては ERD ネットに委ね、日弁連は、包括的差別禁止法（ヘイトスピーチに止まらず、人種差別撤廃条約 1 条の定義に基づくあらゆる人種差別を禁止する法律）の制定、外国籍調停委員の採用拒否問題、個人通報制度の導入及び国内人権機関の設置を中心にロビー活動を展開した。

　2018 年 8 月 14 日、委員会はモーリシャス、キューバ及び日本の NGO を対象にした公式ブリーフィングを実施した。同ブリーフィングは 3 時間にわたるものであるが、出席者の大半が日本の NGO であったため、委員会は日本の NGO との対話に 1 時間以上を費やした。日弁連は、同ブリーフィングにおいて、委員らに対し、包括的差別禁止法の制定、外

国籍調停委員の採用、個人通報制度の導入及び国内人権機関の設置を求める意見を述べた。翌15日には、ヘイトスピーチや包括的差別禁止法に高い関心を示したニコラス・マルガン委員（スペイン）との会談がセッティングされたため、日弁連からはヘイトスピーチに関する現状を説明し、包括的差別禁止法の制定の重要性を同委員に説明した。また、日本の政府報告書審査当日の16日も、日弁連は審査の開始に至るまでの時間や審査の休憩時間を利用して、以前国連マイノリティ問題に関する特別報告者を務めていたリタ・イザック・ンディアエ委員（ハンガリー）や委員会における日本担当の報告者となったマーク・ボスィート委員（ベルギー）をはじめとする委員らに対し、日弁連が重視する前記の4つの点に関する説明を行うロビー活動を展開した。審査では、ERDネットのカウンターレポートと共に、日弁連のカウンターレポートがボスィート委員から高い評価を受けた。さらに、多くの委員らが日本政府のヘイトスピーチ問題に対する取り組みに改善の余地があることを鋭く指摘するに止まらず、日本においてマイノリティが住居差別等に遭っていることやヘイトクライムの被害を受けていることを指摘し、包括的差別禁止法の必要性を示唆した。また、リタ・イザック・ンディアエ委員が外国籍調停委員の採用拒否問題を直接取り上げたのをはじめ、多くの委員が日本国籍を有しない者が公務員になることができないケースが存在することを日本政府に対して指摘した。さらに、国内人権機関の設置を求めた委員もいた。これに対し、日本政府は、日常生活に関連する分野の個別法で差別が禁止されているので包括的差別禁止法までは必要ないとの立場を示し、調停委員は裁判官と共に公権力を行使する立場にあるため日本国籍を有する者に限られると回答した。また、国内人権機関については、具体的な内容について話ができる段階ではないと回答した。

　8月30日、委員会は、日本の政府報告書審査を受け、総括所見を公表した。この総括所見では、45項目に及ぶ懸念、勧告が表明された。日弁連が強く求めてきた外国籍調停委員の採用については、調停委員という言葉は用いられなかったものの、在日コリアン、外国人長期在留者及びその子孫といった日本国籍を有しない市民に対し、公権力の行使又は公の意思の形成への参画に携わる公務への就任を認めるよう求める勧告が出されたため（22項、34項）、事実上外国籍調停委員の採用を求める勧告が出されたと評価することができる。

また、委員会は、ヘイトスピーチについて、2016 年に施行されたヘイトスピーチ解消法を評価しつつも、救済範囲等に関する同法の不十分さに加え、ヘイトスピーチやヘイトクライムが日本において継続していることを指摘し（13 項）、10 点に及ぶ勧告を行った（14 項）。加えて、委員会は、包括的差別禁止法の制定を勧告しており（8 項）、ここでも日弁連の主張が勧告に反映されたといえる。さらに、委員会は、総括所見において、パリ原則に則った国内人権機関の設置（10 項）及び個人通報制度の導入（43 項）も勧告しており、日弁連の主張が反映されている。

　したがって、全体的には、日弁連が重視した課題については勧告が出されているといえ、カウンターレポートの提出やロビー活動の成果は大きかったと評価できる。そうすると、今後重要なのは、いかに総括所見で出された勧告を活かすかということであろう。総括所見が出た直後、ERD ネットが主催した院内集会に日弁連も参加し、これらの勧告について国会議員や市民社会に広く知らせたが、フォローアップの重要性は増すばかりである。特に、2020 年には東京オリンピックを控えており、多くのインバウンド需要が見込まれるため、さらなるヘイトスピーチ対策や包括的差別禁止法の制定といった勧告の内容を短期間のうちに実現させる必要性は高い。

　また、折しも、横浜家庭裁判所が在日コリアンの弁護士を調停委員に任命することを拒否したことが問題になり、神奈川県弁護士会が外国籍調停委員の採用を求める会長声明を総括所見が出された直後の 2018 年 9 月 13 日に公表している。総括所見は、公権力の行使又は公の意思の形成への参画に携わる公務への就任を認めるよう求めるという形で事実上外国籍調停委員の採用を求めているが、調停委員の本質的役割は、神奈川県弁護士会の会長声明も指摘するとおり、専門的知識若しくは社会生活の上での豊富な知識経験を活かして、当事者双方の話し合いの中での合意を斡旋して紛争の解決にあたるというものであり、調停委員はその職務の性質上公権力の行使又は公の意思の形成への参画には携わらないといえる。このような調停委員の本質的役割を踏まえ、委員会、日本政府、裁判所といった関係機関に調停委員の本質的役割の理解を促し、粘り強く活動をしていきたいと考えている。　　　　　　　　　（すだ ようへい）

＊本稿は，筆者自身の個人的な見解を示すものであり，筆者の所属する各団体の見解を示すものではないことを予め申し上げます。

# CERD 勧告を無視した日本政府の立法

## 佐藤信行（在日韓国人問題研究所／移住者と連帯する全国ネットワーク）

　2018 年 11 月、日本政府は新たな「外国人材」受け入れのため、在留資格「特定技能」の新設と、法務省外局としての「出入国在留管理庁」の設置を図る「出入国管理及び難民認定法（入管法）」と「法務省設置法」の改定案を国会に提出した。これは十分な審議を経ることなく 12 月 5 日、国会で成立。また政府は 12 月 25 日、「外国人材の受入れ・共生のための総合的対応策」を決定し、法務省を中心に厚労省・文科省・外務省・警察庁など関係省庁で立案・実施作業が始まった。

　しかし、これらはいずれも、人種差別撤廃委員会をはじめ国際人権条約機関からの勧告をまったく無視したものである。

### 技能実習制度の上に「特定技能制度」を新設

　現在、ベトナム・中国・フィリピン・インドネシアなどから約 30 万人の外国人が、「技能実習」という在留資格で働いている。この制度は、「人材育成を通じた開発途上地域への技能の移転による国際協力を推進する」という法目的とは裏腹に、実際には技能実習生たちが低賃金労働者として搾取・抑圧されている。政府資料によっても、技能実習生を受け入れている事業所の約 71% が労働関係法令に違反していること（2017 年、厚労省調査）、受け入れ事業所から離脱（失踪）した技能実習生は 2013 年 3,566 人から 2017 年 7,089 人にも倍増していること（2018 年、法務省調査）、離脱した理由として 67.2% が「低賃金」「契約賃金以下」「最低賃金以下」と回答していること、また彼ら彼女らの 89% が、本国の送り出し機関に支払う資金、すなわち保証金や手数料、不当に高額な渡航費用などで一人 100 万円とも言われている金額を「借金」して渡日していること、さらに日本の職場では日常的に暴力を受けたり帰国を強制されるなど、人権侵害のさまざまな事例が明らかになっている。

　このように、建前と実態とが乖離する一方のこの制度に対して、自由権規約委員会や人種差別撤廃委員会は、その是正を強く求めてきた。そして人種差別撤廃委員会は 2018 年、こう勧告した。

　「技能実習制度が、『技能実習の適正な実施及び技能実習生の保護に関す

る法律』の遵守を確保するために、適切に規制され、政府によって監視
されるよう確保すること」(パラグラフ32)

しかし日本政府は、是正・改善措置をいっさいとることなく、この技能実習
制度をさらに補完・拡充するものとして、今回、「特定技能」を新設した。

「特定技能」では1号と2号に分けられていて、「相当程度の技能水準と日本
語能力をもつ者」とされているが、技能実習3年修了者は試験が免除され「特
定技能1号」に移行できる、としている。このような制度とすることにおいては、
「労働力不足の職種」(介護など14分野)に、低賃金の外国人労働者(政府試算
では5年間で35万人)を投入し、景気の好不況に合わせた「労働市場の調整弁」
として使用する、という露骨な意図を隠していない。

特定技能1号では、技能実習生と同様、家族の帯同を認めない。特定技能1
号も2号も、「入国・在留を認めた分野での転職可」としているが、法文には
明記されていない。また、本国での送り出し機関／日本での受け入れ機関から、
悪質な仲介業者を排除する規定もない。そのうえ、受け入れ事業所によるパス
ポートの取り上げや強制帰国を禁止する規定もない。賃金については法務省令
で定める、としているだけである。このように外国人労働者を「外国人材＝モ
ノ」として扱う制度は、技能実習生に対すると同様に、いやそれ以上に、複雑
化した形で人権侵害を惹起させることになるだろう。

### 移住女性を追い詰める「在留資格取り消し制度」の維持

1990年代以降、日本人男性と結婚して日本に定住し永住する移住女性が増
加した。しかし政府は、韓国のように「多文化家族(国際結婚家庭)支援法」
など支援制度を設けてこなかった。それどころか、在留資格「日本人の配偶者等」
となっている移住女性に対して、「配偶者の身分を有する者としての活動を6
カ月以上おこなっていない」と法務省がみなすと、その在留資格を取り消すこ
とができる制度(入管法第22条の4第1項第7号)を、2012年から実施した。「配
偶者としての活動……」という、誰が見ても解釈不可能な条項によって、実際、
年間20〜30人の移住女性たちが在留資格を取り消されている。

これに対して、女性差別撤廃委員会や人種差別撤廃委員会は、是正を求めて
きた。

「これらの条項は、夫によるドメスティック・バイオレンスの被害者であ
る外国人女性が、虐待的な関係性から逃れ、支援を求めることを妨げうる。
……女性たちを虐待的な関係性のなかにとり残さないように法律を見直

すべきである」（人種差別撤廃委員会の 2014 年総括所見パラグラフ 17）。

　人種差別撤廃委員会はさらに、移住女性たちが「在留資格が喪失すること
や退去させられることを恐れて、外国人女性が虐待的な関係に留まらざるをえ
ない」この条項の法改正を強く求めた（2018 年総括所見パラグラフ 26）。

　しかし日本政府は、今回の入管法改定において、この勧告をまったく無視し
たのである。

### 「染みついた社会的差別」の放置

　法務省『外国人住民調査報告書』（2017 年 3 月）によると、過去 5 年間に日
本で住む家を探した経験のある外国人のうち、「外国人であることを理由に入
居を断られた」人は 42.8%、「日本人の保証人がいないことを理由に入居を断
られた」人は 46.0% にも上っている。さらに、日本生まれの三世・四世の在日
コリアンであっても 27.2% が入居差別を受け、日本人のパートナーがいる外国
人であっても、その 31.5% が「日本人の保証人がいないことを理由に」入居を
拒否されている。

　また、過去 5 年間に日本で仕事を探したり働いたりしたことのある人のうち、
「外国人であることを理由に就職を断られた」人は 27.6%、「同じ仕事をしてい
るのに、賃金が日本人より低かった」人は 22.0%、「勤務時間や休暇日数など
の労働条件が日本人より悪かった」人は 13.5%、「外国人であることを理由に、
昇進できないという不利益を受けた」人は 19.9% にもなっている。そのうえ、「外
国人であることを理由に解雇された」人の割合は 5.2% だが、その数は 124 人
にもなる。

　就職差別を受けた外国人の内訳を見ていくと、性比では男性よりも女性のほ
うが多く（62.4%）、年齢別では 20 〜 40 歳代が 83.0% を占めている。さらに、
解雇された外国人の内訳を見ると、20 〜 50 歳代が 91.1% を占め、在留資格別
では永住者・特別永住者・定住者で計 71.7% となっている。つまり、生計を担
うべき人たちが、「外国人であることを理由に」就職を拒否され、解雇されて
いるのである。労働三法が法文上禁じているのにもかかわらず、これが日本社
会の現実なのである。

　このような人種差別の実態に対して、人種差別撤廃委員会は懸念し、是正措
置を繰り返し求めてきた。

　　「移住者、および締約国で生まれ育ち教育を受けたその子孫が、住居、教育、
　　医療および雇用の機会への制限されたアクセスを含む、染みついた社会

的差別にいまだ直面している」（2018年総括所見パラグラフ29）

それにもかかわらず、日本政府は12月、委員会のこうした懸念と勧告を無視して、「外国人材の受入れ・共生のための総合的対応策」を策定した。ここでは「①外国人との共生社会の実現に向けた意見聴取・啓発活動、②生活者としての外国人に対する支援、③外国人材の適正・円滑な受入れの促進に向けた取組、④新たな在留管理体制の構築」という4本柱を立てているが、もっぱら④に注力しようとしているのは、予算措置を見ても明らかである。これらの関連予算224億円のうち④が30.8%を占め、そのうえ、「不法滞在者対策等157億円」を2019年度予算に計上しているからである。

何よりも、この「総合的対応策」のなかで挙げられている全126項目の施策においては、包括的な差別撤廃法の立法化と国内人権機関の実現に向けた調査・検討すら、一言も言及されていない。

## 市民社会の課題

以上に見るように、これら一連の立法と立法不作為は、「人権大国・日本をめざす」（2016年・法務省）という政府の、あまりにも貧弱な人権政策と、その裏面には管理と抑圧がますます加重される外国人政策が示されているのである。

すでに日本で暮らしている外国人住民は、270万人以上（約6万人の未登録滞在者も含む）となり、その出身国数も190カ国を超えている。また、帰化あるいは国際結婚から生まれた子ども、これら外国にルーツをもつ日本国籍者は、少なくても160万人以上となる。政府がいくら否定しようとも、すでに日本は「移民社会」であり「多民族・多文化社会」なのである。日本社会は、それにふさわしい法制度を早急に整えなければならない。

（さとう のぶゆき）

# 朝鮮学校差別・再入国許可問題に関する審査と勧告の意義

**朴金優綺（在日本朝鮮人人権協会）**

### レポート提出と現地での情報提供

本審査に向けて在日本朝鮮人人権協会では、日本の人種差別問題に取り組む「人種差別撤廃 NGO ネットワーク」の構成団体として、①委員会による前回（2014 年）の日本政府への勧告にもかかわらず、いまだ高校就学支援金制度（「高校無償化」制度）から朝鮮高校が除外され続けており、地方自治体による朝鮮学校への補助金不支給状況も悪化していること、②在日朝鮮人がいまだ再入国許可制度の適用対象となっており、朝鮮旅券を所持する者など一部の在日朝鮮人が「みなし再入国許可」制度の適用対象から除外されていること、について述べた NGO レポートを 7 月に提出した。

また、委員会と NGO との会合（8 月 14 日）への参加及び対日審査傍聴のため、厳康秀さん（京都朝鮮中高級学校教員）、柳愛純さん（朝鮮大学校学生）、筆者をはじめとする 5 名の代表がスイス・ジュネーブへと赴いた。委員会と NGO との会合では、本協会の代表が声明を発表。高校就学支援金制度の適用を求めて朝鮮学校生徒・学生が各地で繰り広げている署名活動やスタンディング・デモの写真や映像を見せるなどして、各委員への情報提供を懸命に行った。

### 相次ぐ委員発言

対日審査 1 日目は現地時間の 8 月 16 日 15 〜 18 時に行われ、2 日目は 17 日 10 〜 13 時に行われた。日本政府代表団の団長である大鷹正人国連担当大使による全体説明を受けて、18 名の委員のうち、日本報告担当のボスィート委員（ベルギー）が、日本の人種差別に関する課題について包括的な問題提起を行った。

同委員は、再入国許可問題に関して「委員会は、永住者に関して、出国前に再入国許可を取得する必要性を撤廃することを求める」と言及。朝鮮学校差別問題については「2017 年 7 月、大阪地方裁判所が、政府による高校就学支援金制度からの大阪朝鮮学園の除外を違法と判断したこ

とは注目すべきである。同裁判所は、政府による除外が在日朝鮮人の子どもたちの教育権を侵害すると判断した。……委員会は、平等権及び子どもの教育権を鑑み、朝鮮学校にも高校就学支援金制度が適用されること、また地方自治体が朝鮮学校に補助金を支給することを求める」と発言した。

その後、10名の委員が日本政府代表団への質問を行った。アフトノモフ委員（ロシア）は再入国許可問題について「日本政府は『みなし再入国許可』制度上、DPRK旅券を対象の旅券として認めておらず、日本における永住外国人への差別につながっている」と発言。朝鮮学校差別問題については、鄭鎮星委員（韓国）が2016年3月に文科大臣が出した「通知」について、「日本政府は政治的理由に基づき、朝鮮学校への補助金を中止することを各知事に促したように見える。実際、朝鮮学校への補助金を中止した都道府県の数は14自治体にまで増えた。中央政府が地方自治体に対してそのような命令をしてはならないと考える」と日本政府を厳しく追及した。シェパード委員（ジャマイカ）も「朝鮮人生徒が『高校就学支援金制度』から除外され続けていることに懸念を表明する」と述べた。

### 「歴史的な文脈こそ十分な根拠」

委員発言に続いて、日本政府が回答を行った。再入国許可問題については「北朝鮮の旅券は日本国政府の承認した外国政府ではないので有効な旅券ではない」、朝鮮学校差別問題については「朝鮮学校への就学支援金制度の適用については……法令に基づく適正な学校運営が行われているかという点について十分な確証が得られず、審査基準に適合すると認めるに至らなかったことから、不指定の処分が行われた。政治・外交上の理由から制度の対象外とするものではない」「2016年3月に文科大臣から出された通知は、特定の学校への補助金を停止したり、減額したりすることを促すものではない」と答弁。

これらの回答に対して、委員らは再度発言を行った。鄭委員は「『通知』の中で日本政府は、朝鮮総聯が朝鮮学校の教育を重要視していると述べている」と発言、政治的な理由に基づいて朝鮮学校差別を行っているにもかかわらず、審査の場では欺瞞的な回答を述べる日本政府をさらにただした。

閉会時間も近づいた頃、ボスィート委員が「朝鮮学校に通う子どもた

ちと拉致問題とは、何の関係もない。朝鮮学校が支援金を受け取っていないのに、他の学校が受け取っていることについて留意し、そのような区別に妥当な理由はないと考える。朝鮮学校は支援金を当然受け取れるべきであり、私たちはこの問題を歴史的な文脈で見るべきだ。歴史的な文脈こそ、朝鮮学校に通いたいと願う子どもたちから、いかなる支援金も奪われてはならないということの十分な根拠である」と、強い口調で述べた。

　日本政府は朝鮮学校差別問題について「人種差別ではない」と再度反論、これをもって2日間の対日審査は終了した。審査では上記以外にも、ヘイトスピーチ問題、日本軍性奴隷問題、在日朝鮮人無年金問題、在日朝鮮人女性を含むマイノリティ女性の複合差別の問題など、在日朝鮮人の権利課題について多様な委員発言が相次いだ。

### 前回の強力な勧告を反復

　委員会は、8月30日に発表した総括所見において、朝鮮学校差別問題について「朝鮮人生徒たちが差別なく平等な教育機会を持つことを確保するため、高校就学支援金制度の支援金支給において『朝鮮学校』が差別されないことを締約国が確保するという前回の勧告を繰り返す」とし、再入国許可問題について「他の永住外国人と同じ方法で日本を出入国できるよう、一部の永住外国人に対する出国前の許可要件を撤廃すること」と勧告した。さらに、これらの勧告を「特に重要」と明記し、次回の政府報告書（2023年1月締切）で、勧告履行のために取った措置に関する情報提供を求めた。

　今回の勧告は、拉致問題などの政治・外交的な理由をもって高校就学支援金制度から朝鮮高校を除外した日本政府が、その真の理由を隠した報告をしたものの、委員会が日本政府回答の欺瞞を見抜き、前回の強力な勧告を繰り返したことに大きな意義があるといえる。再入国許可問題については、朝鮮旅券所持者などの在日朝鮮人も再入国許可の取得なしに一定期間内の再入国が可能となるよう求めたもので、2012年7月の「みなし再入国許可」制度の問題点について国連の条約機関が初めて指摘した画期的な勧告だ。

### 勧告に逆行する日本の行政と司法

委員会の勧告が出た後、大阪高裁と東京高裁はそれぞれ9月27日と10月30日に、高校就学支援金制度の適用を求める朝鮮学校と元生徒たちの訴えを却下する判決を出した。現在、大阪・愛知・広島・福岡・東京の5か所で、朝鮮学校や朝鮮学校卒業生が原告となり日本政府を相手に裁判をたたかっているところ、大阪高裁と東京高裁は、日本政府による差別を追認し、委員会の勧告に真っ向から逆らう形での破廉恥な判断を出したのである。

　今こそ、委員会の勧告と、これに逆らい差別を続ける日本政府の問題について、世界に向けて伝えるべきときではないか――そう思い、委員会の勧告と日本政府の態度を対比したフライヤーを英語・朝鮮語・日本語で作成し、SNS上でハッシュタグをつけて発信した（フライヤーデータは goo.gl/29e4wQ から取得可能）。ぜひご自由にご活用いただき、共に声を上げていただきたい。

フライヤー QR コード

（ぱく きむ うぎ）

# 人種差別撤廃委員会の日本政府報告書審査と部落問題

**李嘉永（近畿大学、反差別国際運動特別研究員）**

## 1．はじめに

部落問題に関して、人種差別撤廃委員会は、過去に実施してきた日本政府報告書の審査において、常に指摘と勧告を行ってきた。特に2002年に世系に基づく差別に関する一般的勧告29を取りまとめてからは、その審査内容も、より詳細な部落差別の実態を踏まえたものとなっている。

今回の審査は、とりわけ部落差別解消推進法が公布・施行されて初めて実施された。この点に関して、今回の総括所見は、どのような特徴があるか、そしてその上でなおどのような点が指摘され、またどのような取り組みが勧告されたかを紹介し、今後の課題をいくつか挙げることとする。

## 2．いわゆる「定義問題」について

人種差別撤廃条約の枠組みにおいて、部落差別は、人種差別の定義の枠内では、「世系に基づく差別」の一種として解釈されている。前述の一般的勧告29において、「世系に基づく差別」とは、「カーストおよびそれに類似する地位の世襲制度（systems of inherited status）等の、人権の平等な享有を妨げ、または害する社会階層化の形態に基づく集団の構成員に対する差別」を含むものと解釈しており、このような形態の差別として、南アジアにおけるダリットに対する差別、日本の部落差別、さらにはアフリカ諸国の解放奴隷及びその子孫などが想定されている。これに対して、特に日本政府は、部落出身者が「日本民族である」ことを理由に、このような解釈を認めておらず、部落差別がこの条約の適用対象ではないとしている。長らくこの定義問題は委員会と日本政府との間で部落問題を審査する上での重大なハードルとなってきた。

今回の審査においても、日本政府は、従来の立場を変更せず、政府報告書自体に部落問題に関する情報の記載を行わなかった。また、委員との対話においても、そのような立場を崩していない。その結果、今回も、部落差別を「世系に基づく差別と認める」よう勧告され（para.20（b））

定義問題の解決を見ることはできなかった。

### 3．部落差別解消推進法をめぐって

なお、日本政府は「いかなる差別も行われることがあってはならない」という立場から、委員会からの質問には答えるという姿勢を見せており、前回の総括所見に関しても、フォローアップの要請に対して、部落問題に関する回答を行っている。定義問題のために、政府報告書において部落問題の記載を行っていないことからすると、総括所見においていかなる勧告を引き出すかは、委員会の委員が日本政府に対してどのような質疑を行うかにかかっている。今回、部落問題に関しては、特に部落差別解消推進法の制定に関わって、部落問題に関する日本政府の課題について、部落差別解消推進法に関する課題、とりわけ定義規定の問題、実態調査の範囲の問題を指摘した。その他、社会福祉法改正に充分に対応していない自治体があること、インターネット上での地名総鑑・部落出身者の住所・連絡先の公開問題を指摘した。また、複合差別に関しても、部落女性の直面する複合差別に関しては、部落女性自身が実施したアンケート調査から明らかになった、教育、就労、差別及びドメスティック・バイオレンスについての実態を踏まえて、特別措置法失効後以降の一般施策による成果は限定的であること、部落女性の課題に関わる実態調査が行われていないことなどを指摘し、部落女性を含むマイノリティ女性が直面している複合差別について認識すること、社会経済的指標に基づくデータを収集すること、部落差別解消推進法に基づいて、部落の実態調査を実施し、ジェンダー別の調査結果を公表すること、これに基づいて、状況改善のための措置を策定・実施することを勧告するよう要請した。

これを受けて、複数の委員が部落問題について日本政府に質問を行った。国別報告者であるボスィート委員は、部落差別解消推進法は、国・地方自治体に、部落差別についての調査、教育・啓発の実施、人権相談体制の充実について規定していることを紹介した上で、部落のアドボカシーグループは、社会経済状態の一定の改善にも関わらず、依然として、雇用、結婚、住宅及び地価の査定について差別が存在すると主張している、とした。

また、リタ・イザック・ンディアエ委員は、次の点について懸念しているとした。

・部落差別解消推進法には、部落差別が明確に禁止されてはいないこと、
・部落差別についての罰則や制裁についての規定がないこと、
・平等な機会を確保するための具体的な行動計画や措置が規定されていないこと、
・部落民に対する差別について調査を設計する専門家会議が設置されたが、この委員会のメンバーに部落民の代表者が含まれていないこと。

　その上で、部落差別解消推進法の改正や、総合調整機能を持った部署の設置、教育啓発活動の内容等について質問した。

　さらに、アフトノモフ委員は、解消推進法の実施に関わる財政はどうなっているかについて質問した。

　これらに対して日本政府は、啓発活動・人権相談、さらには人権侵犯事件の調査・処理を通じて、被害の救済・予防を図ってきたとした。実態調査に関しては、現在準備中であると述べるにとどまった。

　総括所見においては、肯定的側面において部落差別解消推進法の制定が挙げられたものの（para.4（d））、いくつかの懸念事項の指摘と、次のような勧告が行なわれた。すなわち、次回の報告において、解消推進法の実施措置及びその効果について報告すること（para.20（c））、予算の提供（para.20（h））である。また、それに付随して、雇用・住宅・結婚に関する差別撤廃の努力の強化（para.20（d））、特措法失効後の人権・同和行政の効果や複合差別問題に関するデータの提供（para.20（e）,para.26（a））、部落民の定義や政策・措置の立案に関して、部落の代表者、特に複合差別問題について部落女性の代表者と協議すること（para.20（a）,（f），para.26（d））も併せて勧告した。

## 4. インターネット上の暴露について

　なお、近年、インターネット上で部落の所在地や部落出身者の住所・連絡先を掲載するアウティングが大きな問題となっているが、CERDは、このような行為が部落民を更なる差別にさらすおそれがあると懸念した。日本政府もまた、プロバイダ等への削除要請を行うなどの努力を行っていると回答した。そのため、この問題は勧告部分では直接言及されなかったが、差別撤廃努力の項目に包摂されたものと解釈できる。なお、今回も戸籍の濫用問題について、勧告されている（para.20（g））。特に、従来は戸籍情報の不正入手に特化して勧告されてきたが、今回は差別目的

7

総括所見を読む

255

での「濫用」について捜査・訴追・制裁を行うよう勧告している点は特記しておきたい。

## 5．若干の評価

　今回の審査では、部落差別解消推進法の制定という積極的な動きがあったことから、新たな状況を踏まえた、部落差別撤廃への一定の充実した勧告がなされたように思われる。ただし、何点か課題を挙げるとすれば、政策立案への効果的参加について、協議を勧告するにとどまっており、主体的な審議への参画にまでは至っていない。また、解消推進法について差別に関する実態調査を準備している段階であり、より踏み込んだ措置が政府内でもまだ熟していない段階では、既存の制度の説明以上の回答を引き出すことは困難であった。また、部落問題解決のための総合調整部局の設置などの体制整備についても触れられなかった。さらには、定義問題も結局解決しなかった。

　今回の総括所見をもとに、部落差別解消推進法の効果的な実施を求めていくとともに、定義問題を含めた委員会と日本政府とのギャップを埋めていくためにも、政府解釈の変更を迫っていくことが必要であろう。

　　　　　　　　　　　　　　　　　　　　　　　　　　　（り　かよん）

# CERD から見た沖縄　在沖米軍基地の存在

### 親川裕子（沖縄国際人権法研究会）

　2018 年 8 月、人種差別撤廃委員会で 4 回目の日本政府報告書審査が行われ、沖縄に関して従来以上に踏み込んだ勧告が出された。沖縄側からは 90 年代後半から継続している琉球弧の先住民族会（以下、AIPR）と、2016 年に発足した沖縄国際人権法研究会による NGO レポートが提出された。ここでは、今回の勧告が出されるまでの CERD での審議を振り返り、女性に対する暴力について言及しつつ今後の活用について考えたい。

### 先住民族としての権利、在沖米軍基地の存在への言及

　2001 年の日本の 1 回目の審査には、沖縄の NGO として AIPR がレポートを提出し、メンバーが審査を傍聴、委員に対するロビーイングを行った。結果、総括所見では沖縄の住民が「特定の民族的集団として認められることを求めている」ことと、「現在の島の状況が沖縄の住民に対する差別的行為につながっていると主張している」ことが認められた。

　2010 年の 2 回目の審査でも AIPR は NGO レポートを作成し、審査にメンバーを派遣し、ブリーフィングやロビーイングを行った。その結果、総括所見では前回の「特定の民族的集団」を補完するようにディエン報告 (1) が引用され、沖縄の歴史、文化、言語の独自性が確認された。さらに、「島の状況」について軍事基地の過重な負担が経済、社会、文化的な権利享受の妨げになっていることの懸念が表明され、差別の監視と沖縄の代表との協議が勧告された。

　2014 年の 3 回目の審査では、事前の質問テーマにおいても沖縄における言語の保護や教育への取り組みについて問われ、審議においては先住民族として認めるべきではないかということと、米軍から派生する女性に対する暴力について言及があった。しかし政府は、沖縄に居住する人びとは日本国民であり、暴力については、基地の辺野古移転に取り組んでいるとはぐらかした。総括所見では、前回勧告が十分に履行されていないことに懸念が示され、繰り返し沖縄の代表との協議を強化すること、「特定の民族的集団」を「先住民族」として認めること、琉球の言語によ

る教育の促進、教科書に琉球の歴史、文化を含めることなど、踏み込んだ勧告がなされた。この回では沖縄からの NGO レポートはもちろんのこと、県選出の糸数慶子参議院議員が審議に参加した。

　そして今回は、他の人権条約委員会も含め、これまで日本政府に対し示された勧告が真摯に履行されていないこと、琉球・沖縄の人びとが先住民族と認められていないことへの懸念が委員会より表明された。今回の勧告で特に注目したいのが "the presence of a military base of the United States of America on the island of Okinawa."、「沖縄にある米軍基地」を明確に指し、その存在に懸念が表明されたことである。2010 年の勧告では "military bases on Okinawa"、「沖縄の軍事基地」とされていただけで、米国の責任を明確化した点で画期的といえよう。

### 地位協定、国内法二重のハードル

　加えて、米軍基地の存在による沖縄の女性に対する暴力の報告と、民間人の居住地域における軍用機事故に関連し、琉球・沖縄の人びとに対して適切な安全と保護を確保するよう勧告がなされた。さらに、加害者の適切な訴追や有罪判決が出ていない現状にも言及がされた。

　日米地位協定は運用改善がされたとはいえ、米軍関係者の犯罪については依然として司法的保障が十分ではない。例えば、米兵や米軍属が公務中に起こした犯罪については、第一次裁判権は米側にある。酒に酔った米兵が住居や敷地に侵入する事件も後を絶たず、直接的な暴力を振るわれずとも地元住民の精神的な衝撃は大きい。2018 年 9 月に読谷村で起きた米兵による不法侵入では、在宅していた少女が「殺されるかと思った」と証言しているように、身の危険を感じるほどの恐怖に苛まれている。最近では、銃を持つ脱走兵が住宅地を徘徊していたことも報道されている。過重な米軍基地から派生する事件事故が起こるたび、米軍人、軍属に特権的な日米安保、日米地位協定の差別的構造の存在を目の当たりにさせられる。2016 年に起きた女性暴行殺害事件では、一般市民となった元米兵による犯行であったことから、米軍から派生する事件の複雑さ、深刻さが浮き彫りとなった。

　2017 年の刑法改正によって強姦の定義が変わり、被害者の性別特定が撤廃され、非親告罪となった一方で、暴行・脅迫要件、時効期限は撤廃されなかった。性暴力被害の実態が語っているように、反抗を著しく困

難ならしめる暴行や脅迫がなくとも、加害者の舌打ち一つで殺意を感じ、被害者は抵抗できなくなってしまう。性暴力被害を受けて告発するまでに十分な時間が必要であるにもかかわらず、7年（強制わいせつ罪）、10年（強姦罪）の時効では加害者を十分に処罰することはできない。米軍から派生する暴力、特に性暴力においては、日米地位協定と国内法の限界という二重の壁が立ちはだかっている。

　また、国連女性の地位向上部（DAW）は人口20万人あたり1ヶ所の強姦救援センターの設置を推奨している。現在、国は各都道府県に少なくとも1ヶ所の強姦救援センターを位置づけ、沖縄県にも存在するが、国連基準には達しておらず、島嶼県であることを鑑みても、1ヶ所では十分ではない。これはCERDの人種差別のジェンダー的側面に関する一般的勧告25にも抵触していると考えられる。

### 国際人権基準の必要性

　大鷹正人国連担当大使は審査冒頭の発言で、CERDによる「先住民族」勧告の撤回を求める意見書が県内市議会から出ていることを受けて、沖縄における問題は人種差別の対象には該当しないとし、米軍事故が起きるのは市街地にあるからで、危険性除去のために「機能の一部を辺野古に移設させる」取り組みが進められていると述べた。ERDネットがまとめた勧告解説書によると、委員から「日本政府は基地を軽減する予定はあるのか？」と問われた際に日本政府は「辺野古移設が唯一の解決策」と回答したという。

　「先住民族」勧告撤回の意見書には注意を傾けながら、2013年に沖縄県議会議長をはじめ、県内全市町村長および議長が署名押印したオスプレイの配備撤回と普天間基地の閉鎖・撤去、県内移設断念を求める建白書は一顧だにせぬ日本政府の態度は噴飯ものだ。また、普天間－辺野古間は直線距離で40キロに満たない。軍用機は墜落事故からも明らかなように市街地、陸地のみならず、沿岸、海上も含め沖縄全上空を飛行している。狭隘な島の中ではどこに移設しようとも、負担軽減はおろか危険性は一切除去されない。

　沖縄に対して「人種差別」にあたらない、「同じ国民だ」というなら、なぜ埋め立て承認にかかる県の取り消しや撤回に対し、「法治国家」と法を濫用して阻止するのか。辺野古新基地建設に反対の知事が当選したに

もかかわらず、辺野古の海に土砂投入を強行する状況をみるにつけ、沖縄県出身者は「国民」ではないのだと痛感するし、それゆえ、国際人権を活用する意義がある。米軍基地、新基地建設から見えてくる政府の沖縄に対する権力の濫用を国際人権の基準から考えれば、人種差別撤廃条約第5条第1項a、bに違反しており、CERDの先住民に関する一般的勧告23、並びに先住民族の権利宣言における「自由で事前の、十分な情報を与えられた上での合意（Free, Prior and Informed Consent）」を求めるFPIC原則にも反する。国内法で救済されず、司法判断に希望を見出すことも難しい現在の状況は、むしろ、国内法（制度）によって差別が強化されているともいえる。政府による法の恣意的な運用や国連人権機関に対する不誠実な態度が改善されるまで、私たちも国際人権基準を手放すことはできない。

1　国連人種差別に関する特別報告者（当時）ドゥドゥ・ディエン氏の日本公式訪問（2005年）の報告書

（おやかわ ゆうこ）

# 世界では通用しない「当然の法理」

## 大石文雄（かながわみんとうれん）

　2018年8月にジュネーブで人種差別撤廃委員会の日本審査が開かれた。私たちがジュネーブで訴えたかったのは常勤講師問題と「当然の法理」についてである。教員免許を持ち日本人と同じ採用試験に合格しながらも、日本人は教諭として任用されるが、外国人は「期限を付さない常勤講師」として任用される。教諭である日本人は主任・教頭・校長などの管理職になる道が開かれているが、外国人は「講師」であるため昇格することができない。その結果、外国人は定年まで常勤講師であり続け、校長で退職した日本人と、常勤講師のままで退職した人との生涯賃金の格差が1800万円にもなるというのである。もう一つは、法の明文の規定がなくても外国人を排除できるという「当然の法理」についてである。「当然の法理」とは「公権力の行使又は国家意思の形成への参画にたずさわる公務員となるためには日本国籍を必要とする」という1953年に出された行政実例である。

　その見解が現在も外国人排除の基準として使われているのである。法律でもないものが憲法や条約まで超えて力を及ぼす、これは明らかに法治主義の否定である。この「当然の法理」のために自治体ごとに外国人職員採用の取り扱いが異なっているのである。今でも多くの自治体では募集要項に国籍条項が残され外国人の受験が認められていない。横浜市、川崎市、神奈川県のように、外国人の採用が認められても任用に制限を設け、外国人職員を一部職場から排除している自治体もある。あるいは自治体によっては、国籍条項などとうの昔に廃止し、外国人も日本人同様に採用され、管理職にまでなり、既に定年退職者まで出ているところもある。外国人にとってみれば人権の普遍性どころではない。私たちは世界人権の場でこんなことが許されていいのかと問いたかった。8月末に人種差別撤廃委員会は総括所見と勧告を世界に発信した。「委員会は、日本に数世代にわたり居住する在日コリアンが地方選挙において選挙権を行使できるよう確保すること、及び、公権力の行使又は公の意思の形成の参画にたずさわる国家公務員に就任できるよう確保することを勧告

する」。さらに委員会は長期在留者にもほぼ同様の勧告を出し、しかも「特に重要なパラグラフ」として、日本政府に「履行するための具体的な措置とその報告」を求めた。公務員の国籍条項と常勤講師問題をジュネーブで訴えようという私たちの試みは世界の良識を見事に味方に付けることができた。「当然の法理」は完全に否定されたのである。私たちはこれが世界の良識であり、世界の人権であることを知った。問題は今後、こうした勧告を活かし、政府や地方自治体をどう変えていくのかにある。差別は許せない、ましてや制度的差別など言語道断である。これからも多くの人びととの連携と運動で「当然の法理」を葬っていきたい。共に生きる社会のために。

（おおいし ふみお）

# 在日コリアンの無年金

## 李幸宏（年金制度の国籍条項を完全撤廃させる全国連絡会）

　2018 年 8 月、他のＮＧＯ団体と一緒にスイスのジュネーヴを訪れました。在日無年金の問題では、これまでにも国連から改正の勧告が何度も出されていますが、日本は無視しつづけています。車いすを使っている私には空の長旅は大変なことですが、切実さを伝えようと考え当事者として参加してきました。いろいろと制約もあり十分に思いを伝えることは出来ませんでしたが、差別を受けている当事者として審議の場に身を置けたことは、とにかく良かったと思っています。8 月 30 日に、国連人種差別撤廃委員会は日本の人種差別撤廃条約の実施状況に関する総括所見を公表しました。「肯定的側面」に比べて「懸念と勧告」が圧倒的に多い内容ですが、そのパラグラフ 34「市民でない者に対する差別に関する委員会の一般的勧告 30（2004 年）に留意し、委員会は、締約国に以下の点を勧告する。」では、

(c) 市民でない者が国民年金制度の対象となるようにすること、

(d) 市民でない者が障害基礎年金を受給できるよう法令を改正すること、

　と、年金改正への勧告がしっかりと入っていました。一般的勧告 30（2004 年）を読んでみると「15. 長期在住者または永住者に対する市民権の否認が、ある場合には雇用および社会福祉へのアクセスに不利益を生じさせ、条約の非差別原則に違反する結果となることを考慮すること。」という文言がありました。長期在住者または永住者としての在日コリアンへの無年金はこれに当たるとも思いました。1982 年に国民年金法の国籍要件がなくなった時、私は 22 歳でした。障害は 2 歳の頃から持っています。国民年金制度では、日本人の場合 20 歳以前に障害を持っている人は 20 歳から無拠出で障害福祉年金（現在は障害福祉年金）が支給されることになっています。私は国籍要件廃止時にすでに 20 歳を超えていたという奇妙な理由で無年金となりました。当時高齢だった人、掛金をかける期間が足りない人も多くいましたが、日本人の場合のように救済措置がとられなかったため、老齢年金でも多くの在日コリアンが無年金か低額の年金となりました。

さかのぼった救済措置（経過措置）はしないという日本政府の方針が原因です。すぐに改正の運動を始め、私たち以外の団体の取り組みもありましたが、国に対しては改正できないままです。歴史の経過を振り返ってみます。1910 年に日本は朝鮮半島を併合し、一方的に日本国籍を押し付けました。1952 年にはサンフランシスコ条約で独立した途端に、選択の機会なく在日コリアンは一方的に日本国籍を奪われ、同時に社会保障から排除されました。1982 年には難民条約が発効し、社会保障の内外人平等が原則となった後も経過措置をしなかったために、在日コリアンの無年金問題が残ったのです。2004 年には、年金制度改正前に学生や主婦で障害を持ち無年金となった障害者を救済する法律が作られました。在日障害者は、間際で自民党などの反対で対象外となりました。最初に一方的に国籍を押し付け、今度は一方的に奪い、納税などの義務を課しながら、出来るだけ社会保障からは排除し続ける。植民地支配の反省が乏しいことの証明です。地方自治体では、年金の半分以下の金額ではありますが、支給制度を作って国に改正を要望している自治体が多くあります。在日障害者の中には、収入はこの支給金だけが頼りという人もいます。日本政府に差別をやめて、制度の改正を求めます。

（いへんぐぇん）

# 世界から遅れをとる日本の人身取引対策

### 藤本伸樹（アジア・太平洋人権情報センター）

　国連が2000年に採択した「国際組織犯罪防止条約人身取引議定書」によると、人身取引とは、売春や強制労働などをさせて搾取することを目的に、暴力・脅迫・誘拐・詐欺・弱い立場につけ込むなどの手段を用いて、人をリクルートし移送するなどの行為をさす。

　この議定書が定義する性的搾取、労働搾取、臓器売買は世界中であまねく繰り返されており、人身取引と無縁の国は存在しない。議定書の採択を契機に世界各国で加害者訴追、被害者保護、予防のための施策が活発化した。

　1980年代末以降、問題が顕在化していた日本において、政府が対策に着手したのは「人身取引対策行動計画」を策定した2004年のこと。「人身取引は重大な人権侵害である」との認識を表明し、関係省庁連絡会議を設置し、ようやく取り組み始めたのである。

　米国国務省が毎年まとめる世界各国の人身取引の現状や対策に関する2004年の報告書では、人身取引の規制や被害者保護について「最低限の基準を満たしていない」として、日本を4段階評価の下から2番目の「監視リスト」に格付けするとともに、日本における被害者を「性奴隷（sexual slavery）」とまで表現したのである。フィリピンやタイなどからの女性たちが強制売春といった酷い性的搾取にあっている実態を受けた報告であり、日本が対策を急ぐ決め手となった。

　日本政府は2005年、刑法に人身売買罪を新設するとともに、入国管理法を改正し、外国人の被害者保護を目的に在留特別許可を付与するなどの施策を打ち出した。その後、人身取引対策行動計画は、2009年と2014年に改定され、対策は前進した。2014年以来、内閣官房長官を議長に、国家公安委員会委員長、法務大臣、外務大臣など9人の関係大臣からなる人身取引対策推進会議のもとで省庁連携の取り組みが行われている。

　そのような「国を挙げた対策」ゆえに、政府としての自負があるのかもしれない。審査の初日、人種差別撤廃委員会から事前に送付されていた質問リスト（リスト・オブ・テーマ）への5つの回答のひとつに、日本

政府代表は人身取引対策をとりあげた。質問リストには 20 の課題が掲載されていたが、ヘイトスピーチ、技能実習制度、「慰安婦」など国際社会から批判の的になっている課題については守勢に回る立場であったのに対して、人身取引に関しては、実態把握の徹底、防止・撲滅、被害者認知の推進と保護・支援などの推進について、警察や婦人相談所など関係機関の取り組みを万遍なく紹介したことから、最も時間を費やす課題となった。

しかし、それを受けたボスィート委員の総括質問では、「人身取引対策行動計画 2014」の効果について説明を求め、日本政府の自画自賛をけん制した。

ERD ネットおよび日弁連は、委員会に提出したレポートのなかで、政府には加害者処罰、被害者の保護と権利回復、防止施策などを盛り込んだ特別法を整備する方針を持たないなどの課題提起をした。実態に対して被害者認知数が少なすぎる点も指摘した。それらが、委員会の総括所見につながったのである。人身取引をなくすための包括的な法律の整備は世界の趨勢になっている。しかし、日本は人身取引との闘いにおいても国際水準から周回遅れの状態にとどまっている。

(ふじもと のぶき)

## 特別寄稿

# ヨーロッパにおけるレイシズムと移民・難民の人権保護

**アナスタシア・クリックリー（前国連人種差別撤廃委員会議長）**

　私は、90年代にEUが反人種主義に関するEUディレクティブ（指令）を出すよう求めたキャンペーンを行い、その後EUの基本権庁の初代議長となった。議長になって初めて実施したことは、EUにおける移民の実態調査である。興味深いことにこの調査による結果の一部は、日本の法務省が2016年に行なった外国人住民調査による結果と非常に類似している。調査から明らかになった主な問題点は以下の通りである。

　①人種差別の最大の被害者は移民のコミュニティである。

　②人種差別の被害はほとんど「通報」されていない。また、被害者はどこに通報すればよいかわからない。

　③通報の方法がわかっていても、当局を信用できないために通報しない。

　④通報しても救済措置が行われない。

　2018年12月に国連で採択された移住のためのグローバルコンパクトは、「安全で管理された移住」が行われることを目標にしており、法的拘束力はない。しかし、これにより移民の権利に改善が見られることが期待されている。国連ウィメンの移民に関する専門家グループの顧問を務めたが、移住により経験する差別は男女によって異なる。移住者であるということ及び女性であるということで差別の交差性が存在する。

　移住労働者権利条約はあるが、移住者の多くが人種主義を経験している場合、人種差別撤廃条約のもとその問題を明らかにする必要がある。人種差別撤廃条約は世界人権宣言の後に最初に採択された国際人権条約である。世界人権宣言とともに、人種差別撤廃条約は第二次世界大戦の反省からでてきたものである。これらを起草した人のほとんどは男性で、第二次世界大戦の戦勝国の影響が色

濃く出ていることは事実だが、そのことによって世界人権宣言や人種差別撤廃条約の価値が損なわれるわけではない。これら文書に規定されていることは現在も非常に重要である。

人種差別撤廃条約は「意図して行われた人種差別」だけではなく、「結果としての人種差別」も対象にしている。「制度化された人種差別」には、必ずしも意図したものではないが、結果として人種差別につながっているものがある。条約には人種差別に関連する条文が7つ含まれるが、それとは別に、条約の解釈を助けるために人種差別撤廃委員会が採択した「一般的勧告」があり、これまでのところ No.35 まで出ている。人種差別撤廃委員会は、世界から選ばれた18人の独立した専門家から構成されており、その役割は、条約の実施をモニターすることと、条約の認知度を高めることである。

### 世界の潮流とその背景

移民や移住に関して使われる用語を見てみると非常に興味深い。例えば、日本では、出入国管理および難民認定法の改定にあたり、彼らを「外国人材」や「外国人労働者」と呼んでいる。人種差別撤廃委員会のアラブ首長国連邦（UAE）の審査のとき、UAE の人口の8分の7が移住労働者であると報告された。審査において、UAE 政府は「彼らは移民ではなくて契約労働者だ」と主張したが、実際には、彼らは移民である。なぜなら、移民というのは、ある国から別の国に移動する人たちのことだからだ。

1948年からこれまでの70年間に、移住者の人権保護においていくつかの進展があった。移住労働者権利条約もできた。他の人権条約においても移住労働者の保護の基準が発展してきた。人種差別撤廃委員会でも移住者の権利、保護というのは必ず議論になる。

この70年間において人権は3つのステージで発展してきた。

最初のステージは条約作成の段階、次のステージは条約を発展させる段階である。現在のステージは最も重要で、条約をいかに実施するかという段階である。政府のなかには、報告書を提出し、審査し、条約委員会から繰り返し出される勧告に「疲れ」を感じているところもある。同じ勧告が繰り返される一番の理由は、実施されていないからだ。

最近では、条約の条文解釈を書き換えようとする試みや、特定のグループを条約対象とみなさず、排除しようとする傾向がある。国際人権条約では、市民である者とない者を区別することを認めているが、人種差別のためにこの区別

をすることは禁止されている。

　今、世界では、政治家、政府高官あるいは政治リーダーによる有害な言説の垂れ流しが問題になっている。これらは、主に「管理」や「安全確保」を名目に行われているが、人種主義や人種差別を助長する要素を備えている。

### 移住者の人権の問題にどう対応するのか

　移住者に対する差別に関して言えば、イギリス帝国主義によって長らく差別されてきたアイルランドにおいて、アイルランド人が差別をすることなどあり得ないという考えがあった。しかしそれは誤りである。近代社会における同質の社会、同質の国家という概念は、19世紀に生まれた。この概念により現実に存在している多様性が無視され、社会におけるヒエラルキーのなかで集団を優劣の序列に置いてきたが、このことは同質性の概念により見えなくされてきた。この不可視化された多様性のなかにマイノリティも存在する。日本審査のときに部落、沖縄、アイヌ、在日コリアンを含むマイノリティコミュニティの人びとと会った。これらの人びともずっと見えなくされてきた。しかし、この不可視化された多様性は、昔からそこに存在していた。「新たに移民を迎えるときにどのような対応を取るべきか」という問いは、今まで存在していた多様な人びとに対する差別解消のために、「足りなかったことは何か」を見直すことで答えが見つかる。

　移住者や外国人に対する政策を考えるうえで重要なことを以下に述べる。

①未知の人に対する恐怖心を、その人たちの人権を侵害する理由にしてはならない。このような恐怖心は一つひとつ解いていけばなくなる。

②「生まれながらの弱者」はいない。弱者は、弱者として生まれるのではなく、社会によって作り出される。

③人びとを区別するために作るカテゴリーは、非常に流動的である。

　移住者の権利保護や差別の禁止に関して決定的な「成功例」はない。それぞれ試行錯誤をしながら進めているのが現状だ。もっとも、そのなかで進歩が見られるケースの間に共通する「鍵」はある。それは、すべての人のための人権施策が充実していればいるほど、マイノリティの権利保護も充実するということだ。具体的には、国内人権機関や差別禁止法あるいは女性のための特別措置などが存在していて、うまく機能している場合である。特定のコミュニティだけの施策はそれ以外のコミュニティとの間の軋轢を生み出す。例えば、移民のためだけの施策をした場合、移民以外の被差別コミュニティとの間に対立が起

こりやすくなる。そのため、まずはすべての人びとが恩恵を受ける人権施策を取ることが、成功につながる。

また、移民や外国人労働者の経済社会的な貢献を認め、歓迎し、それを促進する雰囲気作りが重要である。つまり、移民をただ「受け入れる」のではなく、「移民が国の健全な経済発展に貢献している」と公人や各分野のリーダーが積極的に認めることである。移民を「国の経済力維持のために受け入れなくてはならない労働力」であるとか、「人権は横において、労働力として最大限活用する人たち」と見るのではなく、社会の一員として見ることが大切である。また、移民の社会経済的貢献の認知を高めるうえで、地方自治体は重要な役割を担う。中央政府がそのような政策を立てても、地方自治体が同じ態度で臨まなければ上手くいかない。

さらに、教育、健康、社会福祉、労働の分野で移民の権利と保護が確保されなければならない。その際、すべてのステークホルダーを巻き込むことが大切である。特に、移住労働者当事者からなる団体、移民のために活動する市民団体、労働組合などが挙げられる。


### 求められる公正で人権に基づいた移民政策

最後に、以下の点が重要である。

①オープンで報復の恐れのない救済措置を作ること。

②移住者の文化に即した適切な支援を準備すること。

③言語支援や日本社会を理解するための支援プログラムを提供すること。

④移動の自由を認めること。

特定の雇用者に紐付けされた契約を条件として外国人に労働許可を出す国が多くあるが、これは封建的な手法であり、契約を破って移動してしまう人を生み出す。人びとは「非正規滞在者」となり、脆弱な立場に追い込まれる。

結論として、公正で人権に基づいた移民施策は、平等な社会の実現につながるだけでなく、移民を受け入れる本来の目的である経済的目標の達成にもつながる。「移民から私たちの社会を守る」という考え方ではなく、「移民を受け入れて、積極的に関与していく」社会を作ることが大切だ。これまで、「移民から社会を守る」という方針をとったケースはことごとく失敗している。

これらは、何十年も移民のために働き、人種差別撤廃委員会の委員として活躍し、EU の人権機関で働いてきた経験に基づいた提案である。

(2019 年 1 月 18 日東京における講演の抄訳)

# 資料編

**■資料**

あらゆる形態の人種差別の撤廃に関する国際条約

本邦外出身者に対する不当な差別的言動の解消に向けた取組の推進に関する法律（ヘイトスピーチ解消法）

部落差別の解消の推進に関する法律（部落差別解消推進法）

# あらゆる形態の人種差別の撤廃に関する国際条約（人種差別撤廃条約）

採択　1965 年 12 月 21 日　発効　1969 年 1 月 4 日
日本加入　1995 年 12 月 15 日　発効　1996 年 1 月 14 日
訳者　日本政府

## 前文

この条約の締約国は、

国際連合憲章がすべての人間に固有の尊厳及び平等の原則に基礎を置いていること並びにすべての加盟国が、人種、性、言語又は宗教による差別のないすべての者のための人権及び基本的自由の普遍的な尊重及び遵守を助長し及び奨励するという国際連合の目的の一を達成するために、国際連合と協力して共同及び個別の行動をとることを誓約したことを考慮し、

世界人権宣言が、すべての人間は生まれながらにして自由であり、かつ、尊厳及び権利について平等であること並びにすべての人がいかなる差別をも、特に人種、皮膚の色又は国民的出身による差別を受けることなく同宣言に掲げるすべての権利及び自由を享有することができることを宣明していることを考慮し、

すべての人間が法律の前に平等であり、いかなる差別に対しても、また、いかなる差別の扇動に対しても法律による平等の保護を受ける権利を有することを考慮し、

国際連合が植民地主義並びにこれに伴う隔離及び差別のあらゆる慣行（いかなる形態であるかいかなる場所に存在するかを問わない。）を非難してきたこと並びに 1960 年 12 月 14 日の植民地及びその人民に対する独立の付与に関する宣言（国際連合総会決議第 1514 号（第 15 回会期））がこれらを速やかにかつ無条件に終了させる必要性を確認し及び厳粛に宣明したことを考慮し、

1963 年 11 月 20 日のあらゆる形態の人種差別の撤廃に関する国際連合宣言（国際連合総会決議第 1904 号（第 18 回会期））が、あらゆる形態及び表現による人種差別を全世界から速やかに撤廃し並びに人間の尊厳に対する理解及び尊重を確保する必要性を厳粛に確認していることを考慮し、

人種的相違に基づく優越性のいかなる理論も科学的に誤りであり、道徳的に非難されるべきであり及び社会的に不正かつ危険であること並びに理論上又は実際上、いかなる場所においても、人種差別を正当化することはできないことを確信し、

人種、皮膚の色又は種族的出身を理由とする人間の差別が諸国間の友好的かつ平和

的な関係に対する障害となること並びに諸国民の間の平和及び安全並びに同一の国家内に共存している人々の調和をも害するおそれがあることを再確認し、

人種に基づく障壁の存在がいかなる人間社会の理想にも反することを確信し、

世界のいくつかの地域において人種差別が依然として存在していること及び人種的優越又は憎悪に基づく政府の政策（アパルトヘイト、隔離又は分離の政策等）がとられていることを危険な事態として受けとめ、

あらゆる形態及び表現による人種差別を速やかに撤廃するために必要なすべての措置をとること並びに人種間の理解を促進し、いかなる形態の人種隔離及び人種差別もない国際社会を建設するため、人種主義に基づく理論及び慣行を防止し並びにこれらと戦うことを決意し、

1958 年に国際労働機関が採択した雇用及び職業についての差別に関する条約及び1960 年に国際連合教育科学文化機関が採択した教育における差別の防止に関する条約に留意し、

あらゆる形態の人種差別の撤廃に関する国際連合宣言に具現された原則を実現すること及びこのための実際的な措置を最も早い時期にとることを確保することを希望して、

次のとおり協定した。

## 第 1 部

### 第 1 条

1　この条約において、「人種差別」とは、人種、皮膚の色、世系又は民族的若しくは種族的出身に基づくあらゆる区別、排除、制限又は優先であって、政治的、経済的、社会的、文化的その他のあらゆる公的生活の分野における平等の立場での人権及び基本的自由を認識し、享有し又は行使することを妨げ又は害する目的又は効果を有するものをいう。

2　この条約は、締約国が市民と市民でない者との間に設ける区別、排除、制限又は優先については、適用しない。

3　この条約のいかなる規定も、国籍、市民権又は帰化に関する締約国の法規に何ら影響を及ぼすものと解してはならない。ただし、これらに関する法規は、いかなる特定の民族に対しても差別を設けていないことを条件とする。

4　人権及び基本的自由の平等な享有又は行使を確保するため、保護を必要としている特定の人種若しくは種族の集団又は個人の適切な進歩を確保することのみを目的として、必要に応じてとられる特別措置は、人種差別とみなさない。ただし、この特別措置は、その結果として、異なる人種の集団に対して別個の権利を維持することとなってはならず、また、その目的が達成された後は継続してはならない。

第2条

1 締約国は、人種差別を非難し、また、あらゆる形態の人種差別を撤廃する政策及びあらゆる人種間の理解を促進する政策をすべての適当な方法により遅滞なくとることを約束する。このため、

(a) 各締約国は、個人、集団又は団体に対する人種差別の行為又は慣行に従事しないこと並びに国及び地方のすべての公の当局及び機関がこの義務に従って行動するよう確保することを約束する。

(b) 各締約国は、いかなる個人又は団体による人種差別も後援せず、擁護せず又は支持しないことを約束する。

(c) 各締約国は、政府（国及び地方）の政策を再検討し及び人種差別を生じさせ又は永続化させる効果を有するいかなる法令も改正し、廃止し又は無効にするために効果的な措置をとる。

(d) 各締約国は、すべての適当な方法（状況により必要とされるときは、立法を含む。）により、いかなる個人、集団又は団体による人種差別も禁止し、終了させる。

(e) 各締約国は、適当なときは、人種間の融和を目的とし、かつ、複数の人種で構成される団体及び運動を支援し並びに人種間の障壁を撤廃する他の方法を奨励すること並びに人種間の分断を強化するようないかなる動きも抑制することを約束する。

2 締約国は、状況により正当とされる場合には、特定の人種の集団又はこれに属する個人に対し人権及び基本的自由の十分かつ平等な享有を保障するため、社会的、経済的、文化的その他の分野において、当該人種の集団又は個人の適切な発展及び保護を確保するための特別かつ具体的な措置をとる。この措置は、いかなる場合においても、その目的が達成された後、その結果として、異なる人種の集団に対して不平等な又は別個の権利を維持することとなってはならない。

第3条

締約国は、特に、人種隔離及びアパルトヘイトを非難し、また、自国の管轄の下にある領域におけるこの種のすべての慣行を防止し、禁止し及び根絶することを約束する。

第4条

締約国は、一の人種の優越性若しくは一の皮膚の色若しくは種族的出身の人の集団の優越性の思想若しくは理論に基づくあらゆる宣伝及び団体又は人種的憎悪及び人種差別（形態のいかんを問わない。）を正当化し若しくは助長することを企てるあらゆる宣伝及び団体を非難し、また、このような差別のあらゆる扇動又は行為を根

絶することを目的とする迅速かつ積極的な措置をとることを約束する。このため、締約国は、世界人権宣言に具現された原則及び次条に明示的に定める権利に十分な考慮を払って、特に次のことを行う。

(a) 人種的優越又は憎悪に基づく思想のあらゆる流布、人種差別の扇動、いかなる人種若しくは皮膚の色若しくは種族的出身を異にする人の集団に対するものであるかを問わずすべての暴力行為又はその行為の扇動及び人種主義に基づく活動に対する資金援助を含むいかなる援助の提供も、法律で処罰すべき犯罪であることを宣言すること。

(b) 人種差別を助長し及び扇動する団体及び組織的宣伝活動その他のすべての宣伝活動を違法であるとして禁止するものとし、このような団体又は活動への参加が法律で処罰すべき犯罪であることを認めること。

(c) 国又は地方の公の当局又は機関が人種差別を助長し又は扇動することを認めないこと。

第5条

第2条に定める基本的義務に従い、締約国は、特に次の権利の享有に当たり、あらゆる形態の人種差別を禁止し及び撤廃すること並びに人種、皮膚の色又は民族的若しくは種族的出身による差別なしに、すべての者が法律の前に平等であるという権利を保障することを約束する。

(a) 裁判所その他のすべての裁判及び審判を行う機関の前での平等な取扱いについての権利

(b) 暴力又は傷害（公務員によって加えられるものであるかいかなる個人、集団又は団体によって加えられるものであるかを問わない。）に対する身体の安全及び国家による保護についての権利

(c) 政治的権利、特に普通かつ平等の選挙権に基づく選挙に投票及び立候補によって参加し、国政及びすべての段階における政治に参与し並びに公務に平等に携わる権利

(d) 他の市民的権利、特に、

　(i) 国境内における移動及び居住の自由についての権利

　(ii) いずれの国（自国を含む。）からも離れ及び自国に戻る権利

　(iii) 国籍についての権利

　(iv) 婚姻及び配偶者の選択についての権利

　(v) 単独で及び他の者と共同して財産を所有する権利

　(vi) 相続する権利

　(vii) 思想、良心及び宗教の自由についての権利

　(viii) 意見及び表現の自由についての権利

(ix) 平和的な集会及び結社の自由についての権利

(e) 経済的、社会的及び文化的権利、特に、

    (i) 労働、職業の自由な選択、公正かつ良好な労働条件、失業に対する保護、同一の労働についての同一報酬及び公正かつ良好な報酬についての権利

    (ii) 労働組合を結成し及びこれに加入する権利

    (iii) 住居についての権利

    (iv) 公衆の健康、医療、社会保障及び社会的サービスについての権利

    (v) 教育及び訓練についての権利

    (vi) 文化的な活動への平等な参加についての権利

(f) 輸送機関、ホテル、飲食店、喫茶店、劇場、公園等一般公衆の使用を目的とするあらゆる場所又はサービスを利用する権利

## 第6条

締約国は、自国の管轄の下にあるすべての者に対し、権限のある自国の裁判所及び他の国家機関を通じて、この条約に反して人権及び基本的自由を侵害するあらゆる人種差別の行為に対する効果的な保護及び救済措置を確保し、並びにその差別の結果として被ったあらゆる損害に対し、公正かつ適正な賠償又は救済を当該裁判所に求める権利を確保する。

## 第7条

締約国は、人種差別につながる偏見と戦い、諸国民の間及び人種又は種族の集団の間の理解、寛容及び友好を促進し並びに国際連合憲章、世界人権宣言、あらゆる形態の人種差別の撤廃に関する国際連合宣言及びこの条約の目的及び原則を普及させるため、特に教授、教育、文化及び情報の分野において、迅速かつ効果的な措置をとることを約束する。

## 第2部

## 第8条

1　締約国により締約国の国民の中から選出される徳望が高く、かつ、公平と認められる18人の専門家で構成する人種差別の撤廃に関する委員会（以下「委員会」という。）を設置する。委員会の委員は、個人の資格で職務を遂行する。その選出に当たっては、委員の配分が地理的に衡平に行われること並びに異なる文明形態及び主要な法体系が代表されることを考慮に入れる。

2　委員会の委員は、締約国により指名された者の名簿の中から秘密投票により選出される。各締約国は、自国民の中から一人を指名することができる。

3  委員会の委員の最初の選挙は、この条約の効力発生の日の後6箇月を経過した時に行う。国際連合事務総長は、委員会の委員の選挙の日の遅くとも3箇月前までに、締約国に対し、自国が指名する者の氏名を2箇月以内に提出するよう書簡で要請する。同事務総長は、指名された者のアルファベット順による名簿（これらの者を指名した締約国名を表示した名簿とする。）を作成し、締約国に送付する。

4  委員会の委員の選挙は、国際連合事務総長により国際連合本部に招集される締約国の会合において行う。この会合は、締約国の3分の2をもって定足数とする。この会合においては、出席しかつ投票する締約国の代表によって投じられた票の最多数で、かつ、過半数の票を得た指名された者をもって委員会に選出された委員とする。

5  (a)  委員会の委員は、4年の任期で選出される。ただし、最初の選挙において選出された委員のうち9人の委員の任期は、2年で終了するものとし、これらの9人の委員は、最初の選挙の後直ちに、委員会の委員長によりくじ引きで選ばれる。

   (b)  締約国は、自国の専門家が委員会の委員としての職務を遂行することができなくなった場合には、その空席を補充するため、委員会の承認を条件として自国民の中から他の専門家を任命する。

6  締約国は、委員会の委員が委員会の任務を遂行している間、当該委員に係る経費について責任を負う。

## 第9条

1  締約国は、次の場合に、この条約の諸規定の実現のためにとった立法上、司法上、行政上その他の措置に関する報告を、委員会による検討のため、国際連合事務総長に提出することを約束する。

   (a)  当該締約国についてこの条約が効力を生ずる時から1年以内

   (b)  その後は2年ごとに、更には委員会が要請するとき。

   委員会は、追加の情報を締約国に要請することができる。

2  委員会は、その活動につき国際連合事務総長を通じて毎年国際連合総会に報告するものとし、また、締約国から得た報告及び情報の検討に基づく提案及び一般的な性格を有する勧告を行うことができる。これらの提案及び一般的な性格を有する勧告は、締約国から意見がある場合にはその意見と共に、総会に報告する。

## 第10条

1  委員会は、手続規則を採択する。

2  委員会は、役員を2年の任期で選出する。

3  委員会の事務局は、国際連合事務総長が提供する。

4　委員会の会合は、原則として、国際連合本部において開催する。

## 第11条

1　締約国は、他の締約国がこの条約の諸規定を実現していないと認める場合には、その事案につき委員会の注意を喚起することができる。委員会は、その通知を関係締約国に送付する。当該通知を受領する国は、3箇月以内に、当該事案について及び、当該国がとった救済措置がある場合には、当該救済措置についての書面による説明又は声明を委員会に提出する。

2　最初の通知の受領の後6箇月以内に当該事案が二国間交渉又は当事国にとって可能な他のいかなる手続によっても当事国の双方の満足するように調整されない場合には、いずれの一方の締約国も、委員会及び他方の締約国に通告することにより当該事案を再び委員会に付託する権利を有する。

3　委員会は、2の規定により委員会に付託された事案について利用し得るすべての国内的な救済措置がとられかつ尽くされたことを確認した後に、一般的に認められた国際法の原則に従って、当該事案を取り扱う。ただし、救済措置の実施が不当に遅延する場合は、この限りでない。

4　委員会は、付託されたいずれの事案についても、関係締約国に対し、他のあらゆる関連情報を提供するよう要請することができる。

5　この条の規定から生ずるいずれかの事案が委員会により検討されている場合には、関係締約国は、当該事案が検討されている間、投票権なしで委員会の議事に参加する代表を派遣する権利を有する。

## 第12条

1　(a)　委員長は、委員会が必要と認めるすべての情報を入手し、かつ、取りまとめた後、5人の者（委員会の委員であるか否かを問わない。）から成る特別調停委員会（以下「調停委員会」という。）を設置する。調停委員会の委員は、すべての紛争当事国の同意を得て任命するものとし、調停委員会は、この条約の尊重を基礎として事案を友好的に解決するため、関係国に対してあっせんを行う。

　　(b)　調停委員会の構成について3箇月以内に紛争当事国が合意に達しない場合には、合意が得られない調停委員会の委員については、委員会の秘密投票により、3分の2以上の多数による議決で、委員会の委員の中から選出する。

2　調停委員会の委員は、個人の資格で、職務を遂行する。委員は、紛争当事国の国民又はこの条約の締約国でない国の国民であってはならない。

3　調停委員会は、委員長を選出し、及び手続規則を採択する。

4　調停委員会の会合は、原則として、国際連合本部又は調停委員会が決定する他の適当な場所において開催する。

5 第10条3の規定により提供される事務局は、締約国間の紛争のために調停委員会が設けられた場合には、調停委員会に対しても役務を提供する。

6 紛争当事国は、国際連合事務総長が作成する見積りに従って、調停委員会の委員に係るすべての経費を平等に分担する。

7 国際連合事務総長は、必要なときは、6の規定による紛争当事国の経費の分担に先立って調停委員会の委員の経費を支払う権限を有する。

8 委員会が入手し、かつ、取りまとめる情報は、調停委員会の利用に供しなければならず、また、調停委員会は、関係国に対し、他のあらゆる関連情報を提供するよう要請することができる。

## 第13条

1 調停委員会は、事案を十分に検討した後、当事国間の係争問題に係るすべての事実関係についての調査結果を記載し、かつ、紛争の友好的な解決のために適当と認める勧告を付した報告を作成し、委員会の委員長に提出する。

2 委員会の委員長は、調停委員会の報告を各紛争当事国に通知する。これらの紛争当事国は、3箇月以内に、委員会の委員長に対し、調停委員会の報告に付されている勧告を受諾するか否かを通知する。

3 委員会の委員長は、2に定める期間の後、調停委員会の報告及び関係締約国の意図の表明を、他の締約国に通知する。

## 第14条

1 締約国は、この条約に定めるいずれかの権利の当該締約国による侵害の被害者であると主張する当該締約国の管轄の下にある個人又は集団からの通報を、委員会が受理しかつ検討する権限を有することを認める旨を、いつでも宣言することができる。委員会は、宣言を行っていない締約国についての通報を受理してはならない。

2 1に規定する宣言を行う締約国は、その管轄の下にある個人又は集団であって、この条約に定めるいずれかの権利の侵害の被害者であると主張し、かつ、他の利用し得る国内的な救済措置を尽くしたものからの請願を受理しかつ検討する権限を有する機関を、国内の法制度の枠内に設置し又は指定することができる。

3 1の規定に基づいて行われた宣言及び2の規定に基づいて設置され又は指定される機関の名称は、関係締約国が国際連合事務総長に寄託するものとし、同事務総長は、その写しを他の締約国に送付する。宣言は、同事務総長に対する通告によりいつでも撤回することができる。ただし、その撤回は、委員会で検討中の通報に影響を及ぼすものではない。

4 2の規定に基づいて設置され又は指定される機関は、請願の登録簿を保管するものとし、登録簿の証明された謄本は、その内容が公開されないとの了解の下に、

適当な経路を通じて毎年国際連合事務総長に提出する。

5 請願者は、2の規定に基づいて設置され又は指定される機関から満足な結果が得られない場合には、その事案を6箇月以内に委員会に通報する権利を有する。

6 (a) 委員会は、付託されたいずれの通報についても、この条約のいずれかの規定に違反していると申し立てられている締約国の注意を内密に喚起する。ただし、関係のある個人又は集団の身元関係事項は、当該個人又は集団の明示の同意なしに明らかにしてはならない。委員会は、匿名の通報を受領してはならない。

(b) 注意を喚起された国は、3箇月以内に、当該事案について及び、当該国がとった救済措置がある場合には、当該救済措置についての書面による説明又は声明を委員会に提出する。

7 (a) 委員会は、関係締約国及び請願者により委員会の利用に供されたすべての情報に照らして通報を検討する。委員会は、請願者が利用し得るすべての国内的な救済措置を尽くしたことを確認しない限り、請願者からのいかなる通報も検討してはならない。ただし、救済措置の実施が不当に遅延する場合は、この限りでない。

(b) 委員会は、提案及び勧告をする場合には、これらを関係締約国及び請願者に送付する。

8 委員会は、通報の概要並びに、適当なときは、関係締約国の書面による説明及び声明の概要並びに当該委員会の提案及び勧告の概要を、その年次報告に記載する。

9 委員会は、少なくとも10の締約国が1の規定に基づいて行った宣言に拘束される場合にのみ、この条に規定する任務を遂行する権限を有する。

## 第15条

1 この条約の規定は、1960年12月14日の植民地及びその人民に対する独立の付与に関する宣言（国際連合総会決議第1514号（第15回会期））の目的が達成されるまでの間、他の国際文書又は国際連合及びその専門機関により当該人民に付与された請願の権利を何ら制限するものではない。

2 (a) 国際連合の諸機関が、信託統治地域及び非自治地域並びに国際連合総会決議第1514号（第15回会期）が適用される他のすべての地域の住民からの請願であって、この条約の対象とする事項に関連するものを検討するに当たって、この条約の原則及び目的に直接関連する事項を取り扱っている場合には、第8条1の規定に基づいて設置される委員会は、当該請願の写しを受領し、これらの機関に対し、当該請願に関する意見の表明及び勧告を提出する。

(b) 委員会は、(a)に規定する地域内において施政国により適用されるこの条約の

原則及び目的に直接関連する立法上、司法上、行政上その他の措置について
の報告の写しを国際連合の権限のある機関から受領し、これらの機関に対
し、意見を表明し及び勧告を行う。

3 　委員会は、国際連合の諸機関から受領した請願及び報告の概要並びに当該請願及
び報告に関連する委員会の意見の表明及び勧告を、国際連合総会に対する報告に
記載する。

4 　委員会は、国際連合事務総長に対し、2(a) に規定する地域について、この
条約の目的に関連しかつ同事務総長が入手し得るすべての情報を要求する。

## 第16条

紛争又は苦情の解決に関するこの条約の規定は、国際連合及びその専門機関の基本
文書又は国際連合及びその専門機関により採択された条約に定める差別の分野におけ
る紛争又は苦情の解決のための他の手続を妨げることなく適用するものとし、締約国
の間で効力を有する一般的な又は特別の国際取極による紛争の解決のため、締約国が
他の手続を利用することを妨げるものではない。

## 第3部

## 第17条

1 　この条約は、国際連合又はいずれかの専門機関の加盟国、国際司法裁判所規程の
当事国及びこの条約の締約国となるよう国際連合総会が招請するその他の国によ
る署名のために開放しておく。

2 　この条約は、批准されなければならない。批准書は、国際連合事務総長に寄託する。

## 第18条

1 　この条約は、前条1に規定する国による加入のために開放しておく。

2 　加入は、加入書を国際連合事務総長に寄託することによって行う。

## 第19条

1 　この条約は、27 番目の批准書又は加入書が国際連合事務総長に寄託された日の
後 30 日目の日に効力を生ずる。

2 　27 番目の批准書又は加入書が寄託された後にこの条約を批准し又はこれに加入
する国については、この条約は、その批准書又は加入書の寄託の日の後 30 日目
の日に効力を生ずる。

## 第20条

1 　国際連合事務総長は、批准又は加入の際に行われた留保を受領し、かつ、この条
約の締約国であるか又は将来締約国となる可能性のあるすべての国に当該留保
を送付する。留保に異議を有する国は、その送付の日から 90 日の期間内に、そ

282 資料編

の留保を承認しない旨を同事務総長に通告する。

2 この条約の趣旨及び目的と両立しない留保は、認められない。また、この条約により設置する機関の活動を抑制するような効果を有する留保は、認められない。留保は、締約国の少なくとも3分の2が異議を申し立てる場合には、両立しないもの又は抑制的なものとみなされる。

3 留保は、国際連合事務総長にあてた通告によりいつでも撤回することができる。通告は、その受領の日に効力を生ずる。

## 第21条

締約国は、国際連合事務総長に対して書面による通告を行うことにより、この条約を廃棄することができる。廃棄は、同事務総長がその通告を受領した日の後1年で効力を生ずる。

## 第22条

この条約の解釈又は適用に関する2以上の締約国の間の紛争であって、交渉又はこの条約に明示的に定められている手続によって解決されないものは、紛争当事国が他の解決方法について合意しない限り、いずれかの紛争当事国の要請により、決定のため国際司法裁判所に付託される。

## 第23条

1 いずれの締約国も、国際連合事務総長にあてた書面による通告により、いつでもこの条約の改正を要請することができる。

2 国際連合総会は、1の要請についてとるべき措置があるときは、その措置を決定する。

## 第24条

国際連合事務総長は、第17条1に規定するすべての国に対し、次の事項を通報する。

(a) 第17条及び第18条の規定による署名、批准及び加入

(b) 第19条の規定によりこの条約が効力を生ずる日

(c) 第14条、第20条及び前条の規定により受領した通告及び宣言

(d) 第21条の規定による廃棄

## 第25条

1 この条約は、中国語、英語、フランス語、ロシア語及びスペイン語をひとしく正文とし、国際連合に寄託される。

2 国際連合事務総長は、この条約の認証謄本を第17条1に定める種類のいずれかに属するすべての国に送付する。

以上の証拠として、下名は、各自の政府から正当に委任を受けて、1966年3月7日にニュー・ヨークで署名のために開放されたこの条約に署名した。

# 本邦外出身者に対する不当な差別的言動の解消に向けた取組の推進に関する法律（ヘイトスピーチ解消法）

平成 28 年（2016 年）6 月 3 日公布・施行

　我が国においては、近年、本邦の域外にある国又は地域の出身であることを理由として、適法に居住するその出身者又はその子孫を、我が国の地域社会から排除することを煽動する不当な差別的言動が行われ、その出身者又はその子孫が多大な苦痛を強いられるとともに、当該地域社会に深刻な亀裂を生じさせている。

　もとより、このような不当な差別的言動はあってはならず、こうした事態をこのまま看過することは、国際社会において我が国の占める地位に照らしても、ふさわしいものではない。

　ここに、このような不当な差別的言動は許されないことを宣言するとともに、更なる人権教育と人権啓発などを通じて、国民に周知を図り、その理解と協力を得つつ、不当な差別的言動の解消に向けた取組を推進すべく、この法律を制定する。

## 第一章　総則

（目的）

**第一条**　この法律は、本邦外出身者に対する不当な差別的言動の解消が喫緊の課題であることに鑑み、その解消に向けた取組について、基本理念を定め、及び国等の責務を明らかにするとともに、基本的施策を定め、これを推進することを目的とする。

（定義）

**第二条**　この法律において「本邦外出身者に対する不当な差別的言動」とは、専ら本邦の域外にある国若しくは地域の出身である者又はその子孫であって適法に居住するもの（以下この条において「本邦外出身者」という。）に対する差別的意識を助長し又は誘発する目的で公然とその生命、身体、自由、名誉若しくは財産に危害を加える旨を告知し又は本邦外出身者を著しく侮蔑するなど、本邦の域外にある国又は地域の出身であることを理由として、本邦外出身者を地域社会から排除することを煽動する不当な差別的言動をいう。

284　資料編

（基本理念）

第三条　国民は、本邦外出身者に対する不当な差別的言動の解消の必要性に対する理解を深めるとともに、本邦外出身者に対する不当な差別的言動のない社会の実現に寄与するよう努めなければならない。

（国及び地方公共団体の責務）

第四条　国は、本邦外出身者に対する不当な差別的言動の解消に向けた取組に関する施策を実施するとともに、地方公共団体が実施する本邦外出身者に対する不当な差別的言動の解消に向けた取組に関する施策を推進するために必要な助言その他の措置を講ずる責務を有する。

2　地方公共団体は、本邦外出身者に対する不当な差別的言動の解消に向けた取組に関し、国との適切な役割分担を踏まえて、当該地域の実情に応じた施策を講ずるよう努めるものとする。

## 第二章　基本的施策

（相談体制の整備）

第五条　国は、本邦外出身者に対する不当な差別的言動に関する相談に的確に応ずるとともに、これに関する紛争の防止又は解決を図ることができるよう、必要な体制を整備するものとする。

2　地方公共団体は、国との適切な役割分担を踏まえて、当該地域の実情に応じ、本邦外出身者に対する不当な差別的言動に関する相談に的確に応ずるとともに、これに関する紛争の防止又は解決を図ることができるよう、必要な体制を整備するよう努めるものとする。

（教育の充実等）

第六条　国は、本邦外出身者に対する不当な差別的言動を解消するための教育活動を実施するとともに、そのために必要な取組を行うものとする。

2　地方公共団体は、国との適切な役割分担を踏まえて、当該地域の実情に応じ、本邦外出身者に対する不当な差別的言動を解消するための教育活動を実施するとともに、そのために必要な取組を行うよう努めるものとする。

（啓発活動等）

第七条　国は、本邦外出身者に対する不当な差別的言動の解消の必要性について、国民に周知し、その理解を深めることを目的とする広報その他の啓発活動を実施するとともに、そのために必要な取組を行うものとする。

2　地方公共団体は、国との適切な役割分担を踏まえて、当該地域の実情に応じ、本邦外出身者に対する不当な差別的言動の解消の必要性について、住民に周知し、

その理解を深めることを目的とする広報その他の啓発活動を実施するとともに、そのために必要な取組を行うよう努めるものとする。


附　則

（施行期日）

1　この法律は、公布の日から施行する。

（不当な差別的言動に係る取組についての検討）

2　不当な差別的言動に係る取組については、この法律の施行後における本邦外出身者に対する不当な差別的言動の実態等を勘案し、必要に応じ、検討が加えられるものとする。


## 参議院法務委員会附帯決議

（2016 年 5 月 12 日）

国及び地方公共団体は、本邦外出身者に対する不当な差別的言動の解消が喫緊の課題であることに鑑み、本法の施行に当たり、次の事項について特段の配慮をすべきである。

1　第 2 条が規定する「本邦外出身者に対する不当な差別的言動」以外のものであれば、いかなる差別的言動であっても許されるとの理解は誤りであり、本法の趣旨、日本国憲法及びあらゆる形態の人種差別の撤廃に関する国際条約の精神に鑑み、適切に対処すること。

2　本邦外出身者に対する不当な差別的言動の内容や頻度は地域によって差があるものの、これが地域社会に深刻な亀裂を生じさせている地方公共団体においては、国と同様に、その解消に向けた取組に関する施策を着実に実施すること。

3　インターネットを通じて行われる本邦外出身者等に対する不当な差別的言動を助長し、又は誘発する行為の解消に向けた取組に関する施策を実施すること。


右決議する。

# 衆議院法務委員会附帯決議

(2016 年 5 月 20 日)

国及び地方公共団体は、本法の施行に当たり、次の事項について特段の配慮をすべきである。

1 本法の趣旨、日本国憲法及びあらゆる形態の人種差別の撤廃に関する国際条約の精神に照らし、第二条が規定する「本邦外出身者に対する不当な差別的言動」以外のものであれば、いかなる差別的言動であっても許されるとの理解は誤りであるとの基本的認識の下、適切に対処すること。

2 本邦外出身者に対する不当な差別的言動が地域社会に深刻な亀裂を生じさせている地方公共団体においては、その内容や頻度の地域差に適切に応じ、国とともに、その解消に向けた取組に関する施策を着実に実施すること。

3 インターネットを通じて行われる本邦外出身者等に対する不当な差別的言動を助長し、又は誘発する行為の解消に向けた取組に関する施策を実施すること。

4 本邦外出身者に対する不当な差別的言動のほか、不当な差別的取扱いの実態の把握に努め、それらの解消に必要な施策を講ずるよう検討を行うこと。

ヘイトスピーチ解消法

資料

# 部落差別の解消の推進に関する法律（部落差別解消推進法）

平成28年（2016年）12月16日公布・施行

（目的）

**第一条**　この法律は、現在もなお部落差別が存在するとともに、情報化の進展に伴って部落差別に関する状況の変化が生じていることを踏まえ、全ての国民に基本的人権の享有を保障する日本国憲法の理念にのっとり、部落差別は許されないもので あるとの認識の下にこれを解消することが重要な課題であることに鑑み、部落差別の解消に関し、基本理念を定め、並びに国及び地方公共団体の責務を明らかにするとともに、相談体制の充実等について定めることにより、部落差別の解消を推進し、もって部落差別のない社会を実現することを目的とする。

（基本理念）

**第二条**　部落差別の解消に関する施策は、全ての国民が等しく基本的人権を享有するかけがえのない個人として尊重されるものであるとの理念にのっとり、部落差別を解消する必要性に対する国民一人一人の理解を深めるよう努めることにより、部落差別のない社会を実現することを旨として、行われなければならない。

（国及び地方公共団体の責務）

**第三条**　国は、前条の基本理念にのっとり、部落差別の解消に関する施策を講ずるとともに、地方公共団体が講ずる部落差別の解消に関する施策を推進するために必要な情報の提供、指導及び助言を行う責務を有する。

2　地方公共団体は、前条の基本理念にのっとり、部落差別の解消に関し、国との適切な役割分担を踏まえて、国及び他の地方公共団体との連携を図りつつ、その地域の実情に応じた施策を講ずるよう努めるものとする。

（相談体制の充実）

**第四条**　国は、部落差別に関する相談に的確に応ずるための体制の充実を図るものとする。

2　地方公共団体は、国との適切な役割分担を踏まえて、その地域の実情に応じ、部

落差別に関する相談に的確に応ずるための体制の充実を図るよう努めるものとする。

（教育及び啓発）
**第五条**　国は、部落差別を解消するため、必要な教育及び啓発を行うものとする。
**2**　地方公共団体は、国との適切な役割分担を踏まえて、その地域の実情に応じ、部落差別を解消するため、必要な教育及び啓発を行うよう努めるものとする。

（部落差別の実態に係る調査）
**第六条**　国は、部落差別の解消に関する施策の実施に資するため、地方公共団体の協力を得て、部落差別の実態に係る調査を行うものとする。

**附則**　この法律は、公布の日から施行する。

## 衆議院法務委員会（2016 年 11 月 16 日）
### 部落差別の解消の推進に関する法律案に対する附帯決議

政府は，本法に基づく部落差別の解消に関する施策について、世代間の理解の差や地域社会の実情を広く踏まえたものとなるよう留意するとともに、本法の目的である部落差別の解消の推進による部落差別のない社会の実現に向けて、適正かつ丁寧な運用に努めること。

部落差別解消推進法

資料

## 参議院法務委員会（2016 年 12 月 8 日）

### 部落差別の解消の推進に関する法律案に対する附帯決議

国及び地方公共団体は、本法に基づく部落差別の解消に関する施策を実施するに当たり、地域社会の実情を踏まえつつ、次の事項について格段の配慮をすべきである。

一　部落差別のない社会の実現に向けては、部落差別を解消する必要性に対する国民の理解を深めるよう努めることはもとより、過去の民間運動団体の行き過ぎた言動等、部落差別の解消を阻害していた要因を踏まえ、これに対する対策を講ずることも併せて、総合的に施策を実施すること。

二　教育及び啓発を実施するに当たっては、当該教育及び啓発により新たな差別を生むことがないように留意しつつ、それが真に部落差別の解消に資するものとなるよう、その内容、手法等に配慮すること。　三　国は、部落差別の解消に関する施策の実施に資するための部落差別の実態に係る調査を実施するに当たっては、当該調査により新たな差別を生むことがないように留意しつつ、それが真に部落差別の解消に資するものとなるよう、その内容、手法等について慎重に検討すること。

現代世界と人権26

# 人種差別に終止符を。
### ──2018年国連の日本審査とNGOの取り組み──

2019年6月1日　　初版第1版発行

編集・発行................反差別国際運動（IMADR）

〒104-0042　東京都中央区入船1-7-1
松本治一郎記念会館6階
Tel：03-9280-3101／Fax：03-6280-3102
e-mail：imadr@imadr.org
https：//imadr.net

発売元.........................株式会社解放出版社

〒552-0001大阪市港区波除4-1-37 HRCビル3F
Tel：06-6581-8542／Fax：06-6581-8552
http：//www. kaihou-s. com
東京事務所
〒113-0033　東京都文京区本郷1-28-36
鳳明ビル102A
Tel：03-5213-4771／Fax：03-5213-4777

編集...........................一文字工房

印刷・製本................モリモト印刷株式会社

ISBN978-4-7592-6473-9　C0336　NDC361.86　290P　21cm
定価は表紙に表示しています　落丁・乱丁はお取り替えいたします

# 反差別国際運動日本委員会(IMADR-JC)◇出版物一覧

## ◆『現代世界と人権』シリーズ◆

(A5判／とくに表示のないものは、定価1,800～2,000円＋税／在庫があるもののみ表示)

**5 人種差別と不均等発展**

6大陸各地域の人種差別の実態を伝え、その原因であり結果でもある「不均等な発展」との関係を、それぞれの具体的な問題から分析。 (1993年)

**7 国際社会における共生と寛容を求めて**

マイノリティ研究の第一人者パトリック・ソーンベリーさんの国連「マイノリティ権利宣言」採択後にまとめたレポートを翻訳紹介。あわせて「宗教に基づく不寛容と差別を考える集会」の概要も紹介。 (1995年)

**13 世紀の変わり目における差別と人種主義**

2001年の「反人種主義・差別撤廃世界会議」に向けて、世界の差別の実態を明らかにし、グローバリゼーションがマイノリティの人権におよぼす影響とそれに対する闘いについてさぐる。(1999年)

**15 国連から見た日本の人種差別**

―人種差別撤廃委員会審査第1・2回日本政府報告書審査の全記録とNGOの取り組み

2001年3月にジュネーブで行われた人種差別撤廃条約の日本政府報告書初審査の全審議録、政府追加回答文書、人種差別撤廃委員会最終所見、同解説をいち早く全収録。審査に向けた政府報告書、NGOレポート、審査事前事後のNGOの取り組みを含め、実践に必須の情報満載、充実の一書。 (2001年／定価2,600円＋税)

**17 マイノリティ女性の視点を政策に！社会に！**

――女性差別撤廃委員会日本報告書審査を通して

欠落していたマイノリティ女性の視点と政策は、女性差別撤廃委員会日本報告書審査を通して、重要課題となった。審査を活用したマイノリティ女性の取り組み・主張、マイノリティ女性に対する複合差別が国際舞台でどう扱われてきたかなど重要資料20点所収。

(2003年／定価2,200円＋税)

**18 人権侵害救済法・国内人権機関の設置をもとめて**

「人権侵害救済法」(仮称)法案要綱・試案および同補強案の背景にある視点や取り組みの経緯、地方自治体の取り組みや国際的な情勢などを紹介。関連文書や国内外の動向を含む資料も豊富に掲載。 (2004年)

**19 グローバル化の中の人身売買――その撤廃に向けて**

「人身売買の被害者の人権」という視点から、問題解決につながる道筋をつけるべく編集された1冊。人身売買を生み出す原因や、日本における実態、現在の法的、行政的制度・計画の問題点、人身売買撤廃と被害者の救済・保護についての論考や豊富な資料を掲載。 (2005年)

20 「周縁化」「不可視化」を乗り越えて
—— 人種主義・人種差別等に関する国連特別報告者の日本公式訪問報告を受けて
国連の人種主義・人種差別等に関する国連特別報告者の日本公式訪問報告書を受け、日本における人種差別を社会的・歴史的背景をふまえて再考することを試みた一冊。人種差別に関する世界的情勢に加え、国内の当事者による主張や国連機関による分析・評価などを収録。
（2006 年）

21 立ち上がりつながるマイノリティ女性
—— アイヌ女性・部落女性・在日朝鮮人女性によるアンケート調査報告と提言
3 者が自分たちが抱える問題解決にむけて、教育・仕事・社会福祉・健康・暴力の分野で共通設問を設定し、はじめての調査を実施。その報告と提言のほか、女性たちの声も収録。
（2007 年／定価 2,200 円＋税）

22 国連と日本の人権 —— NGO から見た普遍的定期審査
国連人権理事会に新設された「普遍的定期審査」（UPR）制度のもとで、日本の人権状況が初めて審査された。NGO の視点からこの制度を分析し、審査の流れを追い、その過程への NGO の効果的なかかわりのあり方を探る。 （2009 年／定価 2,000 円＋税）

23 先住民族アイヌの権利確立に向けて
日本政府は 2008 年、アイヌ民族を日本の先住民族と認め、アイヌ政策に関する有識者懇談会を設置、翌年 7 月に報告書が提出された。権利回復運動の現場から寄せられた論考に加え、国連宣言、国連人権文書におけるアイヌ民族に関する記述の抜粋、重要な関連法、上記懇談会の報告書全文を収録。 （2009 年／定価 1,900 円＋税）

24 今、問われる日本の人種差別撤廃 —— 国連審査と NGO の取り組み
2010 年 2 月、人種差別撤廃委員会が行なった日本報告書の審査の全容を収録。とくに委員会の質問と日本政府代表の答弁からなる 6 時間の審議録は、国際人権基準について国連と日本政府の見解の相違を浮き彫りにしている。 （2010 年／定価 2,300 円＋税）

25 レイシズム ヘイト・スピーチと闘う
—— 2014 年人種差別撤廃委員会の日本審査と NGO の取り組み
2014 年人種差別撤廃委員会による日本審査の記録本。審査会場での NGO の取り組み、2 日間に及ぶ委員会と日本政府のやりとり、審査に関わった人種差別撤廃 NGO ネットワークのメンバーによる勧告の読み解きと提言などが満載。さらに、元 CERD 委員のソーンベリー教授による特別寄稿が続きます。国連は日本のレイシズムをどう見ているのか、必見の一冊。
（2015 年／定価 2,000 円＋税 )

# ◆ 『IMADR-JC ブックレット』 シリーズ◆

(とくに表示のないものは A 5 判／定価 1,000 円＋税 / 在庫があるもののみ表示)

**1　人種差別撤廃条約と反差別の闘い**

人種差別撤廃条約の制定の背景、内容、意義について、また日本の現状にとっての意義を部落、在日韓国・朝鮮人、アイヌ民族、移住労働者の立場から説明した内容。　　　(1995 年)

**5　アメリカの人権のまちづくり──地域住民のチャレンジ**

地域レベルにおけるマイノリティをはじめとした人びとに対する人権擁護政策を推進させるため、米国の NGO/NPO と行政ならびに企業がどのようなパートナーシップを形成し、「人権のまちづくり」を推進しているか、その取り組みを紹介。　　　(2000 年)

**9　マイノリティの権利とは**
**──日本における多文化共生社会の実現にむけて**

日本におけるマイノリティの声や、マイノリティとマジョリティが共に生きる日本社会を考える人権活動家・研究者による座談会録などを掲載。資料編では国連のマイノリティ権利宣言やその逐条解説などを収録。　　　(2004 年)

**10　「国際テロ・国際組織犯罪」対策とマイノリティの「不安全」**
**─日本・韓国・フィリピンの経験から**

「テロとの戦い」「国際犯罪組織の撲滅」のかけ声のもと、治安強化と監視の波が世界規模で広がっている。マイノリティとマジョリティ市民が連帯して共通の安全を求めていくために何をすべきか。本書はその答えを探るよすがとすべく刊行する、日本・韓国・フィリピン 3 カ国の国際比較研究である。　　　(2006 年)

**12　講座人身売買──さまざまな実態と解決への道筋**

人身売買を生み出す構造と現実に迫るべく、最前線で活躍する講師陣による連続講座をまとめた一書。国際斡旋結婚、外国人研修制度、看護士・介護福祉士受け入れの現実にも切り込み、日本社会とのつながり、問題解決にむけての道筋をさぐる。　(2007 年／定価 1,200 円＋税)

**13　スリランカの内戦と人権**

二十数年続く民族紛争がマイノリティの人権に重大な影響を及ぼしてきたスリランカ。その現実を知り、屈指の援助国・日本の政府と市民の役割を考えるための書。　　　(2008 年)

**14　平和は人権──普遍的実現を目指して**

「平和への権利」とは何か？国際市民社会で「平和への権利」についての議論に関わってきた 4 人の研究者と、人権、差別の諸問題に取り組む活動家による論考は、「平和への権利」について、そして平和に生きる権利の実現を妨げるものは何かについて考える糸口を提示する。

(2011 年／定価 1,200 円＋税)

**15　企業と人権インド・日本平等な機会のために**

経済成長と民営化により民間部門が急速に拡大したインドにおけるダリットの経済的権利の確立と包摂に向けた課題と、民間部門における積極的差別是正政策の可能性について、ダリットの活動家と研究者が考察を行なう。　　　(2012 年／定価 1,200 円＋税)

**16　日本と沖縄──常識をこえて公正な社会を創るために**

日本と沖縄。なんでこんなに遠いのか。歴史をひもとき、世界の潮流にふれ「常識」の枠をこえて公正な社会創りへの道を問う。沖縄からの声に対する本土からの応答も試み、国連が沖縄に関して言及している資料も掲載。　　　(2016 年／定価 1,000 円＋税)

## 17 サプライチェーンにおける人権への挑戦

ビジネスの世界においてグローバル化が進む中、インドでは労働者の権利が守られないまま女性や子どもが労働力として搾取されています。サプライチェーンにおいてこのような人権侵害が起こることを防ぐ視点は企業だけではなく、消費者である私たちにも求められています。

（2017年／定価1,000円＋税）

**◆その他の出版物◆**

## ナチス体制下におけるスィンティとロマの大量虐殺
### ──アウシュヴィッツ国立博物館常設展示カタログ・日本語版

第2次世界大戦下におけるナチス・ドイツによる「ホロコースト」は、ユダヤ人だけではなく、スィンティやロマと呼ばれている人びとも、アウシュヴィッツをはじめとした強制収容所で50万人以上が虐殺された。ポーランドのアウシュヴィッツ国立博物館常設展示されている「ナチス体制下におけるスィンティとロマの大虐殺」の展示物日本語版カタログとして刊行した書。

（2010年／定価4,000円＋税）

■お問合せ■　反差別国際運動（IMADR）
　　　　　　〒104-0042 東京都中央区入船 1-7-1 松本治一郎記念会館 6 階
　　◆会員割引有◆ TEL：03-6280-3101　FAX：03-6280-3102　E-mail：imadr@imadr.org
■お申し込み■　同上、または㈱解放出版社　TEL：06-6581-8542　FAX：06-6581-8552
　　　　　　　　東京事務所　TEL：03-5213-4771　FAX：03-5213-4777

# 反差別国際運動（IMADR）に参加しませんか？

## ◎IMADRとは
反差別国際運動（IMADR）は、部落解放同盟の呼びかけにより、国内外の被差別団体や個人、国連の専門家などによって、1988年に設立された国際人権NGOです。1993年には、日本に基盤を持つ人権NGOとして初めて国連との協議資格を取得しました。スイスのジュネーブにも事務所を設置し、マイノリティの声を国連に届け、提言活動に力を入れています。

## ◎IMADRの活動内容
IMADRは、以下の活動テーマへの取り組みを通じて、差別と人種主義、それらとジェンダー差別が交差する複合差別の撤廃をめざしています。

- 部落差別・カースト差別の撤廃
- ヘイトスピーチを含む移住者に対する差別の撤廃
- 先住民族の権利確立
- マイノリティの権利確立
- マイノリティ女性と複合差別の問題
- 国際的な人権保障制度の発展とマイノリティによる活用の促進

## 草の根レベルで「立ち上がる」
差別をされてきた当事者がみずから立ち上がり、互いにつながることが、差別をなくすための第一歩です。

## 「理解」を深める
差別と人種主義は、被差別マイノリティのみの課題ではなく、社会全体の課題です。

## 「行動」につながる調査・研究
効果的な活動のためには、調査・研究が大切です。

## 情報と経験の「共有」
さまざまな立場・現場にいる人びとが情報と経験を共有することが、変化をもたらす源になります。

## よりよい「仕組み」や「政策」を求めて
差別の被害者を救済し、奪われた権利を取り戻し、差別や人種主義を防ぐためには、政治的意志と適切な法制度が不可欠です。

## ◎大切にしている視点

### EMPOWERMENT・立ち上がり
被差別の当事者が、差別をなくすためにみずから立ち上がり活動すること。

### SOLIDARITY・つながり
被差別の当事者が連携・連帯すること。

### ADVOCACY・基準・仕組みづくり
被差別の当事者の声と力によって、差別と人種主義の撤廃のための仕組みが強化され、それらが被差別の当事者によって効果的に活用されること。

## ◎IMADRの活動に参加しませんか？

### 活動に参加する
IMADRが発信する情報を入手したり（ニュースレターや出版物の購入、メールマガジンへの登録など）、それを周囲の人びとに紹介したり、さまざまなイベントやキャンペーン、提言活動に参加するなど、いろいろな方法で活動に参加できます。

### 活動を支える
IMADRの活動は、多くの個人・団体の皆さまからの賛助会費と寄付によって支えられています。ご入会頂いた方には、ニュースレター「IMADR通信」（年4回発行）や総会の議案書、IMADR発行の書籍（A会員と団体会員のみ）をお届けします。詳細は、ウェブサイト（www.imadr.net）をご覧頂くか、IMADR事務局までお問い合わせください。

IMADR年会費　　　振込先
個人賛助会員 A￥10,000　　郵便振替口座 00910-5-99410
個人賛助会員 B￥5,000　　加入者名　反差別国際運動
団体賛助会員 ￥30,000

### 活動をつくる
さまざまな活動づくりに関わるボランティアを募集しています。ボランティアの活動内容は、文書・記録・展示物などの作成や、各企画のための翻訳、主催イベントの運営、特定の活動の推進メンバーになるなど、さまざまです。
関心のある方は、IMADR事務局までお問い合わせください。

反差別国際運動（IMADR）
The International Movement Against All Forms of Discrimination and Racism
〒104-0042 東京都中央区入船 1-7-1　松本治一郎記念会館 6 階
TEL：03-6280-3101　　FAX：03-6280-3102　　E-Mail：imadr@imadr.org

https://imadr.net